W0364294

Vers le 8e Ciel

Du même auteur

L'Amour dans le sang, Le cherche midi, 2005.
De cœur inconnu, Le cherche midi, 2011.
N'oublie pas de m'aimer, Le cherche midi, 2012.

Charlotte Valandrey

Vers le 8e Ciel

Écrit avec Jean Arcelin

XO
EDITIONS

© XO Éditions 2014
ISBN : 978-2-84563-654-5

À Jean « Jano le coach », mon Pygmalion,
mon sauveur.

À Lili, mon âme sœur.

À toutes nos mères, nos grands-mères,
sur cette terre comme au ciel.
À la vie qu'elles nous ont donnée.
Avec tendresse et mon infinie reconnaissance.

« Il est absolument possible qu'au-delà de ce que perçoivent nos sens se cachent des mondes insoupçonnés. »

Albert EINSTEIN

Paris, le 4 octobre 2012, chez moi

Certains jours apportent plus qu'une part de vie, quelque chose de nouveau, un signe, une lumière, comme un début.

Plus je vis, plus mes jours deviennent lumineux. On dirait que le brouillard se dissipe, ou peut-être est-ce mes yeux que j'ouvre davantage.

Le message

Faut qu'on retrouve l'amour, ma belle ! On ne peut pas rester comme ça. C'est du gâchis, tu ne penses pas ? Demain, j'aurai quarante-cinq ans... Je t'en supplie, ne me les souhaite pas ! J'ai une insomnie... D'habitude, c'est toi. Tu dois dormir... Faut dire que tu n'as que quarante-trois ans, enfin bientôt quarante-quatre... Le temps presse, ma belle, et ça ne va pas s'arranger. Rappelle-moi, faut qu'on bouge ! Et pas de « joyeux anniversaire ! » s'il te plaît, et surtout « merde ! » pour ton bouquin demain, je t'embrasse fort.

Voilà mon premier message du 4 octobre 2012, laissé par Lili à deux heures du matin sur mon téléphone en mode silencieux. Lili, c'est ma meilleure amie.

Retrouver l'amour aujourd'hui sera difficile. La journée est trop remplie. Il faut un peu de temps pour cela.

Peut-être plus tard. Oui, un autre jour.

L'agenda

J'ai entouré cette date depuis longtemps de plusieurs cercles fluorescents. Je fais souvent ça pour donner des couleurs à mon quotidien. Je mets du rose aux jours comme du fard aux joues.

Jeudi 4 octobre : jour lumineux, particulier, bipolaire, chargé d'émotions contraires. Au programme :

- anniversaire Lili (acheter cadeau) ;
- sortie nouveau livre ;
- cardiologue (contrôle annuel) ;
- dîner tour Eiffel.

L'anniversaire de Lili d'habitude est une fête qu'elle aime préparer. Cette année, j'ai bien compris qu'elle ne voulait rien faire. Je ne me suis pas risquée à imaginer une surprise en réunissant quelques amis car Lili est du style entêté, sauvage, capable de s'enfuir en découvrant une petite foule hilare et chantante. J'ai donc agi selon son souhait et réservé un dîner en tête à tête. L'unique surprise sera le lieu : la tour Eiffel. Le monsieur au téléphone m'a demandé : « Chandelles ou pas chandelles ? Deux candélabres par table. Cela gêne certains clients… — Pourquoi ? ai-je répondu. Chandelles bien sûr ! »

Il me reste à trouver un cadeau.

N'oublie pas de m'aimer est le titre de mon nouveau livre. Ce pourrait être une dédicace pour Lili, mais ces mots sont ceux de Virginie, la jeune femme qui m'a sauvé la vie en perdant la sienne, dont le cœur bat toujours en moi. Des mots qu'elle a écrits à l'homme qu'elle aimait, Yann, au dos d'une jolie photo d'elle, qu'il gardait cachée dans un secrétaire. Je l'ai découverte chez cet homme, un jour où je fus irrésistiblement attirée vers ce meuble de style indien toujours verrouillé. Que faisais-je là dans ce salon, chez Yann ? J'étais amoureuse de lui. Mais c'est une autre histoire...

N'oublie pas de m'aimer... Je pourrais prononcer ces mots sans cesse. Certains matins sans couleur, ralentis, monotones, je pourrais empoigner mon téléphone, composer chacun de ses numéros et crier : « N'oublie pas de m'aimer ! D'accord ?! Surtout tu n'oublies pas ! » Je pourrais sortir dans la rue, sans même m'habiller ou me coiffer, arrêter la course des passants pressés qui regardent le lointain ou leurs pieds, je les saisirais aux épaules et je leur dirais : « N'oublie pas de m'aimer... »

Je dois être en manque. Lili a raison, nous devons retrouver l'amour.

Mon nouveau livre est né. J'ai tracé nerveusement des cercles irréguliers autour de sa date de naissance. Je ne l'ai pas pesé, mais il n'est pas léger. Écrire est devenu essentiel pour moi, presque vital. Comme ce rendez-vous dans mon agenda, inscrit en diagonale, qui noircit plusieurs heures de l'après-midi : « cardiologue ». J'aimerais frotter ce nom avec une gomme magique. Contrôle annuel obligatoire de mon cœur greffé. Impossible d'y échapper ou de modifier la date. Hasard de calendrier. Pour préserver l'euphorie de ce jour, je n'en ai parlé à personne, pas même à Lili. Je garde certaines peurs en moi avec l'espoir qu'elles s'éteignent seules.

Hier soir, malgré mes tentatives expertes de relaxation, je me suis endormie avec difficulté, le ventre noué, sous somnifère, peu avant le message de Lili. J'étais persuadée que cette journée, qui devrait être une fête, serait marquée par une mauvaise nouvelle, par cette fatalité qui a souvent écourté les moments heureux de ma vie. Pourtant, ce jeudi 4 octobre au matin, une chose extraordinaire se produit qui me fait oublier ma peur de la nuit…

Le parfum

Dans mon lit, encore vaguement endormie, j'écoute mes messages et réponds à Lili par SMS en répétant ce qu'elle dit d'un doigt ralenti : « Oui, tu as raison, c'est du gâchis, retrouvons l'amour, à ce soir, baisers. » Je n'écris pas « joyeux anniversaire ».

Alors que je déploie le bras pour reposer mon téléphone sur la table de nuit, je perçois autour de moi un parfum délicat, inhabituel et pourtant familier, il me semble. Je m'assois en prenant dans les bras un de mes trois chats, P'tit Bout qui dort toujours enroulé près de moi. Je flaire l'air tiède de ma chambre remplie d'un demi-jour, mais le parfum s'est évaporé, j'ai dû rêver. Pourtant, je ne peux me défaire d'un sentiment étrange semblable à la peur quoique subtil et presque plaisant. Immobile, je regarde le mouvement lent, incessant du ventre de mon chat en écoutant le souffle du vent qui ce matin tournoie sur les toits de Paris. Soudain, la fenêtre haute de ma chambre s'ouvre à moitié. J'étouffe un cri de surprise en regardant les rideaux trembler sur le côté. Mon chat veut bondir hors de mes bras. Je tente de le retenir, mais il s'enfuit en gémissant. Jamais il ne fait ça. Je me lève pour refermer la fenêtre et m'assure que la poignée ovale de fer forgé est bien tournée. En baissant le regard vers la cour, je remarque

que le vent fait à peine bouger les feuilles du prunier. S'il est si léger, comment a-t-il pu pousser ma fenêtre ? Troublée par une sensation confuse que je ne peux décrire, je me rassois sur le bord de mon lit en appelant mes chats un à un, mais aucun ne vient ni n'émet le moindre miaulement. Il règne dans mon appartement un silence parfait.

Je vais m'allonger, m'assoupir encore quelques minutes jusqu'à ce que ce trouble en moi disparaisse. Cette journée particulière sera longue, je dois la commencer dans la plus grande sérénité. Cependant, au moment même où je referme les yeux, je sens à nouveau ce parfum qui tout à l'heure m'a fait croire à un rêve. Il est plus intense désormais. J'inspire profondément cette fragrance d'épices, d'iris et de caramel. Je connais ce parfum sucré qui inonde ma chambre, il m'est pourtant impossible de le nommer, de me rappeler qui le portait, d'où il vient… Est-ce à moi ? Mes chats ont-ils renversé dans la salle de bains un de ces multiples flacons que je collectionne ? Ce parfum agit sur moi telle une caresse que mon corps reconnaîtrait. Son nom m'échappe encore, mais j'ai l'intuition qu'il appartient à mon passé, à sa part la plus tendre. Je garde les yeux clos car je veux prolonger l'instant. Mon trouble s'est mué en une exaltation douce infiniment agréable. J'aimerais suspendre le temps, là, et laisser ce mystère, cette volupté inconnue produire son effet. Je sens ma peau frissonner et mes lèvres s'étirer en un sourire irrépressible. La fragrance s'intensifie tellement qu'elle paraît m'envahir. Je pousse un cri en écarquillant les yeux. J'ai la chair de poule, mon corps se fige doucement. Une présence s'impose alors à moi, indissociable de ce parfum. Oui, elle est là dans le clair-obscur de cette pièce, il est évident qu'elle est là, invisible mais presque palpable. Je la cherche tout autour de moi sans la trouver, mais quand mes paupières se referment, son visage s'éclaire sur cet écran de chair, luminescent, serein, fidèle à mes plus beaux souvenirs… Je prononce lentement son nom, « Ma-man… » puis « Maman ! ». Je me mets à rire, je pourrais aussi pleurer. Jamais je n'ai ressenti ainsi sa présence ! Est-ce un rêve ? J'ai besoin de savoir, d'y voir clair ! J'agrippe le fil de la lampe de chevet jusqu'à l'interrupteur et fais jaillir la lumière. Je fouille la pièce d'un regard policier. C'est absurde ! Son image s'est effacée, mais sa présence rayonne toujours en moi, je pourrais le jurer. Et encore ce parfum entêtant qui demeure… Je me lève d'un bond, marche droit vers la salle de bains et constate que tous les flacons sont bien dressés sur l'étagère. De retour dans ma chambre, le parfum, si puissant il y a un instant, a totalement disparu. Tout est normal, immobile comme au réveil d'un rêve agité. Je me laisse tomber sur le parquet en bois, étourdie, subjuguée. Puis, adossée au pied de mon lit, je murmure ce nom : « *Shalimar* »… C'était le parfum de ma mère, son élixir adoré dont elle ne pouvait se passer. « Je pourrais en boire, disait-elle, tellement il est envoûtant… » « *Shalimar* »… Je répète ce nom tel un sésame, le titre d'une poésie, un conte porteur d'un ailleurs et de toute une part de ma vie. Je reste inerte, sonnée, immergée dans une forme de réalité modifiée. D'où vient ce parfum ?… Je ne l'ai jamais porté, je n'en possède pas le moindre échantillon. Un jour, une vendeuse habile m'en avait aspergée au détour d'un stand : « Découvrez notre nouvelle *Eau de Shalimar*, mademoiselle ! » Sa voix était entraînante. Le petit nuage sucré dont elle m'avait enveloppée était délicieux, mais aussi douloureux, car maman est morte. Le 27 octobre, cela fera quinze ans.

MUS

« Le docteur a du retard, madame Valandrey, j'en suis navrée, vous allez devoir patienter… » Je suis seule dans cette salle d'attente qui sent la peinture fraîche. Tout y est blanc ou gris, métallique ou en verre. Je suis frappée par la froideur des lieux médicaux, précisément là où il faudrait de la chaleur, quelques fleurs, un canapé en cuir craquelé, un meuble ancien qui vieillit bien. Je vais rencontrer pour la première fois ce cardiologue récemment installé à deux pas de chez moi. Il m'a été recommandé par le professeur de l'hôpital qui me suit depuis ma greffe : « C'était un de mes plus brillants élèves, Charlotte, ce sera plus pratique pour vous et puis c'est toujours utile d'avoir un nouveau regard. Il a toute ma confiance… » Moi, je perds la mienne. Mon sentiment de peur m'a reprise, ce qui s'est passé ce matin me bouleverse encore. Ce parfum, la présence de maman, c'était extraordinaire, j'en prends conscience maintenant.

Pourquoi ce souvenir comme un signe aujourd'hui ?

Ma mère est cette femme magnifique qui m'a protégée, consolée, enveloppée de ses bras, chauffée dans son cou, aimée plus qu'elle-même.

Que veut-elle me dire, de quoi pourrait-elle me prévenir ?

L'attente se prolonge. Mon dernier infarctus a eu lieu en 2008, juste avant Noël, dans ce cœur greffé. On m'avait annoncé le rétrécissement irréversible de ses artères, la fin lente de ce nouveau cœur que j'espérais invincible, un « athérome du greffon » qui pourtant ne s'est pas produit. Ou pas encore. J'imagine l'annonce du docteur : « J'ai une mauvaise nouvelle, chère madame, l'athérome a repris, et bien ! Votre cœur rétrécit, bientôt le sang circulera moins bien, moins fort, votre corps se fatiguera et… » Je me lève de ma chaise et articule à voix haute pour conjurer le sort : « *Game over !* Fin de la partie, *good bye* Charly ! » Ma réplique tragi-comique résonne dans cette pièce presque vide, sans me distraire, je ne parviens pas à fuir mes idées noires. Cela m'arrive parfois. Mon optimisme forcené, cultivé patiemment avec ferveur, implose brutalement. Je rentre dans un cercle vicieux fulgurant dont j'atteins le point culminant en pensant soudain : combien de temps avant la fin ?... Cette interrogation enfouie dans mes oubliettes jaillit et me frappe là, maintenant. Mon cœur bat plus vite, je respire moins bien, j'avance vers la fenêtre pour l'ouvrir. Elle ressemble à celle de ma chambre, même hauteur et même voile suspendu. Maman est venue ce matin pour me consoler de ce que je vais apprendre. Au moment où je saisis la poignée en écartant le rideau, mon téléphone retentit et l'assistante du docteur ouvre la porte : « Tout va bien ? demande-t-elle. Ce ne sera plus très long... » Elle a dû m'entendre. J'acquiesce en silence. La dame affiche un bref sourire et disparaît.

« Allô ? Charlotte ?! Allô ?! » Valentina, l'attachée de presse chargée de la promotion de mon livre, est au bout du fil. Cet appel est une trêve, une chance de diversion que je saisis pleinement en me concentrant sur la voix toujours survoltée de Valentina. À mesure qu'elle parle, j'accentue son effet bénéfique en visualisant ses tenues panthère, sa crinière fauve dégradée, son style unique « jungle chic », ses grandes dents impeccables et son sourire qui dit toujours que tout va bien.

« Alors, en forme pour le grand jour ?! Ton livre est partout ! *N'oublie pas de m'aimer*... mais qui pourrait oublier ?! » Valentina rit fort puis, dans une rupture de ton remarquable, elle s'étonne : « Tu fais quoi ?! Pourquoi tu parles doucement ? Tu es dans un lieu silencieux ? Ça résonne... Un Spa ?! Tu fais un massage ? Comme tu as raison ! Prends soin de toi ! Un peu de zen avant la bousculade... »

Valentina fait souvent les questions et les réponses. Elle aime gagner du temps. Pas de place pour mes hésitations, un brin de spleen ou un petit caprice, ni même un simple « non ». Valentina est une force de la nature, elle « tient le cap », elle « trace », comme elle dit, dans ce monde des médias où les « faibles en gueule ne font pas de vieux os » ! Valentina ne semble jamais douter, elle ne doit pas connaître de pensées noires. Cela me semble irréel d'avoir tout le temps autant d'énergie. À moins que le soir, une fois sa porte refermée, Valentina ne s'écroule de guerre lasse, de toute cette comédie qu'il lui faut jouer pendant la journée. Mais ce n'est pas son genre. Le soir, Valentina retrouve son gentil mari, épousé il y a des années, et ses deux filles, son autre monde, son équilibre. Valentina est naturellement dynamisée, pressée, le refus ou l'indécision l'insupportent. « Les gens ne savent pas ce qu'ils veulent, il faut le savoir à leur place ! » Et surtout elle m'amuse, alors je la laisse parler :

« Faut qu'on se voie, ma belle, au plus vite, pour caler les rendez-vous, c'est plus calme que l'an passé, c'est clair, tu fais moins le buzz, mais on a de la presse mag, une radio et peut-être une grosse télé, à confirmer, je croise les doigts… »

Quand je raccroche, j'ai perdu le fil de mon film noir et la porte de la salle d'attente s'ouvre, pour de bon cette fois. Le docteur est enfin disponible.

Assise face à lui, j'observe ce petit homme, presque chauve, au sourire discret sous une fine moustache, le regard concentré derrière des lunettes rondes à peine plus larges que ses yeux. Il a des airs de bande dessinée et paraît sans âge. Pourtant, s'il est l'élève du Pr Helft, il doit être plus jeune que moi. Sa voix est douce, ses intonations légèrement précieuses, il s'excuse immédiatement de l'attente, « une urgence », dit-il.

— Nous allons faire connaissance avant les examens, chère madame.

Je l'interromps :

— Charlotte ! s'il vous plaît docteur.

— Ce n'est pas Anne-Charlotte ?

— Il n'y a qu'à l'hôpital qu'on m'appelle Anne-Charlotte.

— Très bien, Charlotte.

— Oui, c'est mieux, plus rassurant.

— Vous êtes inquiète ?

— J'ai un mauvais pressentiment… Vous le savez mieux que moi, le cœur est imprévisible. Tout va bien et puis d'un coup…

— Mais vous avez l'air en pleine forme.

— C'est vrai, j'ai l'air.

— Ne vous en faites pas, j'ai tout ce qu'il faut pour vous ranimer ! Alors, voyons un peu, j'ai parcouru votre dossier, il est… consistant.

— Je l'aurais aimé plus léger, dis-je en replaçant une mèche de cheveux.

Le docteur me fixe furtivement d'un œil rieur et continue, l'air plus grave :

— 1986, découverte de votre séropositivité, mais est-ce bien l'année de la contamination ?

— Oui.

— Vous savez donc comment ?

— Une histoire d'amour.

Je réponds un peu gênée, le plus succinctement possible, surprise de cet interrogatoire, de devoir encore et encore répéter les mêmes choses.

— Très bien… Premier traitement par AZT en 1995, donc neuf ans sans rien prendre ?

— Exact.

— Pas la moindre infection opportuniste ?

— Non, rien.

— C'est rare et même… chanceux.

— J'en ai conscience, beaucoup sont partis en quelques mois.

— Vous êtes la personne séropositive la plus connue de France…

— Je suis la seule à l'avoir dit.

Le docteur acquiesce et reprend :

— Greffe cardiaque en 2003…

— Le 4 novembre.

— L'autopsie de votre cœur est surprenante, vous le savez ?

— Une autopsie ?! Quel vilain mot…

— C'est le terme, l'examen de votre cœur malade, une fois prélevé. Il est écrit qu'il n'aurait survécu que…

— Dix jours ! Je le sais. Le timing était bon…

L'assistante fait irruption en s'excusant et demande à voir le docteur quelques instants. Il se lève et quitte la pièce à pas feutrés, le dos légèrement courbé. Je m'avance vers le bureau, intriguée par ces commentaires qu'il lit depuis le début de notre entretien. Je tends le bras et retourne un bristol manuscrit. J'y vois une succession de mots griffonnés, d'acronymes étranges ponctués par des points d'exclamation, d'interrogation… Mon attention est attirée par la dernière ligne : « A ! IDM en 2008, athérome ? ACR vingt-deux sec !!! Pas de MCE, MUS ??!! » La porte s'ouvre à nouveau, je repousse précipitamment la feuille et me recoiffe d'un geste ample, sans réussir à détourner le regard du docteur qui fixe ses notes dérangées.

— Vous avez déchiffré mes abréviations barbares ? demande-t-il amusé.

— Cela m'intéresse.

— Je comprends.

— IDM, ça veut dire quoi ? Et MUS ? Vous pourriez me traduire la dernière ligne, s'il vous plaît ?

— Non, secret médical.

— S'il vous plaît…

— Je plaisante, bien sûr, j'y venais, mais ne brûlons pas les étapes car votre dossier est complexe… Un vrai cas d'école ! « A » c'est pour *angor*, la souffrance du cœur que l'on ressent avant l'infarctus…

— Insupportable ! À hurler.

— Je sais, répond-il avec empathie. Et à la fois le corps est bien fait, c'est une alarme essentielle. La douleur est à la hauteur de la gravité de l'attaque ; dans votre cas, celui d'une greffe, il est exceptionnel de ressentir l'angor car après l'opération toutes les terminaisons nerveuses sectionnées ne peuvent pas se recréer totalement autour du nouvel organe. Heureusement, il y a des exceptions… Entre 2 et 3 % des cas et vous en faites partie ! C'est une souffrance bien sûr, mais c'est une alerte indispensable qui vous permet d'être secourue alors que d'autres greffés peuvent succomber à un infarctus sans même s'en apercevoir… Avouez que c'est un avantage…

— J'ai la chance de ressentir la douleur…

J'amorce un rire nerveux.

— IDM veut dire « infarctus du myocarde », ACR « arrêt cardio-respiratoire », mais surtout, franchement, c'est rare, vingt-deux secondes… Sans aucune séquelle ?!

— Non. *De battre mon cœur s'est arrêté…* (titre d'un joli film) vingt-deux secondes, c'est ce qu'a soutenu l'infirmière en lisant les données dans la machine. « Une éternité ! » a crié mon cousin Jano, près de moi, choqué en entendant le bip plat, réclamant de l'aide. C'était la nuit, un moment effrayant et à la fois si… troublant…

En prononçant ce mot, mon esprit s'échappe en un éclair, loin de ce bureau, très loin… Je retrouve l'hôpital, cette nuit d'angoisse, le bip intermittent de la machine qui sondait mon cœur et mon souffle, puis plus rien, le vide, le bip strident et monocorde, le trou noir. Des images oubliées se précisent, je suis en apesanteur dans le néant, c'est fini, puis cet aveuglement soudain, cette sensation indicible de vitesse et ce blanc intense…

Ma mémoire me stupéfait. Je la crois définitivement abîmée par mes excès de médicaments, diminuée par ma volonté surpuissante d'oublier, et elle surgit à l'improviste, elle n'était que verrouillée. Elle s'ouvre et recompose des instants de ma vie effacés par nécessité. L'oubli me protège. Les souvenirs traumatisants nous reviennent quand on peut les affronter, les apprivoiser. J'ai longtemps oublié cette nuit, l'infarctus, le cœur qui flanche, l'âme qui s'envole ; aujourd'hui, sous la pression d'un regard bienveillant, interrogateur, devant le front plissé du docteur qui murmure d'une voix étrange, l'air absorbé : « C'est rare, vingt-deux secondes… », chaque syllabe prononcée agit comme une clé et tout réapparaît. Il répète :

— Troublant ?!

— Secret médical…, dis-je doucement, je n'en ai jamais parlé, j'ai besoin d'y repenser. Un jour peut-être quand on se connaîtra mieux. Et MUS ? Ça veut dire quoi ?

Le docteur hésite avant de répondre :

— C'est de l'anglais, les Français plus pragmatiques n'ont pas souhaité traduire, *medically unexplained symptoms*, cela sert à commenter tout ce qui d'un point de vue scientifique demeure inexplicable. En l'occurrence que votre cœur reparte après vingt-deux secondes, sans MCE, sans massage cardiaque externe… Comme ça… n'est-ce pas ?

— Oui, comme une fleur… par magie !

— C'est tout à fait exceptionnel, voire…

Le docteur s'interrompt.

— Voire… ? insisté-je.

— Exceptionnel ! Restons pragmatiques.

— Vous devriez rajouter « AG » dans votre compte rendu, docteur.

— Anesthésie générale ?!

— Non, ange gardien !

— Vous êtes amusante, la médecine est incompatible avec ce genre de fantaisie.

Le docteur rit.

— Eh bien, laissez MUS alors… Ou ajoutez un « E », c'est plus joli !

— Va pour MUSE ! Regardez, je l'écris !

Le docteur rectifie sa fiche en soulignant le mot d'un trait vif.

— Et comment va mon cœur, docteur ? Je m'inquiète… Tout peut changer si brutalement !

Une heure plus tard, alors que je me rhabille face à des machines clignotantes, le Pr Tournesol (j'ai trouvé à qui il ressemble) s'affaire déjà à son bureau, l'air sérieux, scrutant les résultats, composant un premier compte rendu. Je le rejoins vite.

— Ne faites pas durer le suspense trop longtemps, s'il vous plaît, docteur !

— Il va bien votre cœur… Mais à nouveau, vous mériteriez d'être étudiée de près par la faculté de médecine !

— J'ai d'autres projets !

— Un cœur greffé bat toujours plus vite qu'un cœur normal, l'écart est généralement d'une vingtaine de pulsations par minute, le vôtre au contraire bat plus lentement, à cinquante-cinq. Cela fait un écart de trente, c'est important…

— Mon donneur était sportif, ceci explique peut-être cela…

— Ça n'a rien à voir, et comment le savez-vous ?!

— C'est une longue histoire.

— Vous êtes bien mystérieuse…

— Je vis des choses mystérieuses, mais je suis le contraire du mystère. Cinquante-cinq pulsations, c'est bien ?

— Plus un cœur bat lentement, moins il se fatigue.

— Et plus il vit longtemps ? demandé-je.

— Oui, d'ailleurs, votre athérome depuis quatre ans n'a pas évolué d'un iota ! C'est pourtant un processus irréversible, vous comprenez ? Vos artères devraient avoir rétréci, même infiniment, mais non, rien…

— C'est bien.

— Excellent ! Et pour le moins surprenant… Un vrai phénomène, s'exclame dans un rire aigu le Pr Tournesol.

— Ma mère disait ça aussi, « un vrai phénomène »… Tout va bien alors ! Et MUS ! Amusant ! Muse ! Je suis ravie d'avoir fait votre connaissance, professeur, pardon… (Je me reprends), docteur ! On se croisera peut-être avant ma prochaine visite, j'habite dans le quartier…

— Oui, avec plaisir… Et soyez rassurée !

— Je le suis, merci !

Dans la rue de Sèvres, je frétille. Mon humeur a totalement changé. La saison aussi, fini l'automne, c'est *Le Sacre du printemps* ! Je suis légère comme une plume, une ballerine, maman m'a bien « gardée », protégée. Je vis l'euphorie des délivrances, la joie de retrouver un bien précieux que l'on croyait perdu, je souris à tout le monde et tournoie un peu en marchant. Tout est lumineux, les vitrines, les pare-brise qui défilent, le regard des gens et le zinc des toits. Je donne trop d'argent à ce SDF agressif qui m'a giflée l'autre jour, je passe embrasser Annie, ma coiffeuse préférée, ma nouvelle copine. « Tu as l'air en forme ! — Oui, je vais bien, et toi ? » me lance-t-elle. Chez mon caviste amoureux, j'achète du vin blanc de Chablis. « C'est un nectar, chère Charlotte, à partager, soupire-t-il en carressant la bouteille. — Oui, j'ai quelques amis qui préfèrent le vin à l'eau ! » Puis, chez ma boulangère toujours éreintée mais souriante, je craque pour un millefeuille, que je dégusterai dans le square de Sèvres-Babylone au bout de la rue. Mais je n'ai pas cette patience-là, pas dans ces moments-là et, quand j'arrive au square, le gâteau a disparu, mes lèvres ont un nouveau gloss épais de sucre glace et ma large poitrine de cantatrice contient de fins vestiges de pâte feuilletée au beurre que j'offre aux pigeons. La Castafiore a vu le Pr Tournesol et tout va bien.

Si le temps m'était compté

Dans ce jardin public dessiné en trapèze, je me pose sur un banc et repense à cette idée que j'ai eue tout à l'heure dans la salle d'attente du docteur en plein scénario catastrophe. À nouveau, je me pose cette question, bien qu'elle soit obsolète maintenant, plus romantique que dramatique. J'ai envie d'y répondre pour la première fois. Que ferais-je si je n'avais que quelque temps à vivre ? Je réfléchis, me concentre, cherche, je fais le tour de mes envies, de toutes ces choses que je n'aurais pas encore faites, ces rêves qui n'auraient pas encore pris corps. Mais je ne vois rien qui mériterait de mobiliser mes dernières forces. J'ai remué mon esprit dans tous les sens pour finalement penser que je ne changerais rien, je continuerais de vivre comme je le fais, de mon mieux, aussi intensément que mon cœur me l'autorise, je terminerais ma vie avec le sentiment d'avoir tout donné. Et si je parvenais à me défaire de la peur de laisser ma fille, je pourrais même ressentir de la sérénité maintenant que je sais qu'il y a un « après »...

Un homme s'approche en souriant, il me demande du feu. Je ne fume plus, mais j'ai toujours un briquet à prêter dans mon sac. J'aime l'idée de pouvoir faire naître une flamme à tout moment. L'homme effleure mes doigts en prenant le feu que je lui tends.

— On se connaît ? demande-t-il.

— Non, je ne crois pas...

— Vous êtes dans vos pensées ?

— Oui...

— Vous prenez un café après ? dit-il dans un joli sourire.

— Après quoi ?

— Vos pensées.

— Pas aujourd'hui, c'est gentil, j'ai un cadeau à acheter et un dîner...

— Mais je repars demain !

— Une autre fois alors, vous n'êtes pas parisien ?

— Suisse.

— Ah oui, je percevais un léger accent... Il est moins fort que dans les publicités !

L'homme éclate de rire.

— Sur le fromage ?

— Ou les chocolats ! J'ai joué à Genève, il y a longtemps...

— Joué à quoi ?

— Au théâtre… Je vais vous laisser malheureusement, je dois passer un coup de fil… Bon retour au pays du chocolat !

— À bientôt, merci pour le feu…

L'homme s'éloigne en se retournant par instants. J'aurais pu prendre un café… Il était charmant… Mais pas comme ça, là, dans un square, un inconnu… Il me regarde encore, me sourit… Il va revenir si je souris aussi. Je tourne la tête et fais semblant de téléphoner. Quel beau sourire quand même… Une idée me pique alors le cœur. Mon ventre frémit, j'ai changé d'avis… Si le temps m'était compté, j'aimerais vivre une ultime histoire d'amour ! Celle que je n'ai pas connue, plus grande encore que la plus belle de mes histoires, dont les couleurs, les goûts, les élans sembleraient irréels, un conte semblable aux rêves, mais qui formerait ma dernière réalité…

Depuis mon divorce d'avec le père de ma fille en 2004, peu après ma greffe, je n'ai connu qu'une seule vraie histoire d'amour, Yann. Un héros de roman, « trop beau pour être vrai », répétait Lili. J'ai appris par hasard qu'il était le veuf de Virginie, la femme qui m'a sauvé la vie. Une histoire incroyable, magnifique et brève, complexe, dans laquelle s'immisçait le fantôme, si beau soit-il, d'une autre femme. J'ai rompu dès que j'ai appris la vraie identité de Yann. Lui savait tout depuis le début. Il disait qu'il m'aimait, mais il recherchait en moi sa femme disparue. Ce fut un choc. Il est parti, loin, travailler en Australie où l'attendait un projet qui le passionnait. Yann est architecte dans un cabinet de renommée internationale. Puis l'amant migrateur est revenu. Il m'est toujours difficile de lui résister malgré ma volonté. Pour la première fois de ma vie, j'ai repris un amour interrompu, qui n'avait peut-être jamais disparu. J'étais aimantée à Yann d'une façon si puissante qu'elle devenait mystérieuse. Ma psy disait que j'étais « doublement amoureuse », moi et ce cœur étranger, symbolique, car je savais désormais que Virginie et Yann s'étaient aimés.

J'ai essayé d'oublier cette histoire de cinéma et j'ai pardonné le mensonge de Yann pour vivre simplement notre amour. Mais il voulut un enfant, c'était bien sûr trop tard, trop risqué, et surtout je sentais que Yann ne parvenait pas à oublier ce cœur qui battait en moi. Je lui ai demandé de me laisser vivre en paix, de devenir père et d'assouvir sa passion d'ériger à travers le monde de nouveaux édifices. Il m'a écoutée, je sais être convaincante. Ce fut éprouvant. Yann vit en Chine depuis deux ans, il me donne de ses nouvelles de temps en temps, je ne réponds pas toujours. La semaine passée, il m'a appris qu'il venait d'être papa d'une petite fille prénommée Charlotte. Je savais que sa compagne australienne était enceinte. Les hommes ambitieux sont pressés en tout. Lili m'a dit : « Il aurait pu l'appeler Virginie. » Et cela m'a touchée. Yann dit parfois qu'il m'aime encore. Mais que valent ses mots ? Quand sait-on que l'on est aimée ? Quand est-ce vrai ?

Après la tragédie de la salle d'attente, le mystère amoureux m'obsède dans le square de Sèvres-Babylone. Douce obsession que je partagerai ce soir avec Lili. Je me lève d'un bond. Lili ! Les boutiques vont bientôt fermer et je n'ai toujours pas trouvé son cadeau.

Je me précipite au Bon Marché, à deux pas, grand magasin historique de mon quartier où l'on trouve toutes sortes de créations originales, et choisis une robe noire, taille 38, près du corps avec des ailes d'ange en strass dans le dos.

Chez moi, j'attends Lili qui est en retard. Elle m'a laissé un message pendant que je me préparais. Je réécoute en même temps celui du matin. Et je ris. Retrouver l'amour… J'y pense depuis le square. L'annonce rassurante du docteur a déclenché en moi un regain de vie. Voilà donc le beau projet qu'il me reste à mener et je n'ai pas besoin d'attendre que mes jours soient comptés pour le réaliser ! Je pourrais mettre en place un vrai plan d'action, c'est une de mes spécialités. « Le bonheur est dans l'action ! » Je le répète assez. Retrouver l'amour... Je devrais peut-être sortir davantage, commencer par élargir mon territoire bien au-delà de ma rue de Sèvres et du quartier Montparnasse où je prends le train pour effectuer quelques crochets bretons. J'embarquerais Lili dans mon aventure. À deux, nous aurions plus d'idées. Elle est concernée et très motivée. Nous pourrions nous encourager car je pressens que ce ne sera pas aisé. Je pourrais aussi former une association, réunir toutes les femmes de plus de quarante ans qui rêvent encore d'amour. Grande, trop grande association !

Lili arrive. Dans le taxi, je cache jusqu'au bout le nom du restaurant où je l'invite.

La tour Eiffel est un lieu hors du temps. L'ascenseur d'époque suit la pente inclinée d'un des quatre pieds. Paris se révèle, nous montons au ciel. Lili est enchantée.

La robe lui plaît. Je lui intime désormais de remplacer par des ailes d'ange toutes ses tenues macabres avec des têtes de mort. Elle proteste :

— Tu n'aimes pas ?! C'est très mode ! Ça fait rock, pirate !

— Je préfère les anges.

Le champagne est glacé et les chandeliers brûlants. Lili a les joues rouge vif, elle interpelle un joli serveur qu'elle a remarqué :

— S'il vous plaît, monsieur ! Pourriez-vous éteindre ces brasiers avant que je ne prenne feu ? Laissez juste une bougie au sommet... Merci !

Lili siffle « merci ! » comme un chant d'oiseau. Elle accepte de souffler sur son gâteau si seulement je répète qu'elle ne fait pas son âge. L'unique bougie s'éteint, mais le regard de Lili s'éclaire, magie de la volonté, quand elle évoque son message, en confirmant son intention ardente de retrouver l'amour. « Mais pas toute seule, crie-t-elle, et de façon organisée (nous sommes d'accord) car le hasard ne mène nulle part. » Nous discutons longuement, évoquons plusieurs pistes, rions beaucoup et décidons sérieusement de nous réunir bientôt pour bâtir un vrai plan d'action.

Je ne dis rien à Lili de cette sensation si troublante de la présence de maman ce matin. J'essaie encore de comprendre et ce n'est pas le lieu, pas le moment.

Quand l'ascenseur redescend lentement, Lili envoie des baisers sur la ville et m'embrasse en disant « Merci !... Merci !... » avec joie mais sans chant d'oiseau.

Dans mon lit, je m'interroge. Retrouver l'amour... Est-ce vraiment une aventure à tenter à deux ? Que se passerait-il si elle n'était fructueuse que pour l'une de nous ? Pire encore ! Si nous tombions amoureuses du même homme... Un cauchemar !

Je pourrais peut-être jouer en solo encore quelque temps, utiliser par exemple cette période de promotion qui devrait être fertile en interviews pour passer une annonce particulière...

La crêpière

La promotion médiatique de mon nouveau livre est hélas bien plus calme que je ne l'espérais. Valentina semble désolée sans vraiment l'exprimer. Une émission de radio est prévue dans quelques jours, deux ou trois entretiens avec la presse et ce sera tout. Le grand show de télévision a été décommandé au dernier moment. Plusieurs millions de téléspectateurs se sont ainsi évaporés. Valentina est contrariée. Je suis un peu déçue, mais habituée aux aléas du show-biz. Je comprends que je ne fais plus le « buzz ». Valentina aime ce nouveau maître mot qu'elle répète en gargarisme dans le bar pourpre de l'hôtel Lutetia :

— La petite Diam's, la reine du rap toute voilée sur TF1, ça fait le buzz ! C'est formidable, tu comprends ?

Valentina fait allusion à l'émission *7 à 8* que j'ai regardée, où la chanteuse apparaît recouverte d'un voile religieux.

— Elle t'a paru heureuse ? dis-je.

— On s'en fiche, ma chérie, dans trois ans elle sera peut-être bouddhiste. Mais là, ça surprend, c'est visuel, ça fait un gros buzz, c'est tout. Son livre se vend comme des petits pains !

Il me vient alors une idée :

— Je pourrais porter une coiffe bretonne traditionnelle ?...

— Ah ! Dieu merci, tu es drôle ! Sérieusement, je ne sais plus quoi faire... La suite de ton histoire d'amour avec ces insertions de recettes de bien-être, que j'adore hein, comprends-moi bien, ça accroche moins... Mais on va se battre, compte sur moi, je ne lâche jamais l'affaire !

— J'aime pourtant beaucoup ce livre, dis-je.

— C'est du pur marketing maintenant, ma chérie, faut faire ce satané buzz ! Faut intriguer, choquer, émoustiller... *Cinquante nuances de truc...* par exemple (Valentina bute sur le titre de ce nouveau livre qui fait un malheur), ce n'est pas le marquis de Sade ! Mais c'est vaguement porno, sado-maso, ça réveille, ça buzz ! Les gens s'ennuient et le bonheur, entre nous, ils s'en foutent, ils n'y croient plus. Regarde, même Disney, *Blanche-Neige*, tout ça, c'est fini ! Faut des monstres maintenant, au moins des vampires...

Ce dernier mot perturbe mon attention, je porte machinalement mon pouce à ma bouche et touche discrètement le contour de mes dents. Elles sont bien trop lisses, c'est désolant, un peu usées, mes canines sont aussi rectilignes que mes incisives. Je ne suis pas un vampire, ce n'est pas bon pour les affaires ! Je me mets à rire. Valentina n'y prête pas attention et continue son monologue que je n'écoute plus. Je fuis dans mes pensées en hochant la tête mollement... Je songe... Si les gens se fichent du bonheur, alors je n'ai plus grand-chose à leur dire, pas d'histoire de vampire dans ma besace, je rêve même du contraire, de lumière, de douceur, de la possibilité d'une vie meilleure. J'y crois et voudrais le faire croire, je n'espère rien d'autre que de faire naître l'espoir et de partager quelques fruits savoureux arrachés à la vie.

Avant de quitter Valentina, je lui redemande comment elle va, car pour la première fois j'ai perçu aujourd'hui une once de tristesse dans sa voix. Elle m'assure que tout va bien, elle est juste contrariée par le lancement poussif du livre.

Je m'en vais rassurée pour elle, mais dépitée par notre entretien. Je suis mère célibataire et artiste. Être artiste est un métier à risque, je le sais, le plus grand étant de ne plus être aimée. Je m'interroge… Et si mes livres ne plaisaient plus… Je marche sans réponse dans la rue. Après quelques pas, dont j'accélère le rythme, je prononce à voix haute : « Je trouverais autre chose ! » Une dame coiffée d'un chignon parfait se retourne juste devant moi, je la salue en agitant la main avec malice. Je ne suis pas d'humeur à être triste aujourd'hui, ni demain. Une idée de reconversion saugrenue me fait éclater de rire. La dame au chignon se retourne et sa moue inquiète me fait rire davantage. Je vendrais des crêpes ! C'est facile à faire et ça plaît toujours. Goûtez mes beurre-sucre, ma bonne dame ! Une petite bolée de cidre ? C'est compris dans la formule ! Tout le monde aime les crêpes, même la dame au chignon qui vient de tourner au coin d'une rue en s'assurant que je ne la suivais pas. Je ferais un petit show dans ma crêperie, on ne se refait pas. Je me déguiserais en Bigoudène avec des jupons bouffants à l'ancienne pour cacher mes jambes trop fines et des sabots de bois à semelle rouge pour une pointe de chic. Ça ferait peut-être le buzz, ça !

Si je n'écrivais plus, je serais triste de perdre ce lien intime que j'ai noué avec mes lecteurs, de ne plus exister dans ce film unique qu'ils inventent dans leur cœur en mêlant nos vies et leurs images avec mes mots.

Dors, mon ange

Le lendemain. Derrière le Bon Marché, grand magasin historique de mon quartier, il y a un lieu à l'atmosphère unique où j'aime aller me recueillir, la chapelle de la Vierge miraculeuse, qui réunit des pèlerins du monde entier. Je ne suis pas assidûment pratiquante, mais ma mère portait sa médaille.

En cette fin de journée, je prends place au milieu de femmes de couleur qui prient à voix basse en anglais, les mains offertes et les paupières closes. Par mimétisme, je ferme aussi les yeux. Douce contagion de ceux qui croient. Je me concentre, je glisse en moi, je sonde mon âme et cherche celle des autres. Les mots répétés, presque chantés, de ces femmes étrangères forment un air lancinant qui me berce. Je vagabonde plus que je ne prie. Soudain, on susurre à mon oreille : « Dors, mon ange… » J'ouvre les yeux, regarde autour de moi et me retourne. Qui a dit cela ? Ces mots que je connais, qui les a dits ? C'était la voix de maman ! Je divague… Aussitôt, des larmes montent en moi, un frissonnement court sur ma nuque. Ces femmes continuent de prier, de chanter doucement. J'ai distinctement entendu : « Dors, mon ange… » Je sens la pression d'une main sur mon épaule, je sursaute dans un cri strident qui fait s'ouvrir tous ces grands yeux blancs autour de moi. « *Your bag has fallen, mam...* » Mon sac est tombé du banc. Je remercie d'un sourire la dame assise dans mon dos qui s'excuse de m'avoir surprise. Je me baisse, ramasse mon sac et m'en vais.

Dans la cour allongée qui mène à la rue du Bac, je marche d'un pas pressé, j'entends le rythme accéléré de mon cœur. « Dors, mon ange… » Ce sont les mots de ma mère, la berceuse de mon enfance, ceux qu'elle prononça encore quand je suis retournée vivre à la maison, au début de ce traitement violent à l'AZT (premier médicament antiviral contre le VIH) qui me rendait malade. Je vomissais sans cesse et ne pouvais plus sortir. J'avais vingt-huit ans et ma mère me caressait jusqu'à ce que je m'endorme. La chaleur de ses doigts infatigables m'engourdissait, je retrouvais le lien qui m'avait nourrie, la magie de la femme qui m'avait engendrée.

Sur le trottoir, parmi la foule, j'ai du mal à réaliser ce que je viens de vivre dans la chapelle. J'aimerais en parler, partager, comprendre. J'ai gardé pour moi ce qui s'est passé l'autre matin, je n'ai confié à personne que le cardiologue m'avait qualifiée de quasi-miraculée. MUS ! J'hésite à appeler Lili. Elle rirait, je l'entends déjà, et elle me ferait rire. Lili prend peu de choses au sérieux. Depuis son divorce, elle assume cette volonté farouche de légèreté. Elle m'appellerait « la nouvelle Jeanne d'Arc qui vient sauver les Français de je ne sais quel péril » ! Mais quelle heure est-il ? Il me semble que j'oublie un rendez-vous. Je fouille mon sac grand ouvert, saisis mon agenda et vois dans un cercle fluorescent le nom d'une confidente idéale, bien plus raisonnable que ma Lili.

La femme en beige

Claire est ma psychiatre psychanalyste depuis une éternité. Elle sait presque tout de ma vie. Je l'ai consultée après le décès de ma mère pendant des années. Puis j'ai arrêté et repris, selon mon besoin. Claire m'offre un espace rare de liberté sans jugement, sa finesse, sa gentillesse. Elle m'a permis d'accepter ce qui me paraissait inacceptable, de me pardonner aussi pour ce mal que je me faisais inconsciemment. « Devenez votre meilleure alliée, Charlotte, et tout ira mieux. L'hostilité qui fait le plus mal ne vient pas des autres, mais de soi. » Claire exerce sur moi un pouvoir important. Elle sait me calmer quel que soit mon état. C'est une femme fascinante, érudite et très organisée. Son bureau est toujours impeccablement rangé. Cet ordre parfait offre un cadre simple aux pensées emmêlées de ses patients. Chaque objet disposé sur le bureau de Claire possède une place déterminée, millimétrée. Peut-être est-elle maniaque, obsédée, un rien névrosée. On parle bien de ce que l'on connaît.

Je n'ai pas vu vieillir Claire, je ne connais pas son âge. Elle se coiffe toujours de la même façon, les cheveux lissés en arrière, elle est pour ses patients un repère immuable, apaisant. Si loin que je m'en souvienne, j'ai toujours connu Claire vêtue de beige. C'était la couleur préférée de ma mère, « douce et flatteuse », disait-elle. Ce point commun doit participer au pouvoir hautement rassurant de ma psychanalyste.

— Comment allez-vous, Charlotte ?

— Bien, merci, mon cœur va bien, ma fille aussi, bref, ça va bien !

— Parfait...

Après quelques échanges usuels, Claire m'interroge directement :

— Pourquoi êtes-vous nerveuse si tout va bien ? Vous ne cessez d'éplucher vos lèvres avec vos doigts...

Je lui raconte alors de manière détaillée mes expériences étranges, le parfum, la chapelle, la présence, la voix de maman, et j'attends la réponse de Claire en scrutant son air imperturbable. Ma psy a l'adresse de m'interroger encore avant de répondre :

— Auriez-vous des raisons particulières de penser à votre mère en ce moment ?

— J'y pense tout le temps, enfin très souvent.

— Ces jours-ci, un événement pourrait-il provoquer en vous le besoin de sa présence ?

— J'étais inquiète de mon rendez-vous chez le cardiologue et aussi de l'accueil de mon nouveau livre.

— Voilà une explication. Notre cerveau possède des capacités insoupçonnées pour préserver notre équilibre. Ces deux événements cumulés augmentent votre anxiété bien au-delà de ce que vous pensez, d'où l'émergence de ces souvenirs rassurants.

— Vous ne comprenez pas ! J'ai souvent ressenti la présence de ma mère autour de moi, je l'ai même implorée dans des moments difficiles, à l'hôpital ou au théâtre quand le trac me faisait vomir, mais je ne l'ai jamais ressentie comme l'autre matin ou dans la chapelle. J'ai senti son parfum, j'ai entendu sa voix, vous comprenez ?

— Vous sortiez du sommeil, peut-être même d'un rêve… et vous étiez en plein recueillement, en état presque hypnotique… Ce sont des moments troublants où la réalité et l'imaginaire peuvent se confondre…

— Je n'ai rien imaginé. Je n'ai aucune imagination. Croyez-vous aux anges gardiens ? Mon cardiologue a insinué que j'étais miraculée.

— Miraculée… Anges gardiens… répète Claire.

Je perçois dans son regard une ombre d'accablement. Elle inspire profondément, puis reprend :

— Gardons-nous des grands mots… et des croyances invérifiées, chère Charlotte ! Et si c'étaient simplement votre volonté de vivre, votre force de caractère qui vous gardent en vie ? Je ne crois pas aux anges gardiens, mais aux forces complexes de notre esprit, je crois que presque tout peut s'expliquer de façon rationnelle, que l'on projette nos peurs à l'extérieur de soi, que l'on façonne notre monde selon nos besoins, nos désirs, souvent inconscients. Vous vouliez la présence de votre mère plus que tout et vous l'avez eue. Je ne crois pas au paranormal. Je ne peux pas y croire.

— Vous avez dit « presque », « presque tout peut s'expliquer de façon rationnelle ».

— Oui, il faut bien garder un brin de magie ! répond Claire.

— Je n'aime pas ce mot « paranormal », il évoque pour moi un spectacle de fête foraine, vous avez raison, je crois aux forces de l'esprit, de l'âme, et à une énergie qui nous relie tous... Je ne sais pas pourquoi, mais j'ai besoin de vous poser maintenant une tout autre question qui n'a rien à voir... Je peux ?

— Bien sûr.

— C'est étrange, dis-je. Cette question est comme soufflée à mon oreille... Pourquoi vous habillez-vous toujours en beige ?

Claire observe un silence, affichant un étonnement amusé, puis répond :

— Je ne m'habille pas toujours en beige. Hier, j'étais en bleu et lundi en blanc, il me semble.

— Alors c'est incroyable... car je vous ai toujours vue vêtue de beige !

— C'est impossible, Charlotte.

— Je vous assure !

Claire appelle son assistante qui rentre dans le bureau.

— Pardonnez-moi, Marie, mais de quelle couleur était ma tenue hier ?

— Bleu ciel, répond la femme sans hésiter, indifférente au caractère insolite de la question.

— Merci !

Claire rit. Il me semble l'entendre rire pour la première fois.

— Vous me croyez maintenant ? demande-t-elle.

— Oui, bien sûr, je vous crois, mais je vous dis simplement que depuis que je vous connais, depuis le décès de maman, je ne vous ai vue qu'en beige ! Et ça, je ne l'ai pas imaginé !

— C'est statistiquement im-pos-sible, dit-elle en martelant chaque syllabe.

— Mais c'est vrai !

— Je vais vérifier ! déclare-t-elle.

— Comment ?!

— Vous m'obligez maintenant à vous livrer quelques-unes de mes petites manies… Après tout, pourquoi pas, si cela peut nous mettre d'accord ! Je note chaque soir dans mon agenda les faits marquants de ma journée, et le matin, ma tenue et le temps qu'il fait. C'est une manie familiale, bien pratique quand on doit se souvenir de tout…

D'une poussée discrète du pied, Claire disparaît dans la rotation du haut dossier de son fauteuil, elle saisit un objet posé pile derrière elle dans la bibliothèque, puis se retourne face à moi en feuilletant un agenda épais. Ses doigts agités font voler une à une, de plus en plus vite, les pages autour d'une large spirale. Je lui dis doucement :

— Vous pouvez consulter aussi les années passées… Je suis sûre de moi…

Claire reste silencieuse alors que je remarque du rouge poindre sur ses joues. Son visage, d'habitude si détendu, se fige davantage à mesure qu'elle fait tourner les jours. Une fois son agenda de l'année entièrement compulsé, elle secoue la tête deux ou trois fois comme pour se réveiller et dit :

— C'est extraordinaire… Vous avez raison… Et statistiquement incompréhensible… Chaque matin avant de m'habiller, je consulte mon agenda. Je vois donc votre nom avant de choisir ma tenue… Le beige est une de mes couleurs préférées, mais pas la seule… Pourquoi donc toujours ce beige… ?

— C'était la couleur préférée de ma mère, elle ne portait que du beige…

— Je comprends mieux alors ! Vous me l'avez confié et je l'ai mémorisé… Et dans un réflexe inconscient quasi maternel, je m'habille de cette couleur qui vous rassure… C'est tout de même extraordinaire… très troublant.

— C'est encore plus extraordinaire que vous ne le pensez, puisque je n'en ai jamais parlé, ni à vous ni à personne. Je n'ai jamais décrit ses goûts, qui elle était intimement, vous le savez. Vous connaissez la difficulté que j'ai à parler véritablement de ma mère et mon sentiment de culpabilité...

— Oui... Vous avez raison, je me souviendrais de cette particularité, de ce point commun... Je ne sais pas quoi vous répondre, Charlotte. C'est effectivement troublant, je dois l'admettre... Nous nous sommes vues trente-cinq fois cette année, il me semble difficile d'évoquer des coïncidences...

— C'est le « presque » dont vous parliez, la part d'inexplicable, ce brin de magie...

Claire reste sans voix.

De retour chez moi, je mets bien en évidence sur la commode face à mon lit un portrait de ma mère en noir et blanc, une photo usée, dont les bords craquelés se décollent d'une fine planche de contreplaqué. C'est une photo de vacances en Bretagne au Val-André. Ma mère porte une marinière de coton. Derrière elle, je reconnais le granit breton. Elle est jeune, lumineuse. Sous le gris argenté de ses yeux, je devine le vrai bleu pâle. Je fixe son sourire largement ouvert, celui que l'on arbore sur les photos de vacances, et je m'interroge. Maman était-elle vraiment heureuse ? Elle avait du talent, elle était une pianiste douée, virtuose en devenir. Alors qu'elle étudiait au conservatoire, son père est parti vivre seul aux États-Unis. Il était lui-même artiste, luthier de renommée mondiale, orfèvre d'archets de violon, Émile-Auguste Ouchard. Il accompagnait le grand violoniste Yehudi Menuhin. Ma mère, déchirée par ce départ, n'obtint que le deuxième prix d'excellence. Son père le lui reprocha, à distance. Elle perdit le goût du piano, ses belles ambitions et quelques-unes des illusions qu'une jeune femme passionnée peut nourrir à dix-sept ans. Elle est restée auprès de sa mère. Je sais peu de chose de sa vie jusqu'à la rencontre de mon père à l'âge de trente-cinq ans. Maman n'en parlait jamais.

Elle voulut être mère aussitôt. Elle confia à papa que c'était le rôle de sa vie. Elle reprit le piano pour son plaisir. Ma mère s'est parfaitement occupée de moi et de ma petite sœur Aude. Nous étions ses « merveilles » qu'elle berçait de préludes de Bach et d'impromptus de Schubert. Elle arrêta de jouer du jour au lendemain, quand elle apprit ma séropositivité. Elle confia à mon père qu'elle ne survivrait pas à la perte d'un enfant, qu'elle ne le voulait pas, que sa vie était indissociable de nous. Je me souviens qu'elle m'avait serrée, embrassée de toutes ses forces sans prononcer un mot, j'avais pourtant la peste à cette époque, le mode de contamination restait incertain, mais ma mère s'en fichait, j'étais sa chair et, chaque fois que je reprenais ma place dans ses bras, je ressentais tout ce qu'elle ne disait pas. J'aimais la chaleur de ses mains, la pression de ses lèvres, cette façon attentive de me recoiffer comme si j'étais une enfant. Dans ses bras, je voulais le rester car un enfant ne meurt pas. Dans l'amour maternel, j'étais immortelle.

Je regarde son portrait et lui parle à voix haute, comme fait M. Poussin. Je me mets à rire. C'est mon voisin du premier étage, un vieux monsieur dont je m'occupe un peu. Il a perdu sa femme, Madeleine, il y a des années et, quand je rentre chez lui ou plaque l'oreille contre sa porte, je l'entends lui parler comme si elle était présente. Il ne s'en cache pas d'ailleurs et clame à qui veut bien l'entendre que Madeleine est toujours là !

Grisou

Je me suis réveillée comme je me suis endormie, face au portrait de maman. Son regard est si lumineux, son rire si spontané, qu'un voile de vie semble animer cette photo.

J'écoute mes messages, Lili, mon père, mon cousin Jano, Valentina qui me rappelle une interview ce soir dans le bar de l'hôtel Lutetia et surtout l'émission de radio lundi.

Nous sommes vendredi. Ce soir, ma fille Tara revient à la maison pour une semaine.

Ce matin était calme avant que je découvre Cocotte, flottant le ventre à l'air dans son bocal, morte. C'est mon poisson rouge. Une fille, je l'avais décidé. Je tenais à avoir un poisson pour parfaire l'équilibre *feng shui* de mon appartement, terre, eau et feu, également pour exciter mes chats castrés, trop calmes à mon goût. « Il ne manque plus que le feu dans ton salon », avait déclaré Lili en observant Cocotte tournoyer pour la première fois. J'avais répondu en riant : « Le feu, c'est moi ! »

Ma période *feng shui* se terminant, je pense à un oiseau pour remplacer Cocotte, une présence aérienne, un être ailé qui puisse émoustiller mes chats.

Dans la matinée, comme souvent, j'écris quelques lignes, dans un cahier spécial, des notes que je prends sur ma vie, ce qui me touche.

J'appelle Lili pour qu'elle m'accompagne cet après-midi sur les quais de la Seine où je vais choisir mon oiseau.

Lili est ma meilleure amie, je l'ai déjà dit, mais je tiens à cette précision de collégienne. Je la connais depuis des temps immémoriaux, elle fait partie comme moi de ce club moderne à l'effectif galopant des mères quarantenaires divorcées.

Son ex-mari, père de son fils, est très fortuné, il a cofondé une des plus grandes réussites de la vente par Internet. Il garantit à Lili une oisiveté aisée à vie. Lili aurait pu retravailler, elle est diplômée d'histoire et a enseigné quelques années avant de se marier. « Mais à quoi bon prendre la place de quelqu'un qui a vraiment besoin de travailler ? » dit-elle. Lili s'occupe de son fils, « l'amour de sa vie » dont elle a la garde alternée comme j'ai celle de Tara. Elle est activement engagée dans plusieurs actions caritatives dont elle ne veut pas que je parle. « Ne fais pas de moi une sainte dans tes bouquins ! » Pourtant Lili fait, entre autres, le clown dans des hôpitaux pour enfants comme elle le fait pour moi depuis longtemps.

Lili est une très jolie femme, qui fut laissée pour une autre très jolie femme, très jeune aussi. Son divorce l'a meurtrie. Il a abîmé en elle quelque chose de l'ordre du rêve, du merveilleux. Mais Lili clame qu'elle est « réparée ». Elle porte ses beaux sourires comme un voile élégant, permanent. Elle a l'éclat puissant des êtres qui font de leurs blessures une force.

J'ai envie de confier à Lili mes expériences étranges, bouleversantes, mais, dans ce bus bondé où je la retrouve, rien n'est propice à raconter mes histoires intimes. Le chauffeur excité nous oblige à nous cramponner aux barres et une dame rigolote qui m'a reconnue s'évertue à prendre une photo de moi malgré mes danses incessantes. Dans un moment de répit, Lili lui propose de nous photographier ensemble. Pendant que nous posons, la dame m'adresse des mots gentils. Elle se presse contre moi et caresse mon bras, ma joue.

J'ai remarqué ce désir de me toucher chez les personnes que je rencontre, comme un besoin de vérifier que j'existe vraiment, que j'ai réellement survécu. Je tente chaque fois d'apporter ma part de réconfort, de partager cette affection qui s'exprime par le corps. J'aime bien être touchée comme cela, car ces contacts agissent en moi telle une recharge.

J'ai parcouru un long chemin depuis ce temps où, intimement choquée par ma contamination, j'étais prise de crises de panique aiguës. Dans cette période posttraumatique, je ne supportais plus que l'on me touche, pas même un médecin. J'éprouvais même des difficultés avec mes proches. J'avais été contaminée par un contact, un acte amoureux, alors chaque mouvement, même affectueux, m'était insupportable.

C'est à ce moment que naquit en moi un amour immodéré pour le contact animal, avec une affinité particulière pour la fourrure soyeuse, les yeux de bijou et la nature indomptable des chats. Je commençai à m'endormir l'oreille collée à leurs ronrons, comme on écoute la mer dans les coquillages, et je n'ai plus pu m'en passer.

Une psychothérapeute exceptionnelle, qui m'effleurait du bout des doigts, m'a réappris après quelques mois l'usage du contact humain et ses bienfaits.

Le bus vient de traverser la Seine, nous arrivons dans le quartier des animaleries. Je me dirige droit vers les volières.

— Regarde comme il est beau avec son torse orange, c'est gai un canari ! dis-je.

— Aussi gai qu'idiot ! rétorque Lili.

— Je cherche un oiseau, pas un chimpanzé !

Une dame âgée qui semble être la propriétaire s'approche en nous déclarant sa passion des canaris.

— Celui-ci vient de Java ! commente-t-elle en désignant l'oiseau que j'ai remarqué. Les canaris étaient très utiles autrefois dans les mines de charbon. Sensibles au moindre gaz, ils prévenaient des coups de grisou, ces explosions meurtrières. Les mineurs fuyaient dès qu'ils arrêtaient de chanter.

— Intéressant..., dit Lili, et en appartement ?

— Ils peuvent avertir des fuites de gaz.

— Mais le gaz, on le sent, non ? C'est au gaz chez toi ? m'interroge Lili.

— Oui, et chez mon voisin M. Poussin aussi, d'ailleurs j'ai toujours peur qu'il oublie de le fermer…

J'achète deux canaris, un pour moi et un pour mon voisin, avec deux jolies cages, aux courbes blanches élégantes, semblables à celle que tient Catherine Deneuve avec grâce dans *La Sirène du Mississippi* (beau film de François Truffaut)… Je baptise mon canari Grisou !

Lili craque pour une boule de poil qui sommeille dans la boutique mitoyenne. Son fils voulait un chien depuis longtemps. « Une affaire ! » répète la vendeuse, une femelle croisée de deux pures races, un mâle terre-neuve et une épagneule naine. « Pauvre chienne… », s'exclame Lili en pensant à l'accouplement mixte. Elle s'inquiète aussi de la taille adulte de la boule de poil qu'elle caresse sans cesse. La vendeuse lui assure que ce chiot adorable aura un gabarit moyen.

Dans le bus au retour, Lili se moque de mes oiseaux aux cages encombrantes qui distraient les voyageurs en « cuicuitant » à qui mieux mieux. Elle assure que je viens de dire adieu au silence domestique, ce à quoi je réplique d'un doigt tendu vers le chiot qui gigote sur ses genoux que les terre-neuve font la taille d'un veau…

— Comment vas-tu l'appeler ? demandé-je.

— J'y réfléchis depuis la boutique, j'ai trouvé, je crois… Libido !

Quelques têtes se retournent dans le bus.

— Tu vas appeler ta chienne Libido ?!

— Oui, pourquoi ? C'est interdit ? J'hésite avec Clitoris…

Lili s'amuse des réactions autour d'elle. Je reste bouche bée, le sifflet coupé comme disait mon grand-père. Elle insiste en parlant fort :

— Remets-toi, ma belle ! Clitoris, c'est une blague. Par contre Libido, c'est rigolo, non ?! Comme ça, j'y penserai chaque jour ! Ma libido va sautiller, bondir, me mordiller... Regarde, tu ris déjà ! Mon médecin m'a prévenue, après quarante-cinq ans elle risque de baisser, « naturellement... » a rajouté le traître d'un ton vengeur !

— Ça te reposera...

— Tu plaisantes ? Je ferai la sieste sous terre ! Je ne veux pas perdre ma libido, tu m'entends ?!

— Mais je ne peux rien pour ta libido... Parle plus doucement s'il te plaît...

Lili s'approche de moi en se contorsionnant au-dessus d'une de mes cages et me dit à voix basse :

— Je sais ! Mais tu peux au moins m'encourager, me soutenir, je veux garder le désir, retrouver la passion physique, je veux vieillir avec un amant, vaincre la fatalité qui s'abat sur nous ! À ce propos, tu n'oublies pas notre plan d'action ?!

— Non, promis. On déjeune la semaine prochaine après mon interview à la radio.

— Génial !

Lili caresse son chiot gémissant et s'écrie en offrant à tout le bus un sourire irradiant :

— Oh, ma Libido chérie !...

— On est d'accord, dis-je, c'est pour retrouver l'amour, pas de plans sexe !

— Oh, sainte Charlotte... C'est pour ça que les gens te touchent, ils ont compris, tu es une sainte ! Les deux sont compatibles, tu es d'accord avec moi, l'amour et le sexe ?

— J'ai besoin d'aimer pour désirer..., dis-je sous les cui-cui de Grisou.

— Oh, c'est chou... Tellement romantique..., Tu seras ma première canonisation !

Arrivées rue de Sèvres, j'embrasse Lili, dépose vite mes cages dans le salon de coiffure d'Annie qui s'amuse de mes achats, et file à l'hôtel Lutetia pour mon interview.

De retour chez moi avec mes oiseaux, je présente Grisou à mes chats qui feignent l'indifférence.

Ma fille Tara n'est pas encore arrivée, elle a cours de taekwondo.

Je descends chez mon voisin avec son cadeau.

Monsieur Poussin habite l'immeuble depuis trente ans. Je me suis rapprochée de lui il y a deux ans quand nous avons ensemble résisté à une menace d'expulsion due à un projet de réhabilitation luxueuse de nos appartements qui finalement est tombé à l'eau. Monsieur Poussin vit seul, il s'occupe de moi autant que moi de lui. Il vient nourrir mes chats quand je m'absente, m'apporte mon courrier quand il intercepte le facteur guetté à la fenêtre, ou quelques courses quand il sort, en m'informant à chaque fois de la vraie température de l'air, celle que l'on ressent. Il a peur que je prenne froid. Il doit me trouver chétive. Il a lu mon livre, celui où je parle de lui. Ça lui a plu. « Alors ça… je suis dans un livre… », répétait-il. Il m'appelle « mon petit », parfois « la vedette » mais je préfère « mon petit ». Moi, je l'appelle « parrain » en souvenir de ce lien que j'ai inventé pendant la visite des services sociaux qui s'inquiètent une fois par an de son autonomie.

— Bonjour, parrain ! J'ai une surprise pour vous ! Une surprise qui vole.

J'ai placé ma veste sur la cage pour la dissimuler, et je la retire d'un geste zélé, imitant ces potiches souriantes qui papillonnent autour des magiciens.

— Oh… mon petit. Moi qui voulais un animal… Ça me trotte dans la tête depuis quelque temps, mais j'avais peur de ne pas pouvoir, à mon âge… C'est quoi ?

— Eh bien, un canari, parrain ! Pure race, pas un mélange, il vient de Java, son frère est chez moi. C'est très joyeux, facile d'entretien et… vous savez que je m'inquiète pour le gaz…

— Faut pas...

Monsieur Poussin dodeline de la tête, l'air absorbé, un peu absent. Je désigne l'oiseau du doigt pour être bien claire, j'articule chaque mot :

— Dès qu'il ne chante plus, vous filez à la cuisine contrôler la gazinière ! D'accord ? Faut lui trouver un nom maintenant...

Parrain ne m'écoute plus.

— Monsieur Poussin ?

— Madeleine ! s'exclame-t-il tout à coup, émergeant de son brouillard, le nom de mon épouse, c'est plus simple Madeleine, comme ça, je ne m'emmêle pas les pinceaux. Oui, c'est Madeleine qui revient !

Un de perdu, dix de retrouvés

Ce même vendredi, dans la soirée.

Ma fille rentre enfin. Je la serre dans mes bras, l'embrasse un peu trop fort. Elle se laisse faire, elle n'a pas le choix ! Tara a cet âge où les bisous appuyés de maman commencent à peser. Elle revient pour une semaine. Les vendredis sont des jours de départ ou de retour. Ma fille s'est habituée à sa garde alternée, à la parité parentale. Elle était bébé lors du divorce. Elle a deux maisons, deux chambres, deux brosses à dents, deux mondes, et un seul esprit, un seul cœur, pour y mettre ces complications d'adultes qu'elle n'a pas choisies. J'ai eu peur un temps qu'elle refuse de grandir, elle s'était repliée sur elle-même dans une forme de mutisme, fascinée par les écrans, les vidéos, les histoires virtuelles dans lesquelles elle s'échappait. Elle s'est ouverte depuis peu, j'ai vu ses beaux sourires fleurir lentement. Tara est née en 2000, en parfaite santé grâce aux progrès de la médecine, d'un mariage qui fut majoritairement heureux et de ma volonté forcenée de devenir mère. Par instinct de survie plus que par véritable élan maternel. J'avais besoin d'une autre motivation que moi-même pour continuer de vivre. Tara avait trois ans quand j'ai été greffée. Son père s'est bien occupé d'elle. Je me suis battue, j'ai vaincu mes peurs, et l'amour de ma fille a grandi, il a jailli en moi sans jamais cesser de croître.

Tara adore Grisou.

Ma fille a dormi dans mon lit, ma psy n'y est pas particulièrement favorable. Moi, si. Disons que cela ne fait pas partie de mes interdits. Quand Tara ne trouve pas le sommeil, quand le noir de sa chambre l'inquiète, elle gratte à ma porte, se faufile doucement comme un chat sous la couette et se colle à moi. Alors, je l'endors à force de caresses comme ma mère le faisait, avec ce sentiment heureux de détenir au bout des doigts un magnétisme tout-puissant.

J'ai été marquée par cet article scientifique qui affirmait que les nouveau-nés, même parfaitement nourris, dépérissaient s'ils ne recevaient pas de gestes de tendresse. C'est peut-être idiot, mais cela m'a rassurée. J'ai aimé lire que l'amour était pour l'homme une nécessité vitale.

Lundi matin. Ma nuit a été agitée par un cauchemar. Mes chats avaient déchiqueté Grisou dans d'insupportables cris et M. Poussin avait fait sauter l'immeuble.

Je me réveille tôt alors que Tara dort encore près de moi. Je me prépare un thé que je rapporte fumant dans la chambre pour le déguster allongée, en regardant le jour poindre et le souffle régulier de ma fille qui fait trembler ses cheveux.

Il est presque l'heure, je me lève pour ouvrir les rideaux et tente de lire le ciel. Tara, immobile, résiste à la clarté du jour. Il reste quelques minutes, je la laisse dormir. Je rejoins

Grisou qui gazouille dans le salon. En passant, je m'arrête un instant devant le portrait de maman.

Assise à mon bureau, je demeure immobile, rêveuse, puis ressens soudain un point de chaleur qui irradie mon ventre. Je le presse avec mes mains et respire profondément. Cela passe un peu. Mon corps a parfois des manifestations d'anxiété surprenantes.

Quand je pose la main sur mon cahier d'écriture pour noter quelques lignes sur l'achat de Grisou, je ressens un besoin irrépressible d'écrire, mais autre chose. J'ouvre mon cahier et assiste à un spectacle inédit. On dirait que ma main se déplace seule sur le papier, traçant des mots absents de ma pensée. Je n'écris qu'une seule phrase que je découvre avec stupéfaction : « Un de perdu, dix de retrouvés... » Je répète cette expression qui n'est pas dans mon vocabulaire, je laisse ces mots résonner en moi et je revois une scène du passé...

Je tourne le film *Les Fous de Bassan* sur l'île de Bonaventure en Gaspésie, province sauvage du Québec, j'ai dix-sept ans...

Mon premier amour, mon rocker vénéneux, resté en France, met un terme à notre histoire en quelques secondes au téléphone, à des milliers de kilomètres de distance. Je veux mourir. J'appelle ma mère en larmes. Elle connaît ma nature entière, excessive, elle s'inquiète. Elle me joint plusieurs fois par jour en répétant à chaque fois : « Un de perdu, dix de retrouvés... mon ange. »

Par cette expression, ma mère, favorable à la méthode Coué, soignait mes chagrins d'amour et ceux de ma sœur en tentant de nous persuader que l'on retrouverait facilement l'amour.

Tara s'est réveillée. Je ne l'ai pas entendue rentrer dans le salon, tant je suis absorbée par mon cahier. Elle lit par-dessus mon épaule et me surprend :

— Qu'est-ce que t'as perdu ? demande-t-elle.

— Rien... C'est ma mère qui dit ça.

— Qui disait, me reprend Tara.

— En ce moment, j'ai l'impression qu'elle est vraiment là...

— Comment, là ?

— Qu'elle veille sur moi, sur nous...

Tara me regarde, fait la moue et va dans la cuisine. Je l'accompagne. Dans le couloir, elle est prête à partir. Je l'embrasse et retourne dans le salon. Je suis surprise en voyant le portrait de maman à côté de l'ordinateur alors qu'il était sur la commode dans ma chambre. Tara m'a suivie, elle s'amuse et dit :

— J'ai mis sa photo sur ton bureau, elle va t'inspirer pour écrire...

Quand la porte claque, je m'assois, rouvre mon cahier et relis ces mots que j'ai écrits en les effleurant des doigts comme s'ils étaient en braille. Depuis le 4 octobre, depuis ce parfum, j'ai le sentiment que ma mère tente de me délivrer un message que je ne comprends pas.

Au téléphone, je raconte à Lili l'expérience de ce matin et les autres depuis le début. Elle ne rit pas, ne plaisante pas. Au contraire, elle me surprend en affirmant simplement que pour elle, il est évident que cet air autour de nous est chargé de présences, d'énergies, que le ciel est magnétique et que certaines âmes s'y promènent et répandent quelque magie sur nous quand elles le peuvent. Elle me raconte alors une histoire étonnante qui fait écho à la mienne.

Elle était adolescente quand son père, musicien de jazz, est mort dans un accident de voiture. Il répétait dans leur grenier avec son chien. Il y avait installé tous ses instruments, un piano et une chaîne stéréo perfectionnée au son proche de la réalité. Il faisait jouer tous ces airs américains qui le fascinaient, et surtout la chanteuse noire Billie Holiday. Quand son père est mort, Lili se souvient que pendant plusieurs nuits, alors que sa mère pleurait dans sa chambre, à l'heure précise de l'accident, son chien se mettait à hurler et, certains soirs, il lui semblait qu'elle entendait Billie Holiday chanter *Strange Fruit*, cette chanson bouleversante dont Lili comprit les paroles bien après : elle évoquait le massacre des Noirs que l'on pendait aux arbres dans les campagnes sudistes. Cet air lancinant que son père connaissait par cœur, qu'il lui jouait au piano après l'école, rien que pour elle, descendait dans la nuit, doucement du grenier...

Je frissonne en écoutant Lili. Après un long silence, elle m'interroge :

— Tu l'as vu toi cet au-delà, cet autre monde ? Tu te souviens quand même de ce matin à l'hôpital, quand tu m'as dit : « Il y a une vie après la vie... » Puis plus rien... Il y avait ton père et ton cousin. Je ne parle plus de ces jours pénibles, mais je me souviens de ton regard comme si c'était hier...

— Oui... L'autre jour chez le cardiologue, quand il a évoqué mon arrêt cardiaque, j'ai même revu certaines images...

— Quand ça ? Quel médecin ?

— J'ai effectué mon contrôle annuel et tout va bien.

— Super... Tu aurais pu m'en parler quand même ?!

— C'était le jour de la sortie de mon livre... Et tu te souviens de ce que tu m'avais répondu ?

— Quelque chose comme : « Une vie après la mort, c'est formidable, mais j'aimerais bien qu'il y en ait une avant aussi ! »

Nous rions.

Lili renchérit :

— Oh oui, s'il vous plaît, forces de l'univers, une vie avant ! Ici et maintenant ! Tu as réfléchi à notre plan d'action ? Retrouver l'amour, le 7e ciel, tu n'y penses déjà plus ? Les mots de ta mère sont pourtant clairs. « Un de perdu, dix de retrouvés », c'est un véritable encouragement qu'elle t'envoie ! Un seul retrouvé, ça m'irait déjà très bien. Dix c'est beaucoup, non ? C'est une expression très osée, en fait ! conclut Lili dans un éclat de rire.

L'annonce

À dix-neuf heures précises, Valentina passera chez moi. Nous nous rendrons dans les bureaux de France Inter pour y enregistrer une émission diffusée au milieu de la nuit : *Sous les étoiles exactement*. Le titre est inspiré d'une chanson de Serge Gainsbourg dans laquelle le soleil remplace les étoiles. J'avais rencontré le musicien génial, il y a longtemps, au début du succès, il voulait m'écrire une chanson, j'avais eu peur de cet être singulier…

Lili nous rejoindra directement sur place après un rendez-vous. J'aime être accompagnée pendant une promotion médiatique, cela me rend plus confiante. Par Lili ou Jano le coach, mon cousin-confident-coauteur qui vit dans le Sud de la France.

Dix-neuf heures sur mon téléphone. Valentina a la ponctualité d'un coucou suisse, elle patiente devant chez moi dans un taxi. Le bip de son SMS a accéléré le rythme de ma préparation. Habituellement je suis ponctuelle aussi, mais ce soir un exercice nouveau m'a retardée. J'ai écrit quelques lignes pour l'interview que je relis en vitesse. Je plie la feuille en quatre nerveusement et la maintiens en l'air pendant quelques secondes d'hésitation finale. Quand le coucou retentit à nouveau, je la plonge au fond de mon sac et me lève d'un bond. Je vais passer à l'action ! Cette idée me trotte dans la tête depuis le 4 octobre dans le square. Je suis déterminée. Je vais oser ! En quittant mon bureau, je jette un coup d'œil à maman et lance : « On verra bien, combien j'en retrouve ! » J'embrasse ma fille, salue la baby-sitter qui vient lui tenir compagnie et descends.

Valentina porte des lunettes de soleil qu'elle n'enlève pas en m'embrassant. Elle prétexte une allergie qui a gonflé ses yeux. Allergie à quoi ? Aux pollens en octobre ? En plein Paris ? Dubitative, j'insiste, j'entends qu'elle ne va pas bien malgré sa volonté de prétendre le contraire. C'est tellement inhabituel que je ne peux pas rester sans savoir. La dernière fois que nous nous sommes vues, j'avais déjà perçu cette même variation dans sa voix, ces intonations tristes. Valentina retire ses lunettes et découvre ses yeux rougis, elle saisit mon bras d'une main ferme et dit, gênée : « Ne parlons pas de moi, s'il te plaît… » Elle s'excuse et m'interroge d'une voix soudainement tonique sur ma forme avant cette interview. Je n'insiste pas davantage.

À la Maison de la Radio, en attendant le journaliste et Lili qui est retardée, je flâne seule dans les longs couloirs courbes de France Inter. Dans un bureau vide, je découvre une affiche ancienne de Lucien Jeunesse, l'animateur légendaire du *Jeu des mille francs* que ma mère écoutait chaque midi. Il était impossible de la déranger si après les questions bleu, blanc, rouge, il y avait un banco. En cas de super banco, elle réclamait un silence d'église. Plus loin, je plonge mon regard à travers ces vastes baies vitrées qui surplombent la Seine. Un bateau-mouche s'est illuminé en quittant le quai. Il traîne lentement sur l'eau sombre une foule d'amoureux qui vont dîner en tête à tête…

« Charlotte ? Charlotte ! C'est à nous, ma chérie, on y va, Serge est arrivé ! » Mes rêveries sont interrompues, Valentina a retrouvé sa superbe et son timbre de voix vitaminé.

Serge Le Vaillant est un journaliste accueillant, élégant. Il a la voix chaude et posée des psychothérapeutes, l'humour en plus. Je l'ai déjà rencontré lors du lancement de mon précédent livre *De cœur inconnu*. Il n'avait rien cru de mon histoire, de mes souvenirs étranges d'une autre vie en moi. Mais il était bienveillant et cela m'avait amusée. Je ne demandais à personne de me croire.

Nous nous retrouvons seuls dans un studio petit comme un boudoir. Quand la porte se referme derrière moi dans un clic feutré, je perçois un silence profond que je brise vite :

— Bonsoir, Serge, ça me fait plaisir. C'est surprenant le calme intégral qui règne dans cette pièce !

— Bonsoir, Charlotte, moi aussi, je suis ravi… Oui, l'isolation phonique est parfaite !

— Stressant, non ? Comme ces endroits capitonnés pour les fous…

— Eh bien, soyons fous ce soir, Charlotte, merci pour la transition. On commence ?

Je me retourne vers la porte vitrée et vois Valentina et Lili essoufflée qui vient d'arriver. Elles gesticulent ensemble de façon presque synchrone, grimaçant comme des actrices du muet, le pouce levé pour me booster.

— Un nouveau livre ! Vous êtes prolifique, chère Charlotte. Vous avez vraiment peur qu'on oublie de vous aimer ?

— Disons qu'il faut régulièrement faire des piqûres de rappel !

— Encore une histoire d'amour…

— Pas seulement, mais oui, c'est vrai, qu'y a-t-il d'autre de réellement passionnant ?

— Et ce Yann alors… L'« homme sauvage » comme vous l'appelez, le dieu du mystère absolu pour moi, où est-il maintenant ?

— Loin…

— C'est tout, rien à ajouter sur cette histoire ?

— Tout est dans le livre ! Il faut bien un peu de suspense ! J'adore ça, le suspense, les polars, pas vous ? Ma mère adorait Agatha Christie…

L'interview se déroule telle une agréable et vivifiante partie de ping-pong. Nous parlons longuement. Vers la fin, Serge pose les mains à plat sur mon livre et me fixe en articulant lentement sa « question-vérité » :

— Charlotte Valandrey !

Serge rappelle régulièrement aux auditeurs endormis le nom de l'invitée – l'émission est diffusée à trois heures du matin.

— Êtes-vous amoureuse en ce moment ?

— Non, Serge Le Vaillant.

— Yann, c'est vraiment fini ?

— Joker ! Suspense, je vous dis ! Votre émission est diffusée en Chine ? Parce qu'il n'écoute que France Inter et la BBC.

— En podcast, dans le monde entier ! Alors, amoureuse ?

Serge, attentif, tente d'interpréter ma moue énigmatique :

— Pas amoureuse donc ! Et... vous souhaiteriez l'être ?

— Quelle femme ne souhaiterait pas être amoureuse ?

— Les hommes aussi !

— Je parle mieux des femmes.

— Voulez-vous profiter de cette émission pour passer une annonce ou un appel ? C'est gratuit et diablement efficace, les auditeurs de la nuit sont des êtres passionnés.

— Oui ! J'ai même prévu de le faire, c'est étonnant que vous me le proposiez, je vis des choses étonnantes en ce moment...

Je réponds en fouillant mon sac, puis en ressors ma feuille pliée.

— C'est quoi ? demande Serge. Une antisèche ? Vous avez préparé votre annonce ?!

Je déplie mon papier soigneusement, l'aplatis d'une main décidée à côté du large micro dressé.

— Je suis insomniaque, dis-je, j'apprécie votre émission, j'ai pensé que si les auditeurs étaient à son image, alors c'était l'occasion ! J'y vais ? Je lis ? Combien de personnes nous écoutent ?

— Plusieurs dizaines de milliers...

— Cela devrait suffire, il m'en faut au moins dix...

Serge étouffe un rire. Je commence à lire :

— Jeune comédienne…

Je m'explique aussitôt :

— Je n'arrive pas à ne plus dire « jeune » !

— Vous aussi ?

— C'est dingue, dans ma tête, j'ai dix-sept ans. Je n'y peux rien, c'est comme ça.

— Les épreuves ne font-elles pas grandir… ?

— C'est complexe… Quand elles sont violentes, on peut être sidéré, comme paralysé, tout se fige, on s'accroche à son image d'avant et on ne grandit pas. On garde ce désir fort de vivre ce qu'on a raté et ce sentiment d'être toujours en devenir. J'ai un peu plus de quarante ans aujourd'hui et pourtant je n'ai jamais eu vingt ans. Vous comprenez ? Jamais eu cette insouciance. Comme au Monopoly, allez en prison sans passer par la case départ ! Je suis restée sidérée à l'âge de dix-sept ans. Et j'attends… ma part d'insouciance, dormir une nuit sans somnifères, vivre une journée sans chimie… J'attends le jour où on me dira que la science a vaincu, que tout va bien et pour longtemps, j'attends mon heure ! La relaxe, la vie normale… J'attends d'avoir vingt ans. Je reprends ? « Jeune comédienne… »

— Mais on sait, Charlotte, que vous êtes comédienne !

— Certains l'ont oublié. « Jeune comédienne, éprise d'écriture, fan de lecture, de séries américaines et de médecines douces, en bonne santé malgré quelques pépins, pleine de tonus, plutôt drôle, financièrement indépendante, au moins pour quelque temps, mère d'une petite divinité appelée Tara, recherche…»

J'hésite sur la description… À mesure que je lis, je veux parfaire mon annonce.

— « Un homme… », dis-je.

— Vous faites bien de préciser !

— Oh, je n'ai aucun préjugé, j'avoue même que la tendresse féminine me fait rêver parfois, mais à ce jour je reste prisonnière de mon goût des hommes.

— Quel âge ?

— Dans ma tranche d'âge, ni trop jeune ni trop…

— Vous pouvez dire « vieux » !

— Ni trop âgé, pas allergique aux chats, plutôt brun, enfin non, je n'ai pas de type particulier du moment qu'il ait ce charme…

— Quel charme ?

— Il y a autant de définitions du charme que de femmes… Je ne sais pas, une promesse, quelque chose d'éclatant et de sombre à la fois dans le sourire, un alliage de forces contraires… C'est une reconnaissance et c'est inexplicable ! Une alchimie magique, spécifique à deux êtres… Je ne vais jamais la terminer cette annonce !

Je pose mon papier et décide d'improviser :

— J'aime rire aussi, j'ai besoin de fantaisie, de légèreté, mais j'aimerais une épaule solide, pas le genre artiste torturé, indécis… Non, un homme sur qui je pourrais compter car je ressens la fatigue parfois. C'est fatigant de faire la forte !

— Pourtant vous l'êtes, forte !

— Par nécessité ! Comme beaucoup de femmes que l'on dit fortes. Au pied du mur, on développe des capacités insoupçonnées et ça fait vingt-cinq ans que j'y suis à me bricoler une petite échelle ! Un homme qui aime la vie, qui connaisse son prix, reconnaisse sa beauté, qui ne mente pas, ne fasse pas semblant d'aimer ou d'être heureux… Bref ! Un amoureux à qui je pourrais donner beaucoup… Écrivez-moi à mon adresse e-mail…

À la sortie du studio, Valentina et Lili se ruent vers moi, elles ont écouté l'émission dans la pièce attenante. Serge nous rejoint. Valentina affiche clairement sa satisfaction :

— Génial, l'annonce, ma chérie ! Ça va faire le buzz ! N'est-ce pas, Serge, qu'il faut faire le buzz maintenant ?

Serge sourit sans répondre, Lili paraît perplexe, je l'interroge du regard, elle répond d'un ton agité :

— L'interview était bien, mais quelle idée tu as eue de faire cette annonce ? Il y a d'autres moyens plus discrets, sans passer devant la France entière pour une désespérée... Tu aurais pu m'en parler... On devait le faire à deux, ce plan ! Et en plus tu as donné ta vraie adresse e-mail ?!

— Je ne vais pas en donner une fausse !

— Mais ce monde regorge de malades mentaux qui vont t'écrire n'importe quoi ! Tu vas être assiégée !

— Tu es vache ! Serge ?

Je me retourne vers lui.

— Vous trouvez que ça faisait « désespérée » ?

— C'était génial, répète Valentina, n'écoute pas Lili, ma chérie, elle est fatiguée... C'est vrai qu'il est tard !

— Rassurez-vous, chère Charlotte, c'était très bien, rafraîchissant ! conclut Serge, et tenez-moi au courant des réponses, vous reviendrez m'en parler, n'est-ce pas ? Je veux bien être votre témoin !

Clic-clac

À l'arrière du taxi qui nous ramène toutes les trois sur l'autre rive de Paris, nous demeurons silencieuses, serrées sur la banquette.

À la radio, Véronique Sanson vibre en « tirant sa révérence ».

Lili, assise au centre, s'assoupit, la tête posée sur mon épaule, Valentina s'est retournée et moi, le front contre la vitre, je regarde la Seine. Dans cette voiture qui roule au pas vers le pont de l'Alma, je retrouve le bateau-mouche des amoureux en contrebas qui revient de la tour Eiffel. Cette vision romantique me plaît le soir de ma première annonce. J'y vois même un clin d'œil.

Pris dans un embouteillage monstre, le taxi ralentit à l'extrême. On aperçoit au loin des gyrophares clignotants qui annoncent un accident. Le chauffeur marmonne son exaspération. « Même la nuit ! On peut plus rouler dans Paris… » Nous longeons la Seine, à côté du bateau, à la même allure. Je l'observe et distingue nettement quelques visages, en tête à tête, éclairés par les lampes posées sur les tables. Je remarque un couple qui s'ennuie, il y en a toujours un au restaurant. L'homme, brun, au beau visage classique, le dos droit, les yeux dorés par la lumière tamisée, s'ennuie ferme. Ses doigts agités tapotent un petit abat-jour frangé. La belle, face à lui, semble ailleurs. Elle quitte la table. Lui lève le bras, interpelle un serveur en faisant ce geste qui dessine l'addition. Un instant l'homme paraît perdu puis il cherche quelque chose autour de lui, au loin, bien au-delà des fenêtres du bateau. Il tourne la tête dans ma direction et nos regards se croisent. L'homme me fixe en souriant. Je me redresse, lève la main pour lui faire signe, mais le taxi redémarre, le trafic a repris. Je me retourne, gesticule, Lili endormie grogne légèrement, je me tords le cou en observant par la vitre arrière le bateau-mouche s'éloigner avec l'homme aux yeux dorés qui s'ennuyait.

Nous avons passé l'accident, il y avait une femme allongée sous une couverture de sécurité dorée…

La radio joue toujours des airs mélancoliques et Lili, dans un premier sommeil, émet des petits bruits de rongeur. Je ne vois que le dos de Valentina. J'approche la main pour lui parler et remarque que son épaule tremble. Ses bras sont repliés, ses mains soutiennent son visage penché.

— Valentina ? dis-je doucement pour ne pas réveiller Lili.

Elle ne me répond pas, tourne un peu plus le dos.

— Tu pleures ?

— C'est rien, ça va passer…, répond-elle d'une voix étouffée.

— Mais regarde-moi.

Valentina se retourne et découvre son visage en larmes. Lili se réveille brusquement.

— Qu'est-ce qui se passe ? s'écrie-t-elle. On est où ?! Il y a un problème ? Pourquoi tu pleures ? Quelqu'un est blessé ?

— Ne faites pas attention, répond Valentina, c'est juste un coup de mou… Je suis désolée… Ton annonce m'a touchée, Charlotte, et cette musique…

— C'est vrai ça, dit Lili, ces chansons sont à se flinguer ! Sanson tout à l'heure, maintenant Ferré, il ne manque que *Ne me quitte pas* de Brel et on se jette toutes les trois dans la Seine ! Vous pourriez changer, monsieur, s'il vous plaît ?…

Lili arrache un sourire à Valentina. Nous la regardons et posons ensemble une main sur elle. Je me demande ce qui peut bien ébranler, depuis plusieurs jours déjà, la femme tornade, mon attachée de presse panthère… Je pense immédiatement à un problème de santé. Valentina tente de se reprendre, mais elle éclate en sanglots quand je lui dis qu'elle peut nous parler. Elle est en plein divorce. Son mari est parti, sans véritables explications, demain cela fera un mois. Il ne peut plus continuer, c'est tout. L'annonce a été brutale, tout s'est fait très vite. Il est plus facile de divorcer aujourd'hui. Valentina prend tout sur elle, elle s'occupe de ses filles, des démarches, supporte la pression du boulot, elle enchaîne les heures sup comme ce soir et les transports interminables jusqu'à cette banlieue éloignée où elle habite. Elle est toujours pro, Valentina, et regrette de pleurer devant nous. Son travail la passionne depuis longtemps, elle s'y consacre totalement, peut-être trop même. Elle voit dans ses absences en famille une explication possible. Valentina a deux filles adolescentes, qu'elle protège de la tourmente en continuant de sourire, en invoquant les cycles de la vie, en répétant que leur père est un bon père, qu'il ne faut pas lui en vouloir, qu'on ne peut pas tout comprendre. Elle-même ne comprend pas ce qui s'est passé après dix-huit ans de vie commune. Le plus dur, dit-elle, c'est de passer de la présence habituelle de l'autre, de sa voix qui résonne dans une pièce voisine, d'un baiser le matin et le soir qui, même sans passion, reste un baiser, de ces questions automatiques, qui font du bien comme : « Tu as passé une bonne journée ? », à plus rien. Il ne veut plus la voir, il éprouve même des difficultés à lui parler. « Une vie à deux et plus rien, vous comprenez ? Je n'existe plus pour lui. » Valentina ne cesse de pleurer. La maison est en vente. Elle et ses filles l'ont quittée cette semaine. Valentina a loué un deux-pièces meublé à proximité en attendant. Elle a laissé la seule chambre à ses filles et dort dans le salon, dans un clic-clac, et le matin quand elle replie l'armature métallique de son nouveau lit, jusqu'au clic, elle vacille quelques instants, elle ne sait plus où elle est, si cette vie est vraiment sa réalité. Lili et moi sommes bouleversées. Nous restons silencieuses. Lili caresse le bras de Valentina en regardant au loin. Son divorce aussi a eu cette brutalité-là. Mais je connais mon énergumène, Lili le clown qui refuse depuis ce temps de sombrer dans toute forme de tristesse et fuit les peines comme la peste, surtout celles d'amour. Son visage s'éclaire tout à coup, Lili a trouvé sa pirouette, les mots qui font rire, elle veut que cesse la tristesse. Elle répète « clic-clac » en rythme comme une horloge mécanique, Valentina la regarde étonnée, Lili continue : « Clic-clac, clic-clac… un petit clic pour une grosse claque ! » Lili doute soudain de son effet, mais Valentina rit.

Malgré l'heure tardive, Lili nous invite chez elle parce qu'« on ne peut pas se quitter comme ça ». Elle débouche une bouteille de champagne et nous raconte son divorce à la façon de Florence Foresti. Elle décrit ce jour au tribunal où la remplaçante de son avocate avait interpellé son mari en toute innocence après l'audience : « Monsieur, votre fille vous cherche partout ! » D'un doigt tendu, elle désignait en fait sa nouvelle compagne, venue le chercher, essoufflée, perdue dans les couloirs... Et toutes ces nappes, ces draps de coton épais, brodés aux initiales de la belle-famille, dont il était si fier, qu'elle avait mis des heures à couper en deux avant de les replier soigneusement et de les lui rendre...

Lili met aussi en avant dans son récit toutes les similitudes qui pourraient rompre la solitude de Valentina. Elle est drôle, mais conclut en disant que ce fut destructeur, humiliant, SA blessure, pire qu'un deuil car on ne peut pas accepter de n'être plus aimée. Et pourtant... on s'en remet ! Un jour on arrête de souffrir, « voilà la SEULE magie du temps qui passe », on arrête de blâmer l'autre ou soi-même, on ne se confond plus, on ne dit plus « nous », on ne pense plus « nous », on y voit plus clair et... un jour... l'épreuve d'un divorce devient une expérience et, un soir, un spectacle pour une amie en détresse.

Bien que ce soit peut-être un peu tôt, précise Lili, elle propose quand même à Valentina de nous rejoindre dans notre projet commun de retrouver un amoureux, un plan d'action réfléchi, structuré, infaillible, qu'elle peaufine actuellement. Elle me reproche à nouveau d'avoir fait cavalier seul avec cette annonce préméditée, passée en douce à la radio, qui ne m'attirera rien de bon ! Lili est remontée, sûre d'elle, une vraie pile électrique. Ses élans, ses mots, ses rires revigorent notre Valentina.

Cette nuit-là, je peste dans mon lit contre ces insomnies qui me reprennent. Tara dort dans sa chambre. Si elle avait été près de moi, je l'aurais réveillée à tourner et virer comme je le fais. Tout l'immeuble est déjà surchauffé. Je me lève et ouvre la fenêtre pour laisser entrer un courant d'air frais. Sous le rideau, je reste à regarder la nuit claire, étoilée. Tout en bas, j'aperçois M. Poussin dans la cour qui fume sa cigarette sous la lampe en scrutant le ciel.

Cet été, le soir du solstice de juin, il m'a emmenée pour la première fois dans ce qu'il nomme sa « cachette ». Nous sommes montés tout en haut de l'immeuble, au dernier étage, nous avons grimpé encore un demi-palier, puis il a attrapé avec la perche des pompiers une échelle métallique repliée contre le plafond. Il l'a déployée lentement jusqu'à nos pieds. Elle semblait solide, neuve, facile à gravir. Puis M. Poussin l'a fermement empoignée en murmurant :

— Suivez-moi, mon petit, ma cachette est un paradis...

Puis, commençant à grimper, il a ajouté :

— Le jour où mes jambes ne pourront plus monter cette échelle, alors vous saurez que je suis bon pour l'hospice !

Nous sommes sortis en soulevant un vasistas en Plexiglas. En découvrant les toits, je me suis inquiétée :

— C'est dangereux, non ?

— Pas du tout ! Cela fait plus de trente ans que je viens ici !

Assise en tailleur à côté de M. Poussin, sur une plate-forme étroite appelée le « repos des couvreurs », j'ai découvert tout autour de nous une vue splendide de Paris. La clarté de la nuit miroitait sur les toits, reflétant des nuances de gris. La tour Eiffel scintillante semblait à portée de main, je me suis exclamée :

— On pourrait presque la cueillir !

Là, M. Poussin m'a confié qu'il avait eu, hormis sa tendre femme Madeleine, deux passions dans sa vie, les beaux fusils d'époque (il a été armurier dans l'armée) et le cosmos. Il m'a montré, d'un doigt pointé vers le ciel, l'étoile du berger, celle qui brille plus que les autres, en s'exclamant :

— C'est Vénus ! Une température de cinq cents degrés... La déesse de l'amour, c'est drôle, un nom si doux pour un tel enfer... Si elle brille, c'est parce qu'elle brûle !

De ma fenêtre, ce soir, dans mon coin de ciel, je cherche Vénus sans la voir. Elle a dû passer par-dessus les toits. Vénus… L'amour est un enfer… Je revois les larmes de Valentina, les rires de Lili… Clic-clac… Se retrouver un jour dans un clic-clac… La vie est changeante, l'équilibre, fragile… Je ne m'endormirai pas sans un peu de légèreté. Clic-clac… Comme Lili, je répète à voix haute ce mot qui claque, Grisou dans le salon me répond. Je vais poser un drap sur sa cage. Il chante encore. Je souris et retourne m'allonger dans mon lit. Je visualise soudain un immense clic-clac ouvert, une étendue moelleuse aux couleurs vives, un matelas épais transformé en gigantesque trampoline sur lequel toutes les femmes et tous les hommes quittés sautillent en chantant un nouvel hymne de liberté qui fait « clic-clac ».

Je vais partir bientôt

Ce matin, le parfum de maman me réveille à nouveau. J'entends Tara remuer dans sa chambre. Je l'appelle, recroquevillée dans mon lit. Immergée dans ce *Shalimar* sucré, j'éprouve un sentiment mêlé de peur et de plaisir. L'odeur est si intense qu'elle me tourne un peu la tête. Je crie encore « Tara ! », elle accourt.

— Qu'est-ce que tu as, maman ?!

— Tu sens ce parfum ?

Et ma fille me fait alors la plus hallucinante des réponses :

— Non… Quel parfum ?

Tara renifle l'air en faisant le tour du lit.

— Tu as raison, dis-je, il a disparu ! C'est dingue, à la seconde où tu es entrée, le parfum s'est évaporé !

— Ça va bien, maman ?…

— Oui, je vais bien, mon ange, je vais parfaitement bien... Mais cette chambre sentait *Shalimar* il y a un instant, je ne suis pas folle quand même !

— Ça sentait quoi ?

— *Shalimar*, c'était le parfum de ma mère.

— Tu as peut-être rêvé d'elle ?

Tara repart en poussant un soupir d'adolescente qui commence à douter sérieusement de la toute-puissance de sa mère.

— Non, je n'ai pas rêvé, marmonné-je. Par contre, je suis peut-être en train de devenir folle...

J'ai déjà pensé à cette possibilité, que la seule solution quand la vie frappe trop fort serait d'en perdre conscience... Mais ma tête tient bon ! Elle est sûrement cette part de moi qui fonctionne le mieux.

Devant la porte d'entrée, Tara est prête pour l'école. Elle me regarde d'un air amusé venir à elle dans le couloir.

— Ça va mieux, maman ? Tu sens plus rien ?

Ma fille se fiche de moi. J'attrape son visage fin entre mes mains, j'embrasse son front puis approche mes yeux tout près des siens jusqu'à voir trouble et je dis d'une voix de fantôme qui la fait rire :

— Je vais très bien... Je ne suis pas folle... petit démon...

— Je ne suis plus ton ange ?

— Si ! File, mon ange...

Un chat dans les bras, je commence à inspecter chaque pièce. Dans le salon je retire le drap sur la cage de Grisou et fais naître une symphonie de cui-cui. Je renifle le nez en l'air comme « Ma sorcière bien aimée », mon chat m'imite, je l'encourage comme un douanier : « Sens, mon chat ! Sens ! » Devant mon bureau, je salue ma mère d'un baiser puis m'approche tout près de son visage. L'observation minutieuse du cadre photo m'intrigue. Ce matin maman a un sourire de Joconde, une malice énigmatique s'est posée sur ses lèvres. Elles étaient plus ouvertes, il me semble, son rire était plus éclatant sur ce cliché que je connais dans ses moindres détails. Pourtant plus je le fixe, plus il m'apparaît changé… Je sens le rythme de mon cœur progresser. D'un bond mon chat jaillit hors de mes bras en faisant tomber le cadre à plat. Je sursaute. Je tends la main pour le redresser quand on frappe à ma porte. Trois coups secs retentissent. Je reconnais la voix de M. Poussin.

— C'est moi, mon petit ! Je vais à Carrefour Market, je vous rapporte quelque chose ? crie-t-il sur le palier.

Je cours lui ouvrir.

— Bonjour, parrain ! Oui, je veux bien des boîtes portion pour mes chats, vous savez celles avec des vitamines. Comment ça va ce matin ?

— Doucement, je dors moins bien, Madeleine me réveille dès l'aube !

— Votre canari ?

— Oui, Madeleine…

— Il faut recouvrir la cage d'un drap.

— Ah non ! La pauvre, elle avait peur du noir… Vous m'avez dit quoi ?

— Des boîtes pour mes chats, s'il vous plaît. Merci !

Je retourne aussitôt dans le salon pour observer de près le cadre photo. Je suis prise d'un rire nerveux, si l'expression sur le visage de maman a changé, je prends mes cliques et mes claques et je file à l'asile ! Non, maman me regarde de cet air enjoué que je connais par cœur. Rien n'a changé, tout est dans ma tête et le parfum a totalement disparu.

Je m'assois pour écrire dans mon cahier. Comme d'habitude, mon chat P'tit Bout saute sur le bureau et avance son nez pour le frotter au mien. Puis il s'enfuit d'un saut.

Le parfum revient ! Quelques instants…

Je demeure immobile. J'ai ce réflexe de regarder l'heure, la date sur l'ordinateur, je veux m'accrocher à la réalité, pouvoir me dire que c'est vrai. J'écris : « Mardi 16 octobre, 8 h 55... Le parfum, encore... » Ma main s'immobilise. Je ressens la présence de maman. Comment la décrire ? Une force, une énergie se répand tout autour de moi et m'envahit, une chaleur qui me plonge dans un état second. Je me sens bien, j'ai envie de tendre la main jusqu'à toucher son corps invisible, mais je reste inerte. Puis ma main reprend le stylo et trace sur le papier avec l'écriture appliquée de maman, ses curieux « J » et « P » hauts et bouclés : « Je vais partir bientôt, je veillerai sur vous... »

Je reste assise un moment à mon bureau en silence, à fixer ces mots. « Je vais partir bientôt... » Je ne m'en souviens pas. Maman est morte en 1997. Que veut dire cette phrase aujourd'hui ? Je n'y comprends rien... Je m'allonge dans le canapé, l'intensité de ce moment m'a épuisée.

Plus tard, j'appelle Aude. Elle vit en Bretagne, à Rennes, avec son compagnon et leurs deux enfants. Ma petite mène une vie à l'opposé de la mienne. Mon sort dont elle fut le témoin a dû lui inspirer ça : « Je veux le contraire de cette vie-là. » Pourtant notre passé partagé crée à jamais un lien. Une part de nous deux est semblable et quand nous sommes côte à côte, il est inutile de dire que nous sommes sœurs. Je fais part à Aude des sensations étranges que je ressens. Je crains sa réaction car ma sœur a un bon sens qui défie toute irrationalité. Aude m'écoute, attentive, me confie qu'elle n'est pas surprise, qu'il lui arrive également de ressentir la présence de maman. Moins intensément cependant. L'autre jour, dans un centre commercial, elle s'est même surprise à suivre une femme qu'elle venait de croiser, vêtue de beige, répandant d'irrésistibles effluves de *Shalimar*. Elle l'a rattrapée alors qu'elle disparaissait au coin d'une allée, elle s'apprêtait à toucher son dos quand elle réalisa que ce n'était qu'une ressemblance. Lorsque je lui lis cette phrase que j'ai écrite, Aude me répond calmement :

— Ce sont les derniers mots de maman. Tu t'en souviens quand même ?

— Non... Ah si... Oui, tu as raison... J'ai écrit cette phrase avec son écriture, alors que je ne m'en souvenais plus...

— C'est impossible que tu oublies... La preuve, tu l'as écrite de ta main... C'est vrai, maman veille sur nous...

J'entends l'émotion de ma sœur. Aude est restée près de ma mère jusqu'au bout. Moi, j'allais, je venais, j'étais fragile, cette fin m'était insupportable, il m'arrivait de fuir. Aude l'a affrontée, elle a eu ce courage.

Je prends des nouvelles de mes neveux, Maelle et Robin, et de leur papa, Mathieu. Tout le monde va bien et se plaît dans cette nouvelle maison dont le paiement à si long terme inquiète ma sœur. Mon père qui vit aussi en Bretagne se porte bien également. Nous nous embrassons. À bientôt, petite sœur.

Comment ai-je pu oublier ces mots ?...

Lors de mon rendez-vous chez ma psy, Claire me répond :

— On n'oublie pas, jamais, les souvenirs se déplacent, cette phrase est simplement sortie de votre mémoire consciente. Elle est allée dans votre subconscient pour vous permettre d'oublier quelque temps le souvenir douloureux auquel elle est associée. Puis elle en est ressortie ce matin, sous l'effet de cette photo et de toutes ces pensées que vous avez en ce moment à propos de votre mère.

— Mais j'ai écrit avec son écriture, c'est troublant, non ?

— Une simple reproduction. L'écriture de nos parents reste un de nos premiers modèles que l'on s'exerce à copier dès l'enfance. Qui n'a pas écrit dans son carnet de correspondance en imitant ses parents ?

— Et ce parfum, à nouveau, cette présence ?!

— Les hallucinations olfactives constituent un des symptômes de la schizophrénie…

Claire rit. Depuis l'histoire de la « femme en beige », elle aime plaisanter désormais, alléger nos débats. Devant mes yeux écarquillés, elle me rassure :

— Tout va bien, chère Charlotte ! La schizophrénie est une déconnexion totale du monde réel. Vous, c'est le contraire, vous êtes trop connectée !… Les souvenirs vont et viennent, voilà tout… Vous avez remarqué ma tenue aujourd'hui ?

— Oui, bleu ciel. Fini le beige ?

— Le plus drôle, c'est qu'à nouveau, j'avais sorti de mon armoire un tailleur beige… Quand j'ai vu votre nom dans mon agenda… je l'ai immédiatement changé !

En sortant de chez Claire, je joins Lili et lui raconte notre entretien pour qu'elle me rassure.

— Ma psy m'a dit que mes hallucinations olfactives étaient un symptôme de folie !

— Ce n'est pas un scoop ! s'amuse Lili.

— Tu es vraiment vache !

— Écoute, tu l'as cherché ! Mais tu as une chance folle… si je puis dire… Du *Shalimar* plein la maison, quel bol ! Ça pourrait être bien pire ! Tu as eu des réponses à ton annonce ?

Dans mon trouble, je l'avais oubliée… Mais est-ce vraiment un oubli ?… Claire a raison, ce n'est pas un hasard. Quelle idée j'ai eue de passer cette annonce… Et si personne n'y répondait ? Et si, sur les dizaines de milliers d'auditeurs, personne n'était intéressé ou curieux, sans même oser dire « séduit » ? Cette pensée me serre le cœur. Je regarderai demain dans ma messagerie… Je vais attendre encore un peu, il vaut mieux parfois ne pas savoir, rester dans le flou où tout est imaginable…

La nuit approche, je vais lire, me délasser. Je lis beaucoup, toutes sortes de livres que je dévore. Ils forment un monde nécessaire où je m'oublie. Juchée sur un escabeau bancal, je fouille le haut de mon placard, ma réserve de livres. Je bouge les piles, pousse les rangées, incline la tête pour déchiffrer les titres verticaux… Tout à coup, je perds l'équilibre et crie en me rattrapant de justesse à l'étagère. Grisou cuicuite aussitôt, on dirait qu'il m'imite, mon canari est un perroquet. Deux livres sont tombés à terre, je respire profondément pour me calmer et descends les ramasser.

Je les ai lus, adorés. *La Promesse de l'aube* de Romain Gary et les *Nouvelles Histoires extraordinaires* d'Edgar Allan Poe. J'ouvre le premier à la recherche de cette phrase magnifique qui éclaire le titre et m'avait laissée rêveuse. Je m'allonge sur le sofa et feuillette l'ouvrage en pensant qu'il sera difficile de la retrouver vite. Pourtant, après quelques pages, je la vois : « Avec l'amour maternel, la vie vous fait à l'aube une promesse qu'elle ne tient jamais. » Je garde le livre un moment ouvert sur mon torse…

Le second n'a rien à voir. Il m'avait intriguée, c'est une sorte de roman policier fantastique. Je me souviens de l'orang-outan meurtrier… Je tourne également les premières pages et lis avec surprise cette phrase d'introduction que je ne connaissais pas, elle est signée de Charles Baudelaire, traducteur du livre : « Les Anges, quand ils se parlent doucement à l'oreille, ne trouvent pas, parmi leurs termes brûlants d'amour, d'expression plus fervente que celle de Mère… » Je reste sans voix, le regard figé, j'erre dans mes pensées… Deux livres à terre, les deux parlent d'une mère… Je contemple une dernière fois la page et vois en la refermant un bout de papier dépasser. C'est une carte de visite que je brandis sous la lampe : « Pierre X, médium, astrophysicien diplômé d'État… » J'avais cherché cette carte pendant des jours… C'est inouï de la retrouver maintenant ! Je n'en crois pas mes yeux… Pierre est un être exceptionnel que j'avais consulté il y a quelques années à un moment très particulier de ma vie. Chaque chose qu'il m'avait prédite s'était avérée avec une précision extraordinaire.

Jamais je n'aurais pensé confier ces expériences vécues depuis deux semaines à un médium… Mais Pierre est bien plus que cela, c'est un scientifique, un être à part, presque sauvage, doué d'un pouvoir qui dépasse l'entendement. Il écoute aussi, reçoit ce qu'on lui dit… Cette carte n'est pas un signe, c'est un appel ! Pierre me comprendra, j'en suis certaine. Il trouvera un sens à tout ce que je vis…

Pierre, médium, astrophysicien diplômé d'État

J'ai vu plusieurs personnes dites « voyantes » dans ma vie, sans excès, par curiosité, par jeu. J'avoue aussi avoir ressenti, dans certains moments où mon futur semblait disparaître, le besoin d'être rassurée, de quelque façon que ce soit.

J'aime croire à une part inexplicable de nos vies, à un voile de magie sur le poids du monde. J'ai consulté quelques voyantes surprenantes, inspirées, et d'autres aussi, plus nombreuses, dont le seul pouvoir était de me divertir car elles ne voyaient rien. Elles répétaient leur disque rayé en faisant tinter leurs multiples breloques pendant que brûlait un bâton d'encens : « Vous êtes dans une période de doute, ça n'a pas toujours été facile, n'est-ce pas… Mais tenez bon, car je vois pour vous bientôt le bout du tunnel… » J'ai même entendu : « Pour le grand amour, va falloir patienter, par contre, quelle santé de fer ! » Et je dénonce ici toutes les dérives que je peux voir sur Internet ou ailleurs, où la voyance n'est qu'un business aveugle, une escroquerie de plus pour les plus vulnérables dont j'ai fait partie.

Puis un jour, j'ai rencontré Pierre, un être passionné, érudit, lumineux. Il est, à ma connaissance, le seul médium diplômé d'astrophysique. Pierre est un être insolite, une sorte de moine moderne et éclairé. Il ne lit pas dans les cartes. « On voit ou on ne voit pas », dit-il posément. Il vous fixe intensément, prend votre main, ferme les yeux et commence à parler d'une voix légèrement différente, plus monocorde, puis il livre, alors que s'intensifie la chaleur de sa main, une à une, sans transition aucune, des informations d'une vérité stupéfiante. C'était il y a plusieurs années, j'avais consulté Pierre quand des cauchemars récurrents me tourmentaient.

Quelque temps après notre première rencontre, j'avais voulu revoir Pierre tellement j'étais impressionnée, mais il avait refusé, m'affirmant que c'était trop tôt. J'ai eu alors l'impression qu'il choisissait ses clients. Certains lecteurs de mon deuxième livre dans lequel je décris notre première rencontre m'avaient réclamé ses coordonnées. J'avais alors tenté de joindre Pierre pour avoir son accord, et mes appels étaient restés sans réponse. Puis j'ai perdu sa carte et, allant mieux, je ne pensais plus à lui.

Cette fois, Pierre répond dès la première sonnerie en m'accueillant d'un sidérant :

— Bonjour, Charlotte, j'attendais votre appel !

— Bonjour, Pierre, vous aviez mémorisé mon numéro ?!

— J'ai rêvé de vous, vous teniez un livre dans les mains, les feuilles voltigeaient ainsi que vos cheveux… Vous étiez dans les airs, en voyage, semblable à un ange… Vous veniez à moi ! La preuve ! Le livre, c'est la connaissance. Vous avez besoin d'être éclairée ? Vous écrivez en ce moment aussi, n'est-ce pas ?

— Vous êtes toujours aussi surprenant ! J'ai retrouvé votre carte de visite dans un livre et j'écris chaque jour, enfin je prends des notes. Il m'arrive des choses très étranges... Et vous avez raison, je suis un ange ! On ne le sait pas assez d'ailleurs ! Mais en ce moment, j'ai l'impression de ne pas être la seule à voler !

Nous rions, puis je demande :

— Vous êtes toujours à Vaucresson, à côté de Paris ?

— Pas du tout, j'habite dans le Marais poitevin maintenant, j'ai totalement changé de vie après un ennui de santé...

— J'en suis désolée, ce n'était pas trop grave j'espère ?

— Je vais bien, merci. Je vis à la campagne, en pleine nature, loin des trépidations de la ville... Et je ne consulte plus.

— Vous... ne voyez plus ?

— Si, seulement je n'exerce plus en tant que médium, ou pour de rares exceptions.

— Que faites-vous alors ?

— Je produis du miel.

J'interromps Pierre :

— Mais j'ai besoin de vous !

— Eh bien, venez, c'est le moment, je ne vous aurais pas répondu autrement.

— Vraiment ? Chez vous ?

— Oui...

Je garde le silence une longue seconde, puis lance :

— J'arrive !

Tara est repartie chez son père, elle passera une partie de la semaine chez Nicole, son unique grand-mère immuablement vaillante et souriante qui s'occupe beaucoup de notre fille depuis sa naissance. Sa présence et celle de mon père sont pour Tara une oasis dans la vie compliquée de ses parents.

Je m'assure auprès de Valentina de ma liberté ces deux prochains jours, pas d'interviews en vue pour l'instant, le lancement médiatique reste mou. Quand je l'interroge sur son moral, elle m'assure qu'elle va mieux.

— Tu vas rire..., me dit-elle, je relis ton livre et j'applique tes recettes. Et ça marche plutôt bien !

— Bien sûr qu'elles marchent. Je les ai testées pour toi !

— Écoute, je suis ton meilleur avocat. Je pratique maintenant l'autohypnose, chaque soir dans mon clic-clac, et le matin je lis comme tu l'indiques, à voix haute devant ma glace, toute la page : « Je suis une œuvre unique... » Quand j'ai fini, je me demande comment on peut abandonner une pareille merveille, je pleure cinq bonnes minutes, prends une douche fraîche et tout va mieux ! Et ce fameux plan d'action ? Tu sais que j'y pense... On va se voir avec ton amie ?

— Oui...

Lili me pose la même question quand je la préviens de mon escapade provinciale. Elle a bien avancé dans ses recherches et sera bientôt prête à me soumettre son projet infaillible...

Nous verrons à mon retour, dans deux jours. Pour l'instant, j'ai d'autres priorités. Lili proteste :

— Mais qu'y a-t-il de plus important que de retrouver l'amour ? Les visions d'un médium astrologue qui vend du miel ?!

Je reprends Lili :

— AstroPHYSICIEN diplômé, cela n'a rien à voir !

Avant de partir pour la gare, je m'arrête chez M. Poussin. J'appelle Stéphanie, l'étudiante dont j'avais trouvé l'annonce chez ma boulangère. Elle s'occupe pour lui de quelques tâches ménagères avec beaucoup de gentillesse. Mon sac de routard à la main, j'embrasse mon parrain.

— Vous revenez, mon petit, c'est promis ?

— Bien sûr ! Dans deux jours. Stéphanie viendra demain et vous pouvez m'appeler. D'accord ?

— D'accord...

— Vous n'oubliez pas mes chats ? Parce que l'autre jour vous avez oublié les boîtes au Carrefour Market... Je me permets de vous le faire remarquer parce que je m'inquiète un peu pour vous... Vous vous en souvenez ?

— Je ne sais plus... C'est vrai, j'ai oublié ? J'en suis désolé... J'ai des petites absences, mais rassurez-vous, je me souviens de l'essentiel.

— Si mes chats pouvaient parler, ils vous diraient, parrain, combien leurs croquettes sont essentielles !

— Vous avez raison, mon petit...

— Vous devriez noter, parrain, sur des petits papiers de couleur. Des Post-it, il y en a au Carrefour Market. Faites comme moi, je note tout, moi aussi j'oublie, et même l'essentiel parfois !

— Comment vous dites ? Des quoi ?...

Pierre m'attend à la gare de Niort. Le trajet est assez court. Le TGV survolté me plonge en quelques minutes dans une campagne verdoyante parsemée de grappes de petites maisons calmes et d'étendues jaune d'or et ocre pâle. Ma voisine parle sans cesse, souvent seule, elle commente chaque paysage et affirme que le jaune, c'est du colza d'hiver, et l'ocre, du blé qu'on laisse sécher. Je file à travers champs.

La joue mollement plaquée sur la vitre froide, je réfléchis. Je réalise que je connais très peu Pierre... Je ne l'ai rencontré qu'une seule fois et pourtant je n'ai pas hésité à accepter son invitation. Mon instinct, dopé par ma nature impulsive, m'entraîne parfois dans des aventures inattendues.

Sur le quai, Pierre marche vers moi les bras levés, m'accueillant avec des mots affables. Il n'a pas changé, ses cheveux mi-longs ont peut-être légèrement blanchi. Il porte un pull-over épais et un jean, tous deux de couleur claire.

C'est un homme sans âge, au sourire bienveillant, au regard gris pâle presque translucide comme une eau.

— Vous êtes lumineuse ! affirme Pierre en m'embrassant.

— C'est adorable... Le ciel est pourtant bien gris, le genre de lumière qui vous plombe le teint !

— Le temps va se lever ! Le ciel n'y est pour rien, il y a une lumière particulière, nouvelle, qui émane de vous, un rayonnement que j'aperçois tout autour...

— Et c'est bien ? dis-je, intriguée. Dans un livre de Guillaume Musso c'était le signe des personnes qui allaient bientôt... passer l'arme à gauche !

— Je vous expliquerai... Nous avons tout le temps !

— Rassurez-moi quand même, Pierre !

— Vous allez très bien, chère Charlotte !

— Ouf..., soufflé-je en souriant.

J'amuse Pierre qui courtoisement saisit mon sac. Nous rejoignons le parking et montons à bord d'une camionnette de type ancien dont les vibrations et le vacarme rendent difficile toute discussion.

Je ne vois que très peu de la ville de Niort car en quelques minutes notre carriole hors d'âge commence à zigzaguer à travers la campagne. Sous mes pieds, j'aperçois une large trace de rouille. Un bon coup de talon et je passe à travers..., pensé-je. Pierre est concentré sur la route, sur ces chemins de plus en plus irréguliers, bosselés. « Nous nous enfonçons dans la Venise verte ! » crie-t-il. La voiture longe un large cours d'eau, puis un autre en tournant encore et encore. Nous suivons ces rives naturelles, façonnées par des arbres hauts et feuillus qui nous recouvrent d'ombre. Pierre hurle leur nom : « Des aulnes clairs ! » J'apprends que leur bois imputrescible sert à la fabrication des pilotis et des pontons plantés dans le Marais poitevin. Je découvre cette région à l'atmosphère unique où l'air est humide et la terre mêlée à l'eau douce. Plus loin ce sont des « frênes têtards » que Pierre désigne, au large tronc boule dont les branches courbes retombent dans l'eau. Puis il montre sur la droite une flèche de bois qui indique son domaine. Nous quittons la route. Au bout d'un long chemin de terre, un joli pont de pierre étroit secoue la voiture comme au manège, nous arrivons.

— Ce lieu fut un véritable coup de cœur ! s'exclame Pierre après avoir arrêté le moteur. Un coup de foudre ! Bienvenue chez moi, chère Charlotte, au moulin Apis Florea, du nom de l'espèce d'abeille que je cultive. Cela vous plaît ?

— C'est enchanteur, insoupçonné...

Je reste un instant rêveuse devant le charme du lieu puis dis :

— La France contient de ces merveilles... Mais où est le moulin ?

— Détruit ! Par le feu au XIXe siècle. J'ai acheté cette bâtisse en ruine. Je ne cessais d'y voir tourner un moulin à aubes blanches, c'était bon signe, je savais que c'était là que je voulais vivre et pas ailleurs... C'est un endroit serein, hormis cet incendie très ancien, les gens ont été heureux ici...

— Cela doit être étrange d'avoir un don de voyance... Je peux être curieuse ? Comment apprend-on que l'on « voit » ? À quel âge ?

— Très jeune, dès que l'on prend conscience de ce qui est normal et de ce qui ne l'est pas... J'étais enfant à l'école primaire, une vision d'horreur... (Pierre s'interrompt.) Venez ! lance-t-il, je vais vous montrer votre chambre.

— Oh non ! Racontez-moi d'abord... J'adore les histoires qui font peur !

Pierre me regarde l'air amusé puis il inspire profondément, le visage soudainement crispé comme s'il allait entrer en apnée dans un monde hostile.

— La maîtresse, soupire-t-il, Mlle Bousquet... était une sorte de... de... petite pourriture humaine qui passait sa névrose sur les enfants et souriait bien mielleusement aux grands. Elle poussait des râles sans cesse en se tapant le menton du poing. Ses petits yeux noirs étaient terrifiants. Il m'arrive encore de les revoir. Pour calmer ma peur, j'imaginais que Mlle Bousquet était un insecte que je pouvais écraser du pied s'il me menaçait. Elle nous punissait au moindre faux pas en baissant nos culottes sur l'estrade, en tordant nos oreilles jusqu'aux larmes. Un matin, je fus effrayé, elle n'avait plus de tête. Elle bondissait nerveusement devant le tableau, comme d'habitude, mais décapitée. Elle s'est tuée le soir même dans un accident de voiture en rentrant chez elle. On raconta que sa tête, en passant par le pare-brise, s'était détachée du corps... J'ai gardé cette histoire pour moi des années, j'avais peur, j'étais convaincu de l'avoir tuée, par ma simple volonté.

— Est-ce possible ?

— Mon Dieu, non ! Mais disons que l'énergie qui émanait de moi ne lui était pas véritablement favorable...

— Je ne devrais pas, pourtant j'adore cette histoire ! J'en frissonne... Et comment voyez-vous ma tête à moi ?!

— Bien en place ! Vous avez même des ailes qui vous poussent dans le dos..., dit Pierre en souriant.

— Non ? Enfin une bonne nouvelle ! Des ailes d'ange je présume, bien vu ! (J'éclate de rire.) Mais... vous voyez tout, demandé-je, tout le temps ? Ce doit être épuisant, effrayant même...

— Non, pas tout le temps, je vois ce qu'on me donne à voir...

— Qui est « on » ?

— Une force, une énergie supérieure à toutes celles qui nous entourent, on en reparlera, j'ai des choses à vous dire...

Le pied à peine posé dans la cour, une petite horde de chiens impatients m'entoure, j'en dénombre au moins cinq, et, plus étonnant encore, une bonne douzaine d'oies accourent dans un concert assourdissant.

— Des oies ? m'étonné-je. Miel et foie gras ?

— Quelle horreur, non ! Le gavage est une torture. Les oies sont de redoutables sentinelles, toujours en veille. Elles entouraient les châteaux autrefois.

— Vous voilà bien gardé, quels cris !

— Précisément, les oies cagnardent, chère Charlotte. Oui, j'ai besoin de me sentir en parfaite sécurité.

La maison est de taille modeste, aux formes simples, les murs épais sont en pierre, les volets fraîchement peints en gris-bleu, il y a des poutres fines au plafond et un escalier de bois clair qui mène aux chambres. Pierre me montre la mienne. Je me sens immédiatement bien dans ce lieu qui me rappelle ma fermette bretonne.

Pierre me propose de l'accompagner pour une balade avant la tombée de la nuit. J'accepte avec plaisir.

Après avoir longé la rivière qui contourne le moulin et se perd dans une clairière, nous arrivons aux ruches, peintes de la même couleur que les volets.

— Combien y en a-t-il ? demandé-je.

— Soixante-cinq.

— C'est beaucoup, non ?

— Les belles exploitations comptent plus de deux cents ruches.

— Au téléphone vous avez évoqué le besoin de tout changer suite à un problème de santé…

— Oui, j'ai fait un AVC avec cette chance inouïe, comme on peut en avoir dans le malheur, de n'avoir aucune séquelle grave si ce n'est de gros accès de fatigue et parfois des difficultés de concentration… J'ai tout arrêté. J'ai quitté Paris, je percevais trop de stress.

— En tant que médium ?

— De façon générale. Je suis extrêmement sensible, même allergique à toute forme de négativité, d'agressivité. C'est lié à mon histoire, celle de ma famille… Parfois, je perçois du monde qui nous entoure des choses effrayantes… J'ai ressenti le besoin vital de me plonger dans un univers originel à l'écart de tout, d'effectuer un retour aux sources, à la nature nourricière, je voulais aussi être entouré d'animaux, trouver mon île déserte en pleine campagne française.

— Vous vivez seul ?

— Oui, enfin sans présence humaine quotidienne, c'est une nécessité et une forme de plaisir aussi. La vie animale, végétale et céleste me comble. Cela sonne comme une pastorale idéale, mais c'est pour moi parfaitement vrai. Je rêvais de vivre ainsi depuis longtemps. Nos rêves sont souvent plus accessibles qu'on ne le croit. Je ne suis pas pour autant un ermite, je reçois quelques visites très plaisantes dont la vôtre, Charlotte… Et de l'aube au coucher, toute une foule m'acclame et me fête avec une fidélité indéfectible !

Pierre désigne alors d'un geste ample cette petite troupe animale qui nous suit en silence désormais, habituée à ma présence. Nous continuons notre tour. Pierre accélère le pas, pressé d'arriver à son lieu préféré.

— Voilà le repaire aux ourses ! s'exclame-t-il en s'approchant d'un chêne immense et majestueux. Pas les « ours » gourmands de miel, mais les « ourses » célestes, la grande et la petite !

Pierre pointe alors le doigt vers la cime de l'arbre où une grande cabane surprenante est nichée. Je remarque aussi qu'on peut y accéder par un escalier étroit de planches épaisses plantées tout autour du tronc. Sans attendre, Pierre gravit la première marche avec allant.

— Suivez-moi ! lance-t-il. Rassurez-vous, c'est très solide, tout est serré, vissé, construit par des professionnels, c'est mon observatoire, un peu haut, mais la vue y est formidable, on peut contempler les terres jusqu'à vingt kilomètres à la ronde et bien sûr tout le ciel, venez !

— Vous me rappelez mon voisin, dis-je, amusée, M. Poussin ; comme vous, il est passionné par les étoiles. Décidément, les hommes me font grimper au ciel ! Enfin vous et M. Poussin...

Arrivée au sommet, je m'étonne d'être montée facilement. Face à l'étendue vallonnée qui m'entoure, j'ai ce réflexe de demander le nom du bourg dont j'aperçois le clocher comme le repère d'une civilisation que j'aurais quittée, mais Pierre s'est éloigné de quelques pas sans répondre, il est totalement absorbé par un télescope dressé vers le ciel qu'il caresse comme un animal de compagnie.

— Voilà les clés des portes de l'infini..., susurre-t-il comme un secret, le jour décline mais le ciel est encore trop clair pour être observé... Nous reviendrons... n'est-ce pas ? Très peu de personnes sont montées ici... (Puis il se rapproche de moi en me tendant la main et dit avec chaleur :) Cela me fait très plaisir que vous soyez venue, que vous m'offriez votre confiance...

— Ce fut instinctif... J'avais besoin de vous voir, Pierre. J'ai souvent pensé à vous... J'ai retrouvé votre carte comme par magie !

— Il ne s'agit pas de magie, pas de hasard non plus, vous le comprendrez bientôt... Il y a des rencontres qui font sens, des énergies qui s'attirent, des signes de la vie comme les morceaux d'un puzzle que l'on compose chaque jour... Encore faut-il les voir... « Le hasard, c'est Dieu qui passe incognito... » Connaissez-vous cette citation ?

— Oui, Einstein ! Elle me plaît beaucoup, elle figure dans un de mes livres...

— J'ai étudié les sciences avec passion. Albert Einstein, ce physicien génial et visionnaire, avait l'humilité d'accepter ce qu'il ne comprenait pas, et Dieu sait qu'il comprenait beaucoup de choses ! Il acceptait la part irrationnelle de la vie que l'on ne maîtrise pas encore en affirmant : « Il est absolument possible qu'au-delà de ce que perçoivent nos sens se cachent des mondes insoupçonnés. » Les phénomènes qui apparaissent aujourd'hui irrationnels ou « paranormaux » seront un jour expliqués… L'irrationnel est provisoire ! Ces mots d'Einstein m'ont guidé, encouragé et aidé, malgré mes études scientifiques très « rationnelles », à accepter ce don qui m'a été offert… Savez-vous, Charlotte, que vous-même possédez un certain degré de médiumnité ? Vous devez avoir des intuitions fortes et pertinentes qui s'imposent à vous. Je me trompe ?

— C'est assez vrai… De plus en plus, je dirais… Surtout depuis…

J'hésite à terminer ma phrase.

— Depuis ? insiste Pierre en me souriant comme s'il connaissait la suite de mes mots.

— Depuis l'arrêt de mon cœur greffé, il y a quatre ans, pendant quelques secondes d'une nuit étrange…

Pierre acquiesce en silence. Je sais qu'il me comprend, que nous en parlerons, mais plus tard. Pour l'instant je contemple autour de moi le paysage dont les contours fondent dans cette fin de jour en m'offrant des images impressionnistes. La lumière s'éteint lentement sur les champs et le calme est si entier, si doux que je peux écouter le chant oublié des arbres, le bruissement incessant des feuilles caressées par le vent.

Après quelques instants sereins, propices à la méditation, je sens se réveiller ma nature turbulente de femme de la ville. L'agitation me manque tout à coup comme une distraction dont je serais privée. Cette vie sans bruit me paraît étrangement endormie. Il me vient alors l'idée de la réveiller. Je reprends notre conversation dont j'ai gardé le fil, d'une voix énergique qui surprend et amuse Pierre :

— Je m'ouvre aussi davantage ! crié-je. Aux autres et à tout ! Écrire m'y a beaucoup aidée, les échanges avec mon public sont intenses ! C'est vrai, je ressens de fortes intuitions mais de là à être médium... J'y vois beaucoup moins clair que vous, cher Pierre ! dis-je en riant.

— Oui..., répond-il posément, je vous sens très réceptive à tout ce qui vous entoure, à ces énergies qui nous influencent... C'est nouveau, vous agissez de plus en plus comme un aimant... Vous en aurez bientôt quelques preuves à travers plusieurs rencontres troublantes que vous attirerez...

— Ah, enfin ! Je vais aimanter un amoureux ?!

— Je vois surtout des femmes... Un peu comme votre mère... Des femmes émues portant un message symbolique !

— Ah..., dis-je en affichant cette fois une déception légère, pas d'amoureux...

— Mais est-ce vraiment votre priorité ? m'interroge Pierre comme le ferait ma psy.

— Oui ! Et re-OUI !!! crié-je en éclatant de rire.

Quelques oiseaux surpris dont j'ignorais la présence s'envolent de cet arbre où nous demeurons en poussant de petits cris plaintifs. Je les regarde tracer à tire-d'aile des courbes emmêlées dans le ciel jusqu'à ce qu'ils deviennent quelques points se perdant au loin. Après quelques minutes supplémentaires de spectacle bucolique, nous redescendons du repaire aux ourses.

De retour dans la maison, je suis surprise par la fraîcheur de l'intérieur. Pierre le remarque aussitôt et annonce qu'il va faire du feu. Il rassemble du bois dans la cheminée et froisse du papier journal entre ses mains comme on applaudit.

Quand il craque une longue allumette qui s'embrase, Pierre déclare :

— Le premier feu de l'automne est pour vous, chère Charlotte... Faites un vœu !

— Je l'ai fait dans le repaire aux ourses ! L'amour, Pierre ! Encore l'amour !

— Mais c'est une obsession ! s'exclame-t-il joyeusement.

— Oui, la plus douce…

J'avance à côté de lui en tendant la paume de mes mains vers les flammes. Puis je tourne la tête et croise son regard pénétrant qui reflète le feu. Pierre me sourit.

— Alors, Charlotte, parlons maintenant vraiment de ce qui vous amène à moi…

— D'accord…

Nous nous asseyons dans deux larges fauteuils placés côte à côte.

— Je vis des choses étranges en ce moment…, dis-je.

— Je vous écoute. Je peux prendre votre main ?

— Bien sûr…

Sur l'accoudoir capitonné de cuir usé, je tends le bras vers Pierre et ressens immédiatement sa chaleur dès qu'il me touche. Je ferme les yeux un instant en sentant mon ventre se nouer. Pierre fait pression sur ma main pour m'encourager, je me mets alors à parler d'une voix troublée :

— J'ai ressenti la présence de ma mère décédée. C'est étrange, bouleversant, j'ai senti son parfum chez moi alors que je ne l'ai jamais porté et il me semble même que j'ai entendu sa voix…

Pierre me questionne :

— Que disait-elle ?

— « Dors, mon ange… »

Nous restons silencieux, puis Pierre serre à nouveau ma main.

— Ressentez-vous sa présence en ce moment ? me demande-t-il.

— Non… Juste un trouble intime qui grandit en moi…

— Votre mère est là… Son énergie plus exactement…, dit-il en fixant le feu. Pourquoi place-t-elle une main sur un œil ?

— Pardon ? crié-je, choquée. Vous pouvez la voir ?! Comment pouvez-vous savoir ça ? Son œil ? Comment est-ce possible…

Pierre reste figé et sans voix alors que l'émotion me submerge. Je lâche sa main pour cacher mon visage et ne peux contenir quelques larmes. Pierre s'approche tout près en caressant mon épaule.

— C'est normal que vous soyez émue, chère Charlotte, murmure-t-il, calmez-vous… Cette présence est particulière, si bénéfique… Son intensité est rare, elle a un sens précieux…

Les mots tendres de Pierre m'apaisent. Je serre sa main sur mon épaule.

— Maman a eu un cancer de l'œil, dis-je, elle portait une prothèse qui la mortifiait…

— Cela est passé… Elle vous accompagne depuis tout ce temps, elle est fière de vous… Votre mère porte un message pour vous…

— Je sais, mais je ne le comprends pas…

— Elle vous l'a écrit. Que dit-il ? J'entends un nombre, une centaine, un millier ?…

— Dix ! « Un de perdu, dix de retrouvés… » J'ai écrit cette phrase, qu'elle aimait répéter, en reproduisant exactement son écriture, ma main semblait guidée… Maman m'a aussi soufflé : « Je vais partir bientôt… » Elle disait qu'elle veillait sur nous, moi et ma sœur Aude… Est-ce vraiment possible ? J'aimerais tellement pouvoir le croire, vous comprenez ?

— Bien sûr… Oui, c'est plus que possible, c'est certain, regardez votre vie depuis toutes ces années…

— Dans deux semaines, cela fera quinze ans que maman est morte, ma psy dit que cet anniversaire me tourmente et me fait tout imaginer…

— Votre psy est de formation scientifique, comme moi d'ailleurs, précise Pierre, elle ne peut vous livrer qu'une explication logique, « psychologique ». Il semble évident que cet anniversaire occupe votre esprit, mais ce que je ressens et ce que vous avez expérimenté n'ont rien d'imaginaire, croyez-moi ! Vous avez d'ailleurs perturbé cette femme, n'est-ce pas ? Il s'agit bien d'une femme ?

— Oui...

— J'ai le sentiment que vous l'avez fait douter...

— C'est exact... Au début de notre entretien, quand je lui ai décrit ce que j'avais vécu, elle a dû croire que je délirais gentiment...

Pierre m'interrompt :

— Tout paraît fou avant d'être compris.

— Oui... Puis j'ai fait remarquer à Claire qu'elle portait toujours du beige en ma présence, et que c'était la couleur préférée de ma mère...

Pierre tout à coup semble ailleurs, il fixe toujours le feu et reste sans parler comme s'il se recueillait. Ce doit être les moments où il « voit ». Il règne dans le moulin et au-dehors le silence le plus profond. Quand j'ai prononcé le mot « mère », j'ai ressenti quelques frissons surprenants. Ce silence est envahissant, j'ai presque envie de fredonner un air pour changer cette atmosphère qui devient pesante.

— Ce lieu est si calme, dis-je en parlant plus vite, on peut arrêter quelques instants, Pierre, s'il vous plaît ? Parler d'autre chose, de n'importe quoi... J'ai presque peur ! Je vous préviens, au moindre effet spécial, une porte qui s'ouvre ou une ampoule qui claque, je m'évanouis !

Les rêveries de Pierre font place à ses rires. Il me regarde en répondant :

— Mais bien entendu ! Sentez-vous le plus à l'aise possible !

Je me lève et marche vers la fenêtre en découvrant à travers les carreaux le ciel assombri. Pierre me rejoint. Soudain, une ombre jaillit devant moi, je crie en reculant. Un chien a bondi dans la cour en plantant ses pattes puissantes sur le rebord du mur. Pierre le chasse d'un bras tendu et de quelques mots secs. Je sens mon pouls battre dans mes tempes. Pierre pose une main sur moi. Je regarde le chien s'éloigner et dis :

— Mes chats ont fui chaque fois que j'ai ressenti la présence de maman...

— Oui, les animaux sont surprenants, c'est pour cela qu'ils m'entourent. Ils perçoivent beaucoup de choses qui échappent aux hommes, ils peuvent même anticiper certains événements qui n'existent pas encore... N'ayez peur de rien ici, chère Charlotte, absolument rien... Tout vous est entièrement favorable et je suis là pour vous aider.

Pierre passe un bras autour de mes épaules en inclinant la tête vers moi dans un geste d'affection inattendu qui me touche. Il m'apparaît alors comme un de ces êtres blessés qui s'isolent par nécessité mais gardent en eux un puits d'amour dont ils laissent parfois s'échapper quelques coulées vives. Nous nous installons à nouveau dans les fauteuils face au feu. Pierre reprend ma main et dit :

— Vous comprendrez le sens du message de votre mère... Il est essentiel, et c'est à vous de le percer. Il perdrait de sa force si je vous l'expliquais... Vous allez l'expérimenter, le vivre avant de le déchiffrer... Vous vous souvenez de notre première rencontre ? Je vous avais dit que votre mère était autour de vous... C'est une phrase cliché, je sais, mais c'était vrai. Elle vous accompagne. Elle n'est pas la seule présence autour de vous d'ailleurs... mais de loin la plus puissante... Il y a d'autres êtres qui vous ont aimée...

J'observe un silence, puis réponds :

— Vous me plongez dans un état étrange, Pierre... J'ai l'impression que vous avez accès à un autre monde dans lequel je pourrais basculer avec vous ! Si cela se produisait, promettez-moi de m'en faire revenir, je suis mère de famille !

— Promis ! dit-il en riant. Ce ne sont pas plusieurs mondes, mais une version agrandie de ce monde que nous partageons, une autre dimension. Nous sommes sur un immense iceberg dont nous ne percevons encore que la part immergée, visible…

— Voilà pourquoi il fait si froid ! m'exclamé-je en riant.

— Je suis désolé, il n'y a du chauffage que dans les chambres.

— Je plaisantais ! Le feu m'a réchauffée. Je fais parfois des petites pirouettes avant d'aborder ce qui me touche vraiment : la présence de maman… Dites-moi franchement, Pierre, pensez-vous que les anges gardiens existent ?

— Personnellement, je n'utilise pas ce terme trop religieux qui fait fantasmer sur des êtres légers, ailés, sortes de fées Clochette d'un monde adulte… En tant qu'astrophysicien, je parle d'énergies… Tout est énergie, les hommes, les arbres, l'air, même les pierres sont chargées d'énergie. C'est pour cela que l'on se sent bien dans un lieu et mal dans un autre. Cette énergie infinie nous relie. Son expression sur Terre, c'est la vie sous toutes ses formes. L'énergie des hommes est particulière, elle peut dépasser la vie terrestre, continuer, accéder à une autre dimension de notre monde, après la mort physique.

Pierre serre ma main plus fort.

— Vous l'avez vue, n'est-ce pas, dit-il, cette autre dimension ?… Moi aussi… Quelques minutes précieuses, inouïes, pendant mon accident… Nous partageons cette même expérience, comme des milliers d'autres, et ce halo de lumière que j'ai vu autour de vous à la gare est le signe des êtres qui ont approché la fin terrestre, aperçu l'« après ». Ça va ? Je ne vous trouble pas trop ?

Je reste muette, inerte, captivée. Pierre est habité, si calme, si sûr de lui, bienveillant.

— Nous reparlerons de cette expérience car elle est riche, dit-il. Elle a exacerbé votre sensibilité… Les phénomènes que vous décrivez ont dû se manifester depuis ce moment.

Je hoche la tête en esquissant un sourire. Pierre poursuit :

— Je reviens aux énergies humaines. Chacun possède une énergie propre. Au cours de la vie, elle progresse, se charge positivement, selon ce qu'on en fait, elle se nourrit d'autres énergies, grandit ou au contraire s'affaiblit, diminue jusqu'à disparaître totalement... La plupart des énergies humaines subsistent après la mort physique pour s'élever ailleurs, mais certaines demeurent sur cette Terre, elles s'y accrochent avant de passer dans un autre ciel et forment ces présences comme celle de votre mère ou d'autres que je peux ressentir... Mais ne comptez pas sur moi pour vous mettre en relation avec Jeanne d'Arc ou Marilyn Monroe ! s'amuse Pierre. Ces contacts spectaculaires sont tout à fait fantaisistes selon moi pour une seule et bonne raison, parfaitement illustrée par ce message de votre mère « Je vais partir bientôt » : ces énergies ne peuvent demeurer sur Terre que quelque temps après un décès et en aucun cas éternellement. Il y a bien longtemps que l'énergie de Jeanne d'Arc est passée ailleurs ! Celles qui subsistent se dépensent beaucoup à rester proches des hommes vivants, à résister à l'appel très puissant de l'ascension...

— L'ascension des âmes ? demandé-je.

— On peut parler d'âmes... Le mot est beau et c'est un point commun entre toutes les religions...

— Vous croyez en Dieu, Pierre ?

— À la manière d'Einstein. Quand il dit : « Le hasard, c'est Dieu qui passe incognito », il n'évoque aucun dieu religieux, plutôt une puissance supérieure, créatrice de ce monde et des « autres insoupçonnés ». Aucun astrophysicien, confronté à la merveille des espaces infinis, ne peut penser autrement. Ma mère était de confession juive et mon père catholique, mais je ne me reconnais dans aucune religion, je dirais plutôt que je les porte toutes. Comment penser que Dieu est catholique, juif ou musulman quand des milliards croient qu'il est taoïste, bouddhiste, hindouiste ?... Qui a raison ? Personne ! Et le monde se bat pour ça... Les religions devaient répandre l'amour et sont depuis longtemps la première cause de mortalité humaine… Quel gâchis ! Quel aveuglement ! Je suis en quelque sorte un rescapé de cette barbarie, ma mère fut déportée. Il est tellement évident que Dieu est en chacun de nous sans la moindre distinction. Mon Dieu n'a pas de religion, je ne veux d'aucun dieu qui divise les hommes, le mien est un créateur anonyme, une force immense, supérieure, le nôtre, en fait… Habillez-vous chaudement, chère Charlotte. Nous allons ressortir, voulez-vous ? Il est l'heure, je vais vous montrer quelque chose !

La nuit est tombée. Les nuages de l'après-midi ont vogué, le ciel est limpide et luit d'un noir laqué. La lune presque pleine offre une large médaille de nacre que j'aimerais décrocher ; « elle est gibbeuse croissante ! » précise Pierre. J'éclaire mes pas avec cette lampe torche qu'il m'a fournie juste avant de sortir. Je suis de près mon hôte en ressentant une vraie exaltation. Je pars en mission secrète sous le ciel étoilé en striant l'obscurité des rayons de ma lampe puissante. Je suis le détective du « repaire aux ourses » ou la jeune fille aux cheveux châtains dans le dessin animé *Scoubidou*… Je rigole toute seule de ces repères d'enfance, jamais perdus, qui surgissent à l'improviste. Dans la nuit, les bruits de la nature sont plus présents. J'entends à côté de moi le cours d'eau glisser, quelques grillons un peu partout, des crapauds coassant, une chouette solitaire, l'herbe qui craque sous mes pieds et toujours ces sacrées oies qui me collent aux baskets comme des gardes du corps.

Nous grimpons dans le repaire aux ourses. Les branches au-dessus de la cabane observatoire ont été taillées. Je le remarque en levant la tête pour la première fois alors que tout à l'heure je ne faisais que contempler le paysage autour de moi. La nuit porte cette magie qui nous fait regarder plus haut. Pendant que Pierre sort le télescope rangé dans sa boîte, je fixe intensément un astre brillant et vois sa lumière bouger imperceptiblement. D'un saut de puce dans l'espace, j'observe une autre étoile. Puis une autre.

— Que regardez-vous comme ça ? me demande Pierre, enfin prêt.

— Je cherche ma bonne étoile ! réponds-je en riant. Vous croyez en l'astrologie ?

— Peu… Plus on étudie scientifiquement le cosmos, moins on y croit. J'ai eu un choc un jour en passant devant la tombe de Mlle Bousquet quand j'ai lu qu'elle était née le même jour que moi… un 29 avril…

— Ah, vous aussi vous êtes né un 29 ! Moi, je suis née le même jour que Jacques Chirac, mais sans aucun goût pour le pouvoir. Je lis quand même mon horoscope chez le docteur ou chez le coiffeur, donc souvent !

— Quelle étoile voudriez-vous observer, Charlotte ? Nous avons un large choix ce soir, le Marais poitevin vous fait honneur…

— La plus brillante !

— Polaris alors, l'étoile du Nord.

Pierre règle l'appareil en l'orientant et m'intime :

— Venez…

Je m'approche et colle mon œil à la lunette.

— Que voyez-vous ? me demande-t-il.

— Un astre géant, magnifique, d'un blanc argenté, irrégulier, scintillant comme une grosse lune…

— Et autour ?

— Du noir, un noir absolu comme un velours mat…

— Connaissez-vous le nom de ce « velours » ?

— Le vide ?

— La « matière noire », c'est son nom scientifique.

J'arrête d'observer le ciel et regarde Pierre.

— Le système solaire fait partie de la galaxie appelée Voie lactée, affirme-t-il. Savez-vous combien notre galaxie contient d'étoiles comme celle que vous venez d'observer ?

— Beaucoup !

— Un peu plus de deux cents milliards ! Savez-vous combien il y a de galaxies comme la nôtre, la Voie lactée, dans tout l'univers ? En sachant que CHACUNE, insiste-t-il, contient au minimum cent milliards d'étoiles ?

Je fais non de la tête.

— Cent milliards de galaxies fois cent milliards d'étoiles… Le ciel ne devrait être que lumière, en permanence illuminé par le rayonnement de cette infinité d'astres, et pourtant la matière noire compose la nuit en se répandant entre chaque étoile comme vous l'avez décrit… Cette « matière noire » est la plus mystérieuse des choses qui soient. Elle est infinie, un vide étrange qui va jusqu'aux frontières de l'univers, là où il n'y a plus d'étoiles, à des milliards d'années-lumière de nous… Le noir de la nuit, c'est l'infini. C'est aussi la preuve qu'il existe un autre monde au bout de ces étoiles. C'est la vérité scientifique, pas de la magie. L'infini n'est pas concevable par l'esprit humain qui a besoin de toucher, de voir, de compter. Cet infini est là juste au-dessus de nos têtes pour que nous comprenions qu'il existe un autre ciel…

Nous rentrons au moulin en silence. Je lève la tête par instants pour regarder encore l'infini et le grand velours parsemé de strass. Je pense que je ne verrai jamais plus la nuit de la même façon. Je m'amuse à zébrer mon horizon avec ma lampe torche et j'éblouis ces oies qui me suivent inlassablement.

Nous dînons. Pierre me raconte le détail de sa vie campagnarde, et moi, ma petite actualité. J'évoque mon manque régulier de ma fille et mon affection pour mon voisin qui partage la passion de Pierre pour les étoiles.

Je n'ai pas sommeil. L'air vif de la nature, mes discussions et découvertes avec Pierre ont mis mon esprit en effervescence. Il m'invite à m'asseoir autour du feu pour déguster une infusion de valériane et de mélisse qu'il fait pousser. « Parfaite pour la nuit ! » m'assure-t-il. Quand nous nous asseyons exactement à la même place que nous avions avant notre promenade nocturne, je me souviens que nous n'avions pas terminé notre conversation.

— J'aimerais vous poser une autre question, Pierre, concernant ces « énergies » qui m'ont captivée...

— Bien sûr, avec plaisir.

— Vous parliez d'ascension des âmes avant que nous sortions...

— Oui, bien sûr... Vous me perturbez ! Après la mort physique, certaines énergies résistent à cette ascension pourtant quasiment irrésistible. Elles restent dans notre monde pour y achever une sorte de mission. Jamais par hasard. Mais ces âmes rebelles finissent toujours par s'élever définitivement. Et c'est heureux pour elles. « Je vais partir bientôt », le message de votre mère, signifie cela. C'est la vie des âmes, des énergies...

— Je ne serai donc plus protégée ?

— Peut-être n'en avez-vous plus besoin... Avant qu'elle ne s'élève, votre mère veut visiblement s'assurer que vous avez bien compris le sens de son action. Et là, je la rejoins. Vous n'avez pas pleinement reçu son message, ni saisi votre mission. Nous avons tous une mission. Personne ne vit par hasard, sans but. Connaissez-vous la vôtre, Charlotte ? J'ai la conviction qu'elle vous échappe encore malgré certaines rencontres, de « merveilleux hasards », ces présences presque tangibles autour de vous...

— Aidez-moi, alors ! Quelle est cette mission ?!

— Je vous l'ai dit. C'est à vous de comprendre, pas à moi de vous l'apprendre. Trouvez-la, car cette mission est unique et essentielle. Déchiffrez ces signes qui vous sont offerts : « Un de perdu, dix de retrouvés... » Vous comprendrez... Les hommes sont souvent aveugles aux signes de leur vie.

Ma mission à moi est d'en aider certains à ouvrir les yeux... Vous ai-je éclairée ?

— En partie seulement... Je suis fascinée par votre croyance de ces énergies autour de nous, je voudrais tellement y croire... Et à l'avenir, Pierre, pardonnez-moi d'être directe, mais que voyez-vous pour moi et mes proches ?

— J'ai arrêté de dire ce que je vois, de donner ces informations d'agenda finalement peu utiles, je préfère mettre mes rares visiteurs sur la voie de leur mission... C'est précisément ce que je veux faire avec vous si vous en êtes d'accord. Je suis resté en contact avec quelques personnes qui me sont chères. Je les nomme mes « belles âmes ». Je les ai choisies en fonction de leur nature profonde que je perçois mais aussi de leur position pour qu'elles aient la plus belle influence sur beaucoup d'autres hommes. Je les aide autant que je le peux à accomplir au mieux leur mission de solidarité... D'ailleurs, il y a dans cette maison quelques indices sur leur identité, quelques photos ou livres dédicacés... Ces personnes, pour la plupart, sont célèbres, je sais que je peux compter sur votre entière discrétion.

— Bien sûr... Une dernière question, s'il vous plaît, Pierre ! J'ai bien compris que j'avais une « mission »... mais dans les films d'agents secrets, il y a toujours une jolie histoire d'amour pour agrémenter le tout... Vous ne m'avez pas répondu tout à l'heure... Vous ne voyez pas de James Bond boy pour moi ?...

Pierre rit franchement puis soupire dans un long souffle.

— Le grand amour... L'Amour avec un grand « A »... C'est cela ?

— Oui !

— Je lis en vous comme dans un livre ouvert ! Je crois profondément à tout ce que je vous ai dit aujourd'hui, en revanche, je dois avouer que l'amour amoureux me laisse perplexe... Combien d'hommes et de femmes m'ont consulté au comble du malheur parce qu'ils ne trouvaient pas l'AMOUR ! Combien pensent rater leur vie s'ils ne vivent pas au moins une fois ce qu'ils nomment en vibrant « une vraie passion amoureuse »... Je regrette de dire que ce fameux « amour » me paraît bien incertain. Les hommes sont obsédés depuis des siècles par cet amour amoureux que finalement peu semblent trouver... Combien de personnes connaissez-vous, chère Charlotte, qui soient réellement amoureuses ? La vie vaut quand même bien plus que cela, non ? L'amour amoureux est UNE facette de l'amour. L'amour de la vie qu'il nous faut préserver, l'amour pluriel, celui de TOUS les hommes, de notre prochain, m'importent bien davantage que les histoires de cœur. Songez-y...

Pierre me sourit en portant doucement la main à mon visage et caresse ma joue d'une tendresse toute paternelle. Une question intime pique soudain mon esprit, j'hésite à la poser, mais ne résiste pas au désir de découvrir cet homme sage et si maître de lui-même :

— Vous n'avez pas connu l'amour, Pierre ?

— Je l'ai cru comme beaucoup... Non, c'était un leurre, une fuite de moi-même, j'ai connu la tyrannie du désir, le manque, le besoin d'être rassuré, complété, mais rien d'autre. Peut-être ai-je raté quelque chose... Peut-être pas. Ma vie me plaît comme elle est. Je suis heureux. J'aime ce que j'ai, la personne que j'essaie d'être, et je donne tout ce que je peux, voilà les clés de mon bonheur...

Pierre m'embrasse sur le front à la manière de M. Poussin en me souhaitant une bonne nuit, mais sans dire « mon petit ». Il est bien plus jeune que mon voisin. Combien d'années de plus que moi a-t-il ?... Je n'en sais rien. Pourtant sa sagesse, ses manières sereines et son rythme lent donnent l'impression d'un homme plus âgé.

Il se dirige vers son bureau, une pièce attenante au salon, en disant à voix basse avoir encore à faire. Je lui réponds « Bonne nuit, cher Pierre » et, alors qu'il disparaît, je suis prise d'un accès de curiosité. Maîtrisant mon élan, je commence à monter quelques marches d'escalier en direction de ma chambre puis m'arrête net. Je vais écouter mon intuition, cher Pierre..., pensé-je. Je redescends, m'avance sans bruit vers la porte de son bureau restée ouverte où je passe la tête le plus discrètement possible, de biais, en ouvrant de grands yeux comme une petite chouette. J'aperçois Pierre, assis, le regard concentré, appliqué à écrire dans un épais cahier. Je suis sûre qu'il ne m'a pas vue, pourtant j'entends vite :

— Le sommeil ne vous tente pas, Charlotte ?

— Ma curiosité est bien plus forte ! Vous m'avez toute chamboulée... Pardonnez-moi, je peux vous demander ce que vous êtes en train de faire ? C'est étrange mais dans l'escalier j'ai ressenti le besoin de revenir vous parler...

— Vous êtes amusante... C'est bien, vous écoutez votre for intérieur ! J'écris, chère Charlotte, je note deux ou trois choses qui me viennent à l'esprit. J'ai cette habitude depuis une éternité...

— Avez-vous déjà pensé à écrire vos Mémoires ?

— Mon Dieu, non ! Jamais ! Je fuis ce genre d'exposition... Mon action est plus souterraine. On m'avait proposé un temps de participer à une émission de radio, c'était largement rémunéré, mais je vis de peu, et je n'ai aucun goût pour cette lumière dans laquelle vous êtes, qui brûle plus qu'elle n'éclaire. J'ai quelques messagers, dont vous maintenant, et ce que j'ai à dire tient en quelques pages que vous rédigerez à ma place, j'en suis certain.

— Et qu'est-ce qui vous vient à l'esprit ? dis-je timidement en avançant de quelques pas dans le bureau.

— Vous êtes obstinée, n'est-ce pas ? Une vraie qualité chez vous ! L'obstination vous a préservée. Il n'y a pas que l'action de vos « anges » !

Pierre sourit. Je continue à l'interroger :

— Dites-moi, s'il vous plaît, je n'en dormirais pas !

— J'écris ce que je vois !

— Et je ne peux pas vous demander...

— Non..., répond Pierre avec douceur. Allez dormir maintenant, chère Charlotte, il est tard, dormez bien, dormez tranquille...

Pierre prononce ces derniers mots d'une voix ralentie, adoucie, dont le rythme régulier provoque immédiatement en moi un début d'hypnose. Je monte dans ma chambre tel un automate et m'écroule mollement sur le lit.

Je me réveille très tôt, au tout petit matin, il fait encore nuit, avec cette sensation rare d'avoir profondément dormi. L'esprit clair, je repense aux mots de Pierre, à notre dernier échange. Il règne dans la maison le plus parfait silence. Une idée surgit soudain, Charlotte l'obstinée ne lâche pas comme ça. J'hésite... Ai-je le droit ?... Je me lève sur la pointe des pieds. Sans éclairer, je saisis mon téléphone portable et me sers de sa lumière pour avancer. Je colle doucement l'oreille sur la cloison qui me sépare de la chambre de Pierre et perçois un léger ronflement. C'est le moment. Comme toujours, j'ai laissé la porte de ma chambre entrouverte car je suis claustrophobe. Je la tire lentement pour l'ouvrir en grand. À pas de chat, je descends l'escalier. Par mesure d'hygiène, Pierre ne tolère aucun animal dans la maison. Une chance. La voie est libre. Je traverse le salon jusqu'au bureau ouvert. Pierre doit être à mille lieues de penser que je suis capable de ce que je m'apprête à faire. Myriam Cordier, journaliste enquêtrice et curieuse, que j'ai jouée tant d'années, ne m'a jamais véritablement quittée, ou bien était-ce elle qui me ressemblait ! J'hésite à éclairer la pièce dans laquelle je viens de pénétrer. Cela pourrait réveiller les chiens dehors ou, pire, les oies, et cette perspective change brutalement le tempo de mon pouls. Le faible faisceau lumineux de mon téléphone sillonne l'obscurité du bureau de Pierre. Le cahier épais sur lequel il écrivait a disparu. Peut-être l'a-t-il emporté dans sa chambre ? Je ne me permettrai pas d'ouvrir les tiroirs, si ma conscience est élastique, elle a des limites, regarder oui, fouiller non !... Je réfléchis. Où un médium astrophysicien féru d'au-delà et de galaxies peut-il placer son cahier de voyance ? Le plus haut possible ! Je me souviens de ce tournage où un vrai commissaire m'avait expliqué qu'il fallait toujours cacher les choses de valeur en hauteur, car « les hommes qui cherchent ont le réflexe de regarder par terre »... Je songe une seconde au double sens de cette phrase, mais n'ai pas le temps de philosopher. Que vois-je donc dans ce bureau obscur quand je lève la tête ? Le haut d'une armoire. Je m'approche, tout près, puis je tends le bras, me hissant sur la toute pointe des pieds car j'aperçois, dépassant à peine de la corniche, le cahier ! Je me saisis d'une chaise pour l'enjamber et, malgré la plus grande précaution, elle heurte le coin du bureau, provoquant un bruit sourd qui me fait frémir. Aussitôt j'entends quelques oies cagnarder. Le son s'intensifie, elles viennent vers moi ! Enfer et damnation... Je suis cuite ! Myriam peut aller se recoucher, et vite ! Les oies ne cagnardent plus, elles rugissent ! L'une d'elles cogne même la porte-fenêtre du bec. Passé un instant d'intense hésitation et de chair de poule (plumée), j'ai cette idée de m'allonger à terre, sans un bruit.

Au bout de quelques secondes, le silence renaît. La basse-cour s'éloigne. Je me relève, grimpe sur la chaise et découvre, à hauteur de la dernière étagère que j'éclaire téléphone en main, le portrait d'un homme politique de tout premier plan, une photo personnelle dédicacée à Pierre, où l'homme célèbre apparaît souriant. Puis un autre portrait, juste derrière, d'une chanteuse aussi populaire que mystérieuse. Mon sentiment de culpabilité atteint un point culminant, je viole quelques secrets et hésite à m'emparer du cahier placé juste au-dessus de ma tête. Mon bras tendu fatigue. Dois-je redescendre ? Si près du but ?... Une petite poussée sur mes jambes et j'attrape mon butin ! Je m'assois et ouvre le cahier. Je file directement aux dernières pages. Je vois en haut mes initiales « CV », il s'agit bien de moi. Je commence à lire quand j'entends du bruit à l'étage. Je n'aurai jamais le temps de finir la page ! J'en prends vite une photo avec mon téléphone, replace le cahier et la chaise, puis file m'asseoir dans le salon où j'allume une lampe et mime une sorte de pose confortable, la tête relâchée en arrière. Pierre descend l'escalier et lance :

— Vous êtes bien matinale... Vous avez entendu les oies ?

— Euh... non... Enfin si... Vous m'avez hypnotisée hier soir, cher Pierre ! dis-je d'un ton vif, puisant dans mes ressources inexploitées de comédienne. Je suis tombée comme une masse, mais mon corps, peu habitué à cette qualité de repos, s'est vite rechargé. J'étais debout à cinq heures...

— Vous devriez vous recoucher. Dormez autant que vous le pouvez.

— Mon ancien cardiologue disait ça aussi. Dois-je y voir un message ?

— Non, juste cela, dormez le plus possible...

J'obéis volontiers, impatiente de retourner dans ma chambre alors que Pierre, lui, se lève pour de bon. En montant, j'entends une petite voix espiègle susurrer dans ma tête : « Il ne voit pas si bien que ça le grand voyant... » Je referme soigneusement la porte derrière moi et fais aussitôt apparaître la photo prise dans le bureau. D'un glissement de doigts, j'agrandis sur l'écran une à une les lignes distinctement écrites et je lis en marchant d'un pas lent, totalement absorbée. À tel point que je percute une chaise et plonge tout droit sur le lit.

— Tout va bien, Charlotte ?

Pierre s'inquiète dans le salon.

— Oui, je tombe de fatigue...

Allongée, je poursuis ma lecture, découvrant une à une les visions de Pierre, ses mots mystérieux.

Elle est « éclairée »...

Sa mère est présente, une autre femme aussi, celle dont elle a le cœur et deux hommes amoureux...

Une rencontre troublante sur l'eau...

Des amours fantômes...

Une femme puissante l'aide...

J'entends le mot « miracle » !

La télévision, la musique, la lumière...

Le plaisir de la chair...

Des diamants symboliques...

L'hôpital, pour elle ?

Un homme âgé décède...

Mon Dieu ! Mon père ?! Je plaque une main sur ma bouche pour m'empêcher de crier. Non, ce n'est pas possible ! Je ferme les yeux, respire profondément, puis reprends ma lecture.

Un amour aveugle du passé, la boucle est bouclée !

Elle revient, elle comprend... Pas trop tôt !

Vous lirez ces lignes, Charlotte !

Pierre se moquerait-il de moi ? Je n'ai pas le temps d'y penser car la phrase suivante m'attire comme un aimant.

Enfin, le grand Amour, avec un grand « A » ! Celui qu'elle cherche tant, celui qu'on trouve sans le voir, qui la comble...

Le grand Amour avec un grand « A »... Voilà les mots que j'attendais. Cette vision que je lis comme une promesse me plonge dans un état second. Je connais le pouvoir de Pierre. Je le ressens, je l'ai déjà constaté. Si je suis là à scruter ces lignes, ce n'est pas un hasard ni une lubie. Tout cela se tient. J'avais besoin de ces mots et des explications de Pierre.

Je pose mon téléphone sur la table de chevet, éteins la lumière.

L'obscurité soudaine fait renaître ces mots lumineux de Pierre que j'ai lus trop vite. Ils s'éclairent en moi. « Elle comprend… Pas trop tôt !… Vous lirez ces lignes, Charlotte ! » Ai-je bien lu ? Je reprends mon téléphone pour vérifier. Oui, c'est bien ça, mot pour mot. Pierre se moque de moi. « Vous lirez ces lignes, Charlotte… » Cet homme est diabolique ! Je suis prise au piège. Peut-il vraiment savoir ? C'est incroyable… Non, il ne peut pas tout savoir, il a simplement deviné en fin psychologue ce que je désirais. Je ne veux pas qu'il sache ! Je ne dirai rien de cette page. D'ailleurs… je ne l'ai pas lue ! Oui, c'est cela, j'oublie cette page. J'en retiens juste la fin, le meilleur tout au fond de moi, et j'oublie tout le reste.

Mon téléphone toujours en main, avant de l'éteindre une bonne fois pour toutes, mon regard est capturé par ces mots qui m'ont effrayée quelques lignes plus haut : « Un homme âgé décède. » Et s'il s'agissait de mon père… Je vais questionner Pierre. Tant pis, je vais me dénoncer, quelle importance après tout ! Je me lève, marche vers la porte, puis j'entends : « C'est trop la honte, maman ! » Voilà ce que ma fille me dirait si elle me voyait me rendre aussi facilement. Je me rassois sur le lit. Calme-toi, Charlotte. Si c'était papa, il l'aurait écrit.

Je me rendors enfin en me convainquant qu'il est impossible que cet homme voie tout. Il l'a dit lui-même. Et ces lignes, dont une bonne part reste sibylline, sont forcément de bon augure.

Pierre me réveille, un peu gêné, en fin de matinée ; il est tard, je dois prendre le train.

À la gare, il soutient mes épaules fermement en souriant.

— On se revoit au printemps ? Ou à l'automne prochain… On reparlera si vous le souhaitez de notre expérience commune… de ce halo de lumière autour de vous et de votre mission…

— Avec plaisir ! Merci, vraiment, pour tout, votre accueil, votre bienveillance, ce lieu apaisant, tous ces mots qui me chauffent le cœur…

— Je vous en prie. Le plaisir est partagé, belle âme !

— Merci, je suis flattée…

— Et dans mon cahier, vous n'avez lu que les pages qui vous concernaient, n'est-ce pas ? Les autres sont tout à fait confidentielles. Je vous fais confiance…

— Mais de quoi parlez-vous, cher Pierre ? dis-je, estomaquée.

Pierre rit :

— … Filez, belle enfant !

— Aïe… Je viens de perdre mon statut de « belle âme » ?

Il fait non de la tête.

— Filez ! Le train va partir.

A contrario

Dans le TGV qui semble glisser, le confort feutré du wagon contraste avec ces paysages qui défilent en mode accéléré. Pierre est loin… Je l'imagine dans son vieux fourgon, roulant vers son moulin caché dont je revois brièvement les couleurs, les murs, les ruches bleues et le repaire aux ourses… et je regarde mes doigts s'agiter tout seuls sur l'écran de mon téléphone posé sur la tablette devant moi. Je pianote… Et je craque. Je l'empoigne à deux mains et me rue sur cette photo des prédictions du médium astrophysicien. Je veux les relire une à une, avec plus d'attention cette fois, calmement et déterminée à toutes les déchiffrer.

Elle est « éclairée »… Pierre a mentionné plusieurs fois ce halo qu'il voyait autour de moi… Je me regarde un instant des pieds jusqu'au torse et n'observe rien d'étrange sous les faibles néons, si ce n'est mon gros ventre que je rentre au maximum…

Sa mère est présente, une autre femme aussi... C'était d'ailleurs l'objet de ma première consultation, j'avais confié à Pierre ces cauchemars récurrents, cette sensation d'une autre vie en moi, que ces rêves n'étaient pas les miens, que ce nouveau cœur faisait bien plus que simplement battre en moi…

Une rencontre troublante sur l'eau... Encore faudrait-il que j'y aille sur l'eau… La mer de Bretagne est souvent glacée et l'eau incertaine des piscines m'est déconseillée. Un bateau ? Je ne connais personne qui en possède un. Peut-être devrais-je refaire un tour de bateau-mouche…

Des amours fantômes... Est-ce l'amour qui n'existe pas, le triste évangile selon Pierre ? Serait-ce un amant que je ne verrais pas ou pas assez, une sorte d'homme invisible ? J'ai connu quelques fantômes. Mais attendons d'avoir l'amant…

Une femme puissante l'aide... Qu'est-ce qu'une femme puissante ? Angela Merkel ! Que peut bien faire cette bonne Angela pour moi ? M'offrir une jolie voiture ? Trop tard, j'ai perdu le goût du luxe. Je roule en Vélib' ou en bus. Plus sérieusement, il y a des femmes puissantes dans le monde du cinéma ou de la télévision. Je referai bientôt un énième tour de mes contacts professionnels…

J'entends le mot « miracle » ! L'autre jour, le cardiologue l'a presque prononcé, ce mot lui picotait le bout de la langue. Suis-je miraculée ? Il m'est arrivé d'y penser. Je préfère être protégée… J'ai effectivement l'impression de l'être depuis quelques années, au moins du point de vue de ma santé. Mais j'ai aussi en mémoire ces moments où tout me lâchait, les anges et les hommes, où le jour ne voulait pas se lever. Je me souviens aussi de cet après-midi comme d'une autre vie, dans ce petit studio où j'habitais, à quelques mètres de l'appartement de mes parents, où, innocente, adolescente, éblouie, j'ai fait l'amour sans aucune protection.

Ce serait une erreur de n'attribuer ma survie qu'à une mystérieuse action supérieure, car j'y ai ardemment travaillé les pieds bien sur terre, corps et âme, avec rage, souvent seule. Et si maman m'y aide encore, en volant je ne sais comment autour de moi, alors j'en suis heureuse.

La télévision, la musique, la lumière... Je pense immédiatement aux « Enfoirés » de Coluche que j'avais sollicités sans succès. Ils vont finalement m'inviter à leur spectacle. Dans les Restos du cœur, je n'ai fait à ce jour que servir des repas dans le froid.

Le plaisir de la chair... Pourquoi pas ? Si cela pouvait me faire arrêter le chocolat ! Pourtant, cela ne m'a jamais tentée. Le plaisir n'existe pour moi que par le sentiment. J'entends d'ici se gausser Lili, mais je n'ai aucun mérite, aucune vertu particulière. Mon corps ne peut se passer de cœur. J'envie parfois le sexe pour le sexe, le plaisir de la seule caresse, la liberté de jouir, de cueillir un orgasme comme je croque un millefeuille, mais cela reste à ce jour une simple pensée, aussi fugitive qu'utopique. Un fantasme ? Peut-être. La nature même du fantasme est d'être inassouvi...

Des diamants symboliques... Enfin ! On y vient. La bague ! La demande ! Je pourrais me remarier, je ne dis pas « plus jamais ». J'aime les promesses que l'on se fait, j'aime les tenir aussi. Ça peut faire mal une promesse. Il devrait y avoir une durée légale minimale aux promesses amoureuses.

C'est romantique, une demande en mariage, formidablement heureux, léger et essentiel. J'ai accepté la seule que j'aie eue. J'ai longtemps cru que personne ne voudrait épouser une femme au sang différent. Je suis divorcée, mais je sais gré à mon ex-mari, le père de ma fille, de m'avoir fait connaître cet instant où l'autre s'offre à vous. Il avait mis un genou à terre comme dans les contes, d'une façon improvisée qui m'avait enchantée. Dans ses yeux, dans ses mains, je voyais tout un monde éternel. Mais pas de diamants ! Les hommes que j'ai aimés n'étaient pas très riches. Il me reste donc à vivre le moment du petit coffret rouge qui s'ouvre sur un joyau étincelant. Un joli cristal m'ira très bien, s'il est éternel.

Lili possède un solitaire magnifique extrablanc, taillé en poire, de chez Cartier, un cadeau scintillant de son richissime ex-mari. Elle l'a placé au coffre après son divorce, avec ce commentaire : « C'est trop stressant, j'ai toujours peur de le perdre et puis c'est indécent. Je le garde au cas où. Et cette forme ! Une poire ! Ne me dis pas que c'était un hasard ! »

L'hôpital, pour elle ? Non merci, j'ai déjà donné ! Un jour, exaspérée par le ciel immuablement gris de Paris, j'avais regardé sur Internet ces villes en France dont on met en avant le fort taux d'ensoleillement. Nice détient le record avec plus de trois cents jours lumineux… En lisant ces statistiques, j'avais fait cette année-là une comparaison personnelle qui est restée gravée en moi. J'avais compté sur mon agenda le nombre de jours passés à l'extérieur de l'hôpital, à ciel ouvert, dans les rues, les jardins ou chez moi, et j'avais inscrit ce nombre à côté d'un petit soleil griffonné. Depuis, je fais ce calcul chaque année. Et je touche du bois, mon taux d'ensoleillement est actuellement optimal, supérieur même à celui de la Côte d'Azur.

Un homme âgé décède… Je stoppe *illico* la lecture de mon téléphone, fais défiler mon répertoire et clique sur « Papa ».

— Allô ? C'est moi, c'est Charlotte. Je ne te dérange pas ? Tu vas bien ?

— Bien, et toi ? me répond paisiblement mon père.

— Super ! Mais toi, ça va vraiment bien ? insisté-je.

— Oui, bien…

— Tu te sens dans un état normal, tu n'as mal nulle part ?

— Je vais bien, Charlotte. Tu veux appeler ta sœur pour confirmation ? Je suis sensible à ton attention…

— Et tu as fait des examens récemment ?

— Non, pourquoi ?

— Je ne sais pas moi, un petit bilan sanguin. Prends exemple sur ta fille !

— Non, Charlotte, tout va bien, je te dis. Mais qu'est-ce que tu as ?

— Rien, je pensais à toi… Je voulais simplement savoir si tu allais bien. C'est souvent toi qui m'appelles et poses cette question, alors… aujourd'hui, c'est moi ! Et cette rampe dans l'escalier du garage, dans le coin, tu sais, là où j'ai plongé tête la première contre la cuve à mazout, tu l'as installée ?

— Oui, c'est fait depuis un bon mois.

— Parfait… Eh bien… à bientôt ! Je viendrai pour l'anniversaire de la mort de maman, à la fin du mois, ça fera quinze ans.

— Je sais.

— Je t'embrasse fort alors, prends soin de toi, papa.

Soulagée, je reprends la lecture des prédictions de Pierre. *Un amour aveugle du passé, la boucle est bouclée !* Aucune idée… Pourquoi aveugle ? Depuis mon premier amour, il me semble que j'ai les yeux bien ouverts. Mais mon premier amour est mort, tué par ce virus qu'il m'a laissé. Est-ce Yann dont parle Pierre ? Étais-je aveugle devant lui ? Certes, il m'a menti, mais comment pouvais-je le savoir ? N'est pas Pierre qui veut ! Un amour aveugle… Cela ne me ressemble plus. Yann est loin… Je ne suis ni aveugle ni passéiste. Je ressasse ce message de Pierre avec l'impression agaçante de sécher sur des mots fléchés. Peut-être se trompe-t-il tout simplement…

Elle revient, elle comprend… Pas trop tôt ! Oui, je retournerai voir Pierre. Le lieu est formidable, apaisant. Pierre est inspiré, habité, d'une sincérité totale, et quand il parle tout semble évident, vrai, même ce qui paraît irréel. J'aime cet alliage de médiumnité et de science. *Je comprends enfin…* Ma mission ? Ce que je fais sur cette Terre ? Alors effectivement, ce ne sera pas trop tôt.

Vous lirez ces lignes, Charlotte ! Il m'a bien eue. Pierre : 1, Charlotte : 0. Cette situation m'insatisfait. Ma mère m'a transmis son esprit de contradiction. Elle n'acceptait rien *a priori*, sans réflexion. Mon grand-père paternel, surnommé Papoum, nous encourageait aussi à développer notre libre arbitre, à penser par nous-mêmes, à remettre en cause les choses, à ne pas nous laisser impressionner, par rien ni personne. Et j'ai écouté Papoum.

Je dois, par contre, avouer un trait de caractère, qui, hissé à mon niveau, devient un vrai défaut : je déteste perdre !

Que pourrais-je faire pour égaliser ce score contre Pierre ?...

Et si je le faisais mentir ? Et si je réussissais à faire exactement le contraire de cette liste prévisionnelle ? Elle reste à ce jour imaginaire, elle était même vouée au secret si je ne l'avais pas volée en Catwoman des campagnes. Oui ! Banco ! Je viens de décider de mon plan d'action. Tout d'abord, je vais garder pour moi ces présages dérobés, je ne dirai rien à personne, pas même à Lili. Je n'exercerai ainsi aucune influence sur mon entourage et ces mots ne m'influenceront pas. La réussite d'un voyant tient aussi à sa capacité de persuasion, de manipulation d'un être en demande de solutions, qui fera tout pour aller dans le sens de prédictions souvent favorables... Eh bien, je ne serai pas influencée et je n'irai pas dans le sens de Pierre ! Bien au contraire. Je vais agir comme maman, à contre-courant, en disciple rebelle, *a contrario*. Et au printemps prochain, je reviendrai chez Pierre avec l'inventaire de ses prophéties fictives et preuves en main que je suis seule maîtresse de mon destin. Pierre : 1, Charlotte : 1. Balle au centre.

Mais il y a un problème... La dernière prédiction... L'Amour avec un grand « A ». Je ne peux quand même pas aller contre cela, uniquement par jeu, par fierté, pour contrer mon ami médium... Ai-je attendu les visions de Pierre pour souhaiter que l'amour me revienne ? Non ! J'ai même entamé une action stratégique à la radio. Mon idée de contrer la voyance est bonne, je vais démontrer qu'on ne peut pas prédire l'avenir, qu'au contraire, la beauté de la vie tient à sa nature imprévisible, que rien n'est écrit et que tout reste possible. Oui, j'ai besoin de croire cela. À quoi servirait de se battre, si nos vies étaient tracées d'avance ? Cela n'aurait pas de sens. Pierre a-t-il vraiment le pouvoir de voir ce qui n'existe pas encore ? Ou bien est-il simplement doué d'une extraordinaire perception du présent, de ce qui existe ou germe, au-delà des mots, en moi, en chacun, dans l'air ?

Je veux croire que le futur est imprévisible, que la vie garde sa magie et ses surprises. Je m'engage dans ce train à en faire la démonstration, à vivre *a contrario* des visions de Pierre...

Et si d'aventure je rencontrais le grand Amour, je ne le devrais pas à une prédiction, mais à moi seule, à mon désir, ma volonté !

Si l'amour ne vient pas à toi...

De retour chez moi, seule, Tara étant encore chez son papa, je suis accueillie sur fond sonore d'un Grisou au meilleur de sa forme et par mes trois chats qui me vénèrent en cagnardant des cris stridents surprenants. Je comprends vite qu'ils ont une autre motivation que l'amour qu'ils me portent. La faim ! Hermès en mordille mes mollets, P'tit Bout et Caviar se frottent à moi, le nez levé, la gueule ouverte, prêts d'un instant à l'autre à imiter leur petit frère. Le temps presse si je ne veux pas faire la une d'un fait divers tragique : « DÉVORÉE en plein Paris par ses chats qu'elle affamait ! » Je comprends aussi pourquoi Grisou s'époumone avec autant d'ardeur. Il est effrayé, cerné par des fauves bondissants qui l'imaginent en nuggets. J'en lâche brutalement mes sacs, file inspecter la cuisine et ne compte que trois boîtes de nourriture à peine vidées, dispersées sur le plan de travail, et trois autres intactes, laissées sur le frigo. Mon voisin n'a rempli sa mission qu'à moitié, et encore. Il a aussi laissé tous les placards ouverts, je ramasse quelques médicaments tombés par terre. Après avoir rassasié ma ménagerie, je descends lui rendre visite. J'ai pris le double des clés avec moi car, lorsqu'il est seul, M. Poussin coupe son appareil auditif pour économiser les piles onéreuses.

Quand je rentre dans son salon, je l'aperçois de dos, j'allume aussitôt la lumière puis l'éteins, la rallume, c'est notre code pour signaler ma présence sans lui faire peur. Alors qu'il se retourne vers moi avec un sourire languide, je découvre, disposés un peu partout dans la pièce, sur la commode, le canapé, le tapis, des Post-it, un patchwork géant de petits pense-bêtes fluo qu'il s'est écrits. J'avance pour l'embrasser en les ramassant un à un. Je lis « CHATS », « CHARLOTTE », « GAZ », « DOUCHE », « MADELEINE », « CHATS », « SOMNIFÈRES », « CHATS », « MADELEINE », « ADRESSE NEVEU »…

— Ne vous levez pas, parrain ! Vous n'avez pas l'air bien…

Monsieur Poussin se dresse quand même avec effort.

— Ça va, mon petit… Juste engourdi. Vous voilà de retour. Vous avez vu, j'ai suivi votre conseil, je note tout maintenant.

— Je vois… Mais quand la tâche est effectuée, il faut jeter le papier, autrement vous ne saurez jamais si elle reste à faire ou pas. Vous avez écrit « Chats » plusieurs fois… Pourtant, je suis désolée de vous le dire, il reste trois boîtes qui n'ont pas été ouvertes…

— Mais je l'ai fait ! Je vous promets ! J'ai nourri vos chats ! J'en suis certain !

Monsieur Poussin parle soudain d'un ton presque agressif, totalement inhabituel.

— Calmez-vous, parrain, ce n'est pas grave, cela ne fait que deux jours.

Je serre son bras.

— C'est de ma faute, dis-je, j'aurais dû demander à Stéphanie…

— Pourquoi ?! Vous ne me faites plus confiance ?

— Mais si…

Je relis les Post-it empilés dans ma main.

— « Gaz », c'est très important ça ! Vous devriez l'écrire en grand et le plaquer sur la porte. Pourquoi écrivez-vous « Madeleine » ?

— J'ai peur d'oublier de nourrir mon oiseau et…

Monsieur Poussin se laisse retomber sur le canapé en soufflant, abattu :

— Vous savez, depuis quelque temps, je pense moins à ma femme… Et ça me rend triste quand je réalise… Avant, j'y pensais tout le temps, du matin au soir, dans la nuit, et là, beaucoup moins. Alors j'écris. Vous imaginez si j'oubliais Madeleine, si je ne lui parlais plus, dans quel état elle serait là-haut ?

— Il est impossible que vous l'oubliiez… Vous devriez aller chez le médecin pour faire un petit contrôle.

— C'est pas la peine, je vais bien, je baisse, c'est tout, je suis dans ma quatre-vingt-troisième année, mon petit…

— Je sais… Justement… Pensez-y quand même…

Tout en parlant, je continue de lire ces messages dans ma main.

— Je ne savais pas que vous aviez un neveu…

— Moi non plus. Enfin c'est possible, ma femme avait une demi-sœur qu'elle n'aimait pas beaucoup. Il est passé hier, ou avant-hier, il m'a dit qu'on s'était vus quand il était gamin… Il habite en banlieue maintenant. Mais nom d'une pipe ! je ne retrouve plus son adresse... Je lui ai donné un double des clés, il reviendra...

— Vous donnez vos clés comme ça ?! Mais vous ne le connaissez pas !

— C'est mon neveu...

Je regarde M. Poussin en silence sans savoir quoi répondre.

— Vous prenez des somnifères ? continué-je.

— Non, pas encore, peut-être... Vous avez une vraie pharmacie là-haut... Je dors moins bien, je ne fais presque plus la sieste et ma Madeleine chante toujours autant...

— Je peux la récupérer si ça devient une charge, vous pourriez venir la voir chez moi.

— Me séparer de Madeleine ? Non ! C'est votre cadeau, un cadeau du ciel...

À peine sortie de l'appartement de mon voisin, j'appelle Henriette. Elle est mon infirmière « porte-bonheur ». Elle m'a suivie depuis ma greffe. Elle est à la retraite désormais. Nous sommes restées en contact et je lui ai présenté mon voisin pour qui elle s'est prise d'affection. Elle vient le voir à peu près une fois par mois et nous déjeunons ensemble à la crêperie. Henriette vit seule et se consacre aux voyages qu'elle fait avec les anciens de l'hôpital, à ses « bonnes œuvres » et au crochet, sa vraie passion. Je conserve un de ses ouvrages tout le temps dans mon lit. Un cœur rouge vermillon qu'elle avait crocheté sur mon ours en peluche pendant mon opération.

Au téléphone, la voix d'Henriette n'a pas l'allant habituel. Elle va partir sous peu pour prendre soin de sa sœur en province qui endure une récidive de « cette cochonnerie de cancer du sein ! » s'insurge Henriette. J'exprime mes regrets et l'interroge à propos de M. Poussin. Elle l'a vu fin août. Il allait bien. Elle ne voit rien d'inquiétant à ce que je lui raconte puis confie : « Bien sûr, il m'appelle Madeleine, mais c'est normal, les souvenirs... On garde le plus beau pour la fin... » Henriette parle lentement puis, agacée par cet excès de tristesse, elle ravive sa voix : « Souvenez-vous, mon petit, foi d'Henriette ! J'ai été au chevet de centaines de personnes... À la fin, on parle toujours d'amour, de rien d'autre ! »

Les mots d'Henriette résonnent en moi bien après avoir raccroché. Je me souviens de mon projet. J'allume d'un geste décidé mon ordinateur. Je vais sonder l'amour sans plus attendre, découvrir l'impact de mon annonce à la radio. C'était il y a quelques jours déjà. Je clique sur ma messagerie avec un pincement au cœur et cette impression d'être un de ces pêcheurs que l'on voit au Val-André relevant leurs casiers après la marée.

Sur les trois pages de nouveaux messages, j'ouvre chaque ligne en supprimant toutes les publicités parasites, je clique et clique encore, découvre une demande d'interview d'un magazine féminin que Valentina me fait suivre, un mot de ma sœur avec quelques photos, le compte rendu détaillé de ma dernière visite chez mon cardiologue – a-t-il écrit « MUS » ? Je lirai plus tard –, quelques invitations et... c'est tout ! Plus rien... Je parcours à nouveau chaque ligne, mais rien, pas le moindre signe d'auditeur de la nuit. Chou blanc. Triste chute. Rien.

Descente subite d'humeur, j'ai les larmes aux yeux, c'est idiot, je m'en veux aussitôt. D'un bond, je quitte le salon, mon agitation va vaincre mon émotion ; pourtant, dans la cuisine, mon envie de pleurer me poursuit. Cette annonce n'était pas un jeu, je le sais. Je l'ai faite comme on dit des choses en riant. Pour rire ! Mais on ne rit pas. La vérité est masquée. J'espérais sans le dire qu'on me répondrait, je retardais le moment de lire...

Je ressens un vide qui se creuse dans mon ventre, gros comme le poing. Je me sens ridicule et seule. J'ai froid. Mais je refuse de pleurer. Je me force à chanter. Je me prépare un thé. Retourne dans le salon, la tasse chaude entre les mains. Je cuicuite avec Grisou. Ça passe un peu. J'allume la télévision. Puis je coupe le son et articule lentement à voix haute : « Je suis une pauvre midinette mytho qui pensait que quelques mots à la radio pourraient changer mon monde… Souviens-toi de Pierre… L'amour amoureux est un leurre, une fuite… » Mon chat P'tit Bout, de loin le plus câlin, se pose devant moi sur le tapis et me regarde en inclinant la tête. Il est drôle, je souris. Il avance et saute d'un bond sur mes genoux.

Je ne pleure pas, je sais me distraire. Je regarde une série américaine captivante en caressant mon chat.

Je vais dormir maintenant, oublier tout ça. Je vais me coucher en pensant « ça ira mieux demain ». Maman disait ça aussi. Et ça ira mieux. Je le sais. Mes coups de blues sont rares mais intenses. Je passe ma vie sur un fil, parfois je chute. Demain, mon système de sécurité se mettra en marche, j'activerai ma touche « *good bye* tristesse ». En attendant, je vais m'enfuir un peu, me déconnecter…

Dans la cuisine, je sors du placard ma « boîte à bonbons » et les comprimés que j'ai préparés ce matin. Je les recompte un à un et ajoute deux bonbons pour l'oubli. J'avale tout en quelques gorgées de Coca Zéro sans caféine. Dans le couloir, j'attrape P'tit Bout qui m'a suivie, je l'enroule autour de mon cou et incline ma joue pour tenir son ventre. Il se laisse faire, ses frères nous rejoignent, ma petite troupe se forme. Grisou chantonne encore malgré l'heure tardive, je vais recouvrir sa cage avant de me coucher. Dans mon lit, les yeux fermés, je suis en train de réciter ma litanie habituelle, mes mantras : « Je vais bien, ma fille va bien, tout… » quand mon téléphone sonne ! C'est Lili :

— Je ne te réveille pas ? Je suis désolée, mais je n'ai pas de nouvelles, alors j'appelle !

— Bonsoir…

— Oh, toi tu bourdonnes, je l'entends direct !

— Je m'étais assoupie... Je me suis occupée de mon voisin... Je n'ai eu aucun message après l'émission de France Inter...

— Mais je t'avais prévenue ! Qui écoute la radio à trois heures du matin à part quelques insomniaques dépressifs ?!

— Ne te moque pas de cette population qui nous concerne toutes..., dis-je lentement d'une voix d'outre-tombe.

— Tu ne peux pas être insomniaque avec le cocktail de cheval que tu avales chaque soir, et si toi, tu es dépressive, alors la Terre entière va bientôt disparaître dans un vaste trou noir intergalactique ! Je fais des transitions magnifiques ! Comment s'est passé ton séjour chez Nostradamus ?

— Tu es infernale..., dis-je sans force. Très bien... C'était très bien... Je te raconterai demain, je vais dormir maintenant...

— Demain, pas plus tard ! On déjeune ?! Ça y est ! J'ai tout préparé, il faut qu'on décide maintenant, le plan d'attaque est prêt, ma belle ! Je l'ai appelé « Si l'amour ne vient pas à toi, va à l'amour ! ». Ça te plaît ?... Charlotte ?... Tu dors ?!

Le lendemain midi. Le titre figure en gros caractères, tracés nerveusement au marqueur, sur la pochette cartonnée que Lili ouvre devant moi au restaurant. Elle livre un exposé enthousiaste de ses recherches, tout en gardant un œil sur Libido, sa boule de poils ingérable qui a déjà grandi et rampe en se soulageant sous les tables serrées.

— J'ai tout étudié ! déclare Lili. Il y a ici toutes les brochures, des captures d'écran, j'ai référencé tous les sites de rencontre, leurs notations, les événements des trois prochains mois, les *speed-dating*, les *« single » dancing*, les *after-work*, j'ai les dates de toutes les soirées mousse spécial quadras, j'ai lu tous les commentaires, j'y ai passé des journées entières !!! J'ai tous les plans, en France et à l'étranger, du plus classique, comme les agences matrimoniales, les voyages spécial célib, au plus insolite... Il y a des trucs dingues, tu sais, comme les *dark dates*, littéralement « rendez-vous obscurs », tu connais ?

Lili observe le mouvement de ma tête qui fait lentement non et reprend sa propagande. Elle est animée de cette excitation douce, sa fantaisie naturelle, cette assurance joyeuse dont je ne pourrais pas me passer. Lili est une aventure en elle-même. Elle est aussi extravagante et légère que fiable, vraie, formidablement vivante et rassurante. Je pourrais la suivre n'importe où, elle le sait. Je crains qu'aujourd'hui elle n'en profite.

— Les *dark dates*, c'est... comment dire... du costaud ! Reprenons de ce chablis, ma belle ! Ils sont chiches aujourd'hui avec les verres, non ? Les *dark dates* sont des rencards à l'aveugle. C'est basé sur le fantasme pur. Une nouvelle appréhension de l'autre, plus sensuelle. Ça se passe toujours à l'hôtel, dans un lieu neutre que tu choisis. Dans la chambre, il est interdit d'allumer, c'est la règle, obscurité totale, tu ne vois pas l'autre avec qui tu as rendez-vous, tu le sens bien sûr... C'est l'extase totale... la liberté de l'inconnu. Le big frisson. Tu ne vois rien, c'est le même principe que dans l'émission *The Voice*, mais version *The Fuck* !

Je reste silencieuse et sens mon visage se figer en une moue atterrée qui déçoit Lili.

— Tu es tombée sur la tête ? dis-je calmement.

— Mais c'est très bien fait, ma belle ! Ne juge pas trop vite. Avant le rendez-vous, l'homme échange avec un proche que tu choisis, et *vice versa*, qui s'assure que tout ira bien, et qui connaît l'heure et le lieu, tu ne crains rien, tu peux te laisser aller totalement, tu vois le truc ?

— Bien sûr...

Je reste sans voix pendant que Lili compulse sa documentation.

— Autre chose peut-être ? demandé-je, on peut peut-être procéder par étapes... En un peu plus classique, tu as quoi ?

— L'agence de rencontres ou le voyage.

— Un voyage alors.

— À court terme… Laisse-moi regarder… (Lili relit ses notes.) Il y a la Laponie avec chiens de traîneau et igloos, très propice au réchauffement… L'Espagne dans l'Alcazar de Ségovie, le château qui inspira celui de Cendrillon… l'Aquitaine dans un domaine viticole ou… une super croisière en Méditerranée ! Tu préfères quoi ?

Je pense immédiatement aux prédictions de Pierre, *Une rencontre troublante sur l'eau...*, et à ma volonté de les contrer.

— Tout sauf la croisière ! m'écrié-je.

— Pourquoi ? C'est génial.

— J'ai vu trois fois *Titanic* et tu sais très bien que je suis claustrophobe, les cabines sous l'eau, c'est pas possible !

— N'importe quoi ! On peut réserver une suite avec balcon !

— Les suites, ça flotte mieux ? Non, vraiment ! Et pas la Laponie non plus, s'il ne fait pas vingt degrés je grelotte.

— Pourtant, ça fait rêver, la nature enneigée, sauvage et vierge… Croiser le fils du Père Noël, vivre d'amour et d'eau fraîche…

— D'amour et d'eau chaude ! S'il te plaît.

— Alors, l'Espagne ou le Sud-Ouest ?

— C'est toi qui décides, tu me fais la surprise.

Je regarde furtivement la brochure et les jolies tours au chapeau pointu du château de Cendrillon.

— C'est cher l'Espagne ? demandé-je.

— Raisonnable…

Je vérifie le prix car Lili a un sens du raisonnable qui diffère du mien. Je consulte mon agenda. Je dois être revenue au plus tard le 27 pour aller en Bretagne, Tara arrive après-demain pour une semaine et après je suis libre comme l'air. J'appelle Valentina en dégustant un dessert pour m'en assurer. Une invitation vient de tomber au journal télévisé d'Élise Lucet sur France 2, après-demain. « Ça, c'est top ! affirme Valentina. Élise est formidable, tu verras, une résiliente comme toi. » À part cette surprise, mon planning professionnel reste allégé. Valentina est débordée, elle s'occupe de promouvoir plusieurs livres à la fois et s'étourdit de travail à dessein.

— Ça me fait tenir, tu comprends ? me dit-elle.

— Oui… On va partir avec Lili une semaine, on commence notre plan d'action, on en avait parlé, j'imagine que tu ne seras pas disponible…

— Tu sais, Charlotte, c'est très gentil, mais j'ai bien réfléchi, c'est beaucoup trop tôt pour moi… J'ai besoin de rester seule. D'une vraie pause. J'ai besoin de comprendre ce qui m'est arrivé, ce que nous avons fait pour en arriver là. Je ne peux pas enchaîner comme ça. Ce serait une fuite et faire offense à cet amour de vingt ans. Je vais rester inactive d'un point de vue sentimental pour quelque temps… Vous penserez bien à moi, d'accord ? Ah, j'oubliais, l'émission de France Inter passe demain dans la nuit, si tu peux écouter, Serge fait toujours de jolis montages… Et tu me diras si tu as eu des réponses à ton annonce !

— Elle n'est pas passée ?! J'étais persuadée qu'il l'avait déjà diffusée…

— Non, je t'aurais prévenue. Demain ! Je t'embrasse, ma belle, et bon voyage… Vous partez où ?

— Je ne sais pas encore… Surprise…

Je raccroche, Lili me presse aussitôt :

— C'est OK pour la semaine ?!

— Oui…

— Top !

— Mon annonce n'est pas encore passée…, dis-je.

Lili n'y prête pas attention, elle appelle déjà l'agence de voyage. J'aurai peut-être des messages, des mots doux, un écho à mon appel. Je connais déjà l'effet du néant, ça ne peut être que mieux.

Le lendemain matin, Lili me rappelle avec cet air victorieux qui rend vaine toute opposition.

— À tes dates, ma belle, on n'a pas le choix ! C'est la croisière ou ça reporte au printemps. J'ai réservé une suite avec balcon ! C'est splendide, le bateau n'est pas trop gros, presque neuf, très sûr... Si t'as peur, tu pourras dormir avec ton gilet de sauvetage ou, mieux, le maître nageur... Deux heures d'avion jusqu'à Naples, visite optionnelle de Pompéi que j'ai bien sûr réservée ! On embarque pour Capri, sublime ! Puis Tunis, Ibiza et on vole au retour de Barcelone. Cinq cents personnes à bord, personnel compris. Trois cent cinquante-cinq célibataires, moyenne d'âge quarante ans... Six jours de bonheur en perspective, farniente, culture et sensations... J'ai un très bon feeling !

— Une croisière..., répété-je doucement, dubitative, je redoute l'avion et n'ai jamais dormi en mer... Et sur terre, il n'y avait rien ?

— Pense à Capri, ma chérie, c'est enchanteur !

— Et Di« Caprio », tu l'as réservé ? dis-je en riant.

— Tu es en grande forme ! Bien sûr, un pour chacune ! À moins que tu ne veuilles tenter l'expérience à trois. C'est l'occasion !

— Non merci ! C'est déjà ingérable à deux... C'est ma première croisière..., dis-je en guise d'accord.

Lili renchérit :

— Moi, ma première croisière-partie !!!

Qu'as-tu fait de mon amour ?

Mon annonce à la radio est passée cette nuit. Ce midi, j'ai une interview à France 2. J'hésite à lire mes messages, j'ai peur qu'en cas de nouveau « chou blanc » mon moral soit atteint quelques heures... Or il faut que je sois en forme, en grande forme ! Une interview en direct exige une bonne dose de tonus...

Juste avant de partir, je ne résiste pas, je sonde rapidement ma boîte aux lettres électronique et découvre en poussant quelques « *yes !* » une poignée de courriels que je parcours à la vitesse de l'éclair. Je les savourerai plus tard...

Je rejoins France Télévisions d'humeur guillerette, sur un petit tapis volant... J'en oublie même une bonne partie des quatre cent trente-deux pages du livre que je viens présenter... Face à Élise Lucet, attentive et enjouée, quand j'évoque Yann et la suite de notre histoire, quand Élise prononce les mots « amour mystérieux » avec un éclat dans les yeux, je plonge tout entière dans une ouate profonde et délicieuse, et peine à répondre aux questions précises sur mes recettes de bien-être.

De retour chez moi, maîtrisant ma fébrilité par de profondes respirations, j'étudie avec le soin et l'instinct d'un détective les réponses à mon annonce dont le nombre a encore grossi.

Dès le premier courriel, je retrouve mon amoureux du Larzac, Albert, un cultivateur généreux qui m'écrit avec constance une lettre par an depuis la parution de mon premier livre. Albert m'avait offert en 2005 le gîte et le couvert, pour moi et Tara, « pour la vie » si je voulais, précisant avec délicatesse qu'il concevait que je puisse le trouver trop âgé. Il souhaitait avant tout m'aider. Albert réitère son invitation. Il évoque la retraite paisible qu'il prendra bientôt et toujours ce bon air de la campagne qui me serait si bénéfique. Son fils l'a prévenu de la diffusion de l'émission qu'il a écoutée spécialement pour moi à cette heure où il se lève chaque matin. Comme chaque année, je l'embrasse, le remercie, en signant « Un jour peut-être... Tendrement, Charlotte ».

Dans un autre message, un responsable de rayon enthousiaste se présente à moi en joignant sa photo. Cet homme grand au physique charpenté, le crâne rasé, me propose d'un sourire discret une visite matinale du gigantesque marché de Rungis qu'il désigne fièrement autour de lui, le bras tendu. Il s'appelle Florent, comme le héros rebelle, le travailleur des halles du *Ventre de Paris* de Zola. Ses mots sont directs et chaleureux, teintés d'une timidité qui ne ressemble pas à ce portrait qui m'impressionne. Je ferais une bien frêle Lisa (amoureuse de Florent dans le livre) à ses côtés...

Plus loin, un auteur dans la peine, se prénommant Jérôme, m'écrit un poème sombre et définitif, il parle d'amour et de vie brisée, de la « lumière » aussi que mon témoignage lui aurait apportée. « Ton éclat éclairait ma nuit, nimbait mon cœur... » L'emploi constant de l'imparfait me trouble, le poète n'a pas de visage. « Je ne suis qu'une ombre », signe-t-il. Je réponds immédiatement : « C'est magnifique, mais comment vas-tu ?... » Jérôme ne se manifestera jamais plus...

Une femme, enseignante, au beau sourire franc, le torse presque nu, me déclare son amour dans des lignes brûlantes qui me font d'abord rire puis frissonner. Je ne sais pas quoi répondre et, démunie, j'écris juste « merci... ».

À mesure que je lis la vingtaine de messages reçus, je découvre tout un monde tendre et singulier, du curieux sympathique à quelques âmes enflammées pour lesquelles, je le regrette, je n'éprouve qu'une profonde tendresse.

Je commence à douter que l'amour se provoque, mais ressens cependant tout l'effet apaisant de ces mots éclatants. Je remercie mes messagers pour ces élans, aussi chaleureusement que je le peux.

Ce soir, Tara revient à la maison. Une semaine d'absence est un maximum supportable. Ma fille adolescente grandit vite en ce moment. Il y a des années comme ça chez les enfants où la croissance paraît accélérée. Les connexions neuronales, contrairement aux miennes, s'enchevêtrent de manière exponentielle. Par instants, j'entrevois même le jour où elle me dira : « Je m'en vais, maman, je pars étudier, voyager, aimer… »

Tara m'appelle plus souvent qu'avant, en grandissant elle se rapproche encore de moi, elle mesurera bientôt ma taille. Elle m'envoie des textos, des photos aux couleurs de ses heures, de ses humeurs. En ce moment, elle m'interroge sur la vie, me pose ces grandes questions qui bouillonnent en elle et auxquelles je n'ai pas toujours de réponse. « C'est la deuxième grande période de questionnement existentiel », m'a dit ma psy, après la prise de conscience de la mort vers l'âge de sept ans.

Ce soir, Tara fixe le ciel et m'interroge en « Petit Prince » :

— Il y a quoi, maman, derrière les étoiles ?

Je suis heureuse de connaître la réponse !

— D'autres étoiles, cent milliards fois cent milliards, ça va faire exploser ta calculette !

— Et après ?

— De la matière noire…

— C'est quoi ?

— Une sorte de vide.

— À l'infini ?

— Oui.

— L'infini, ça existe ?! Il y a bien un moment où ça s'arrête, et là il y a quoi ?

Sentant mes limites se préciser, contrairement au cosmos, je botte en touche.

— Tu devrais interroger M. Poussin, il est spécialiste.

— Tu parles, il perd la boule !

Un autre jour, je suis plus créative.

— C'est quoi, maman, un intellectuel ?

— Quelqu'un qui a la tête plus grosse que le cœur.

Quand j'annonce à Tara que je pars en croisière, elle me dit de faire attention aux icebergs.

Dans la semaine, je reçois encore plusieurs courriels adorables sans déceler quelque amour potentiel.

Le matin du départ en croisière, alors que j'effectue sans illusion un dernier contrôle, un message énigmatique surgit sur mon écran. J'éprouve à sa lecture un léger tressaillement. Il sonne comme le début d'un poème dont le style m'est familier. L'adresse électronique m'est pourtant inconnue. Il est signé « Un ange ».

Qu'as-tu fait de mon amour, Charlotte,
ce grand amour que je t'avais donné ?

Aussitôt, je pense à Yann qui pourrait m'écrire de Shanghai où il a peut-être écouté l'émission. Par Internet tout est accessible et trois heures du matin à Paris fait neuf heures en Chine. Yann pourrait m'intriguer de ses mots mystérieux comme il l'a déjà fait. Je réponds :

Qui est-ce ? Il me semble reconnaître ton style... Pourquoi cette adresse bizarre ? Tu as gardé le goût du mystère ? Je pars en voyage, je t'embrasse, Charlotte.

P.-S. Mes anges à moi ont un vrai visage.

Love boat

À l'aéroport, dans la longue file devant le comptoir d'enregistrement, Lili se trémousse en chantant, sous un petit sombrero rapporté du Mexique, l'hymne du feuilleton *La croisière s'amuse* dont elle connaît les paroles par cœur : « *Love... Exciting and new... Come aboard... we're expecting you... Love boat !!!...* » Et comme toujours lorsqu'elle chante en anglais, après quelques phrases, Lili bascule en français pour me livrer une traduction simultanée sur le même tempo : « L'amour... Excitant et nouveau... Monte à bord... Nous t'attendons... » Et par une sorte de juke-box intérieur enclenché malgré moi, j'ai le bonheur de fredonner cet air en boucle le reste de la journée.

Dans les boutiques lumineuses du terminal, j'achète un parfum, l'*Eau de Shalimar*, que je n'avais jamais osé porter. Retrouver aussi facilement la présence de maman à chaque pression de mon doigt sur le flacon est fascinant. C'en est presque magique, maman est là dans chaque inspiration que je prends, le nez collé à mon poignet parfumé. Ma psy m'a appris que l'odorat était le premier sens en éveil chez le nourrisson. Les sensations olfactives façonnent nos premiers repères. Ces souvenirs primitifs à la force secrète nous construisent en échappant à notre conscience adulte. J'ai été un nourrisson, accroché à la chair de sa mère, enivré par son parfum. Prise d'euphorie, je m'asperge de *Shalimar*, Lili s'en amuse, me renifle et dit avec malice :

— Le parfum de ta maman... Délicieux ! Intemporel... Tu ne le sens plus le matin ?

— Non, pas depuis la dernière fois... Et ça me manque ! répliqué-je joyeusement.

Je porte *Shalimar*, maman, je t'emporte avec moi...

Désormais, si le parfum surgissait à nouveau en inondant ma chambre, je pourrais nous confondre et j'aime cette idée, je m'interrogerais comme une fille qui sonde en elle-même la part de sa mère, est-ce moi ou maman ?...

Lili achète quelques livres, les Guides verts d'Italie du Sud et de Tunisie, car elle est passionnée d'histoire, et aussi un recueil de proverbes et citations mi-philosophiques, mi-comiques qui déjà la fait rire.

— Tiens, celle-là est pour toi, lance-t-elle : « Si tu parles à Dieu, c'est une prière, l'inverse, c'est de la schizophrénie ! »

— Promets-moi la prochaine fois d'acheter un recueil de poésie ! rétorqué-je.

— Tu parles comme ma mère...

— *L'Albatros* de Charles Baudelaire, « vaste oiseau des mers », c'est bien pour une croisière « *Le poète est semblable au prince des nuées, Qui hante la tempête et se rit de l'archer ; Exilé sur le sol au milieu des huées, Ses ailes de géant l'empêchent de marcher* ».

— Tu connais Baudelaire par cœur ?! s'étonne Lili.

— J'apprends avec Tara, c'est bon pour la mémoire ! Et pour l'âme !

Nous embarquons et Lili fredonne toujours « *Love... Exciting and new...* ». Moi aussi.

Quiconque pense avoir perdu le goût de vivre devrait, avant d'en finir, prendre l'avion et tester son instinct de survie dans des turbulences, que dis-je turbulences, des maltraitances aériennes, comme celles que nous subissons à la fin de notre vol Paris-Naples.

« PNC attaché ! » prévient le commandant. « Ce n'est pas bon ! » marmonne Lili. Personnel navigant commercial et passagers, tout le monde attaché, ça va dépoter ! Pour le moins. Je hurle pendant ces quelques minutes où l'avion semble se décrocher du ciel. Plusieurs secousses me font décoller de mon siège malgré ma ceinture fermement attachée... Une mamma italienne, formidable tragédienne, implore Dieu et toute une série de saints. Puis, constatant leur impuissance, s'en prend vertement à une hôtesse harnachée, au visage crispé, lui ordonnant d'arrêter cet enfer sur-le-champ. « *Basta ! Basta ! Subito !* » Je ris et crie encore à d'autres trous d'air. Même Lili la globe-trotteuse sans peur m'avoue qu'une telle agitation est exceptionnelle. Il fallait que ça tombe sur moi qui n'ai jamais réussi à me détendre suspendue à dix mille mètres de la terre ferme. Lili répète : « Ce voyage commence fort !... » Je refuse d'y voir le moindre présage et me raccroche, vaguement agacée par ce réflexe, aux prédictions de Pierre qui n'a pas écrit : *elle se crashe en avion.*

À l'arrivée, deux hôtesses brandissant leur pancarte sont vite entourées d'un petit troupeau de célibataires présumés, encore sous le choc des turbulences. Dans une effervescence posttraumatique, chacun se dévisage, se sourit avec soulagement, constatant que tout le monde est indemne. Lili est peut-être le seul passager qui n'ait pas eu peur. Elle profite de la vulnérabilité collective pour passer déjà à la vitesse supérieure. Sa tête de girouette effectue des repérages circulaires. « Faut pas perdre de temps, six jours, ça passe vite ! » dit-elle avant d'engager aussitôt une conversation empathique avec un jeune homme brun encore tout remué, assez grand, élancé, laissant apparaître par instants un sourire malicieux.

Le petit groupe que nous formons représente les seuls Français de cette croisière. C'est une déception car les liaisons amoureuses internationales, étant donné mon goût pour l'avion et les tourments de l'absence, ont une espérance de vie quasi nulle.

La visite de Pompéi, où Lili me traîne malgré ma fatigue et la pluie, s'avère superbe mais houleuse...

Nous ne sommes qu'une dizaine à découvrir le site archéologique. Les autres ont rejoint directement le bateau ou sont partis à Naples en quartier libre. Lili regrette cette désertion : « Comment peut-on rater Pompéi ?... Puis elle soupire : Vu le faible intérêt culturel de notre communauté de célibataires, je doute d'y trouver mon bonheur... » Cette remarque amorce entre nous un débat animé sur l'homme idéal alors que nous pénétrons dans la cité antique.

Exaltée par la beauté de Pompéi, déserte sous la pluie, Lili dresse une liste abondante et assez classique des qualités qu'un homme doit posséder pour la séduire : beau, cultivé, intelligent, drôle, ambitieux, talentueux...

— Stop ! crié-je.

— Pourquoi ?!

— C'est totalement utopique de vouloir réunir autant de qualités en une seule personne ! Et puis on ne tombe pas amoureuse d'une qualité... Mais d'un tout... imparfait...

— Faut viser haut, ma belle !

— Haut ?... Faut viser juste ! Et puis on n'est pas à la chasse...

Nous suivons le groupe un peu à la traîne, sous un grand parapluie transparent que Lili a acheté à l'entrée. Le ciel est de plus en plus noir, l'averse devient un orage. Alors que nous rentrons dans un magnifique théâtre antique dressé en demi-cercle à ciel ouvert, je gravis quelques marches et proclame en regardant Lili sous son parapluie, d'un ton de tragédie :

— Chercher l'homme idéal est une quête impossible ! Et la meilleure façon de finir seule ! Pire ! C'est l'expression d'une volonté inconsciente de s'interdire l'amour ! Puisqu'on sait toutes pertinemment que cet être idéal qu'on s'épuise à chercher n'existe pas !

— Et pourquoi m'interdirais-je l'amour ?! s'insurge Lili. Redescends, tu vas être trempée !

Je reviens près d'elle me mettre à l'abri.

— Parce qu'au fond de toi, tu refuses d'être heureuse..., dis-je doucement.

— Ça c'est la meilleure ! Et pourquoi ?

— Tu ne t'aimes pas assez, tu aimes les autres plus que toi-même, tu ne respectes pas suffisamment la personne que tu es. En amour, quelque chose en toi te ramène à ce qui est douloureux, à des êtres qui te font souffrir… qui nourrissent ce désamour intime que tu as pour toi-même…

Depuis son divorce, Lili n'a vécu qu'une histoire passionnée et déchirante à plusieurs épisodes avec un chanteur connu passé de mode et très torturé.

— Et tu me balances ça comme ça, rétorque Lili, à Pompéi, sous la pluie, à quelques heures d'une croisière amusante !

— C'est le premier jour de notre plan d'action et j'aimerais vraiment, de tout cœur, qu'il commence sur de bonnes bases… J'avais envie de te dire ça depuis longtemps. On se ressemble, ma douce… On ne s'aime pas assez soi-même pour aimer vraiment… On pense ne pas mériter l'amour, alors on reproduit nos erreurs, celles qui font mal… Les femmes dont les épreuves ont entamé la confiance font cela. Il faut se reconstruire avant d'aimer. S'aimer soi-même. Sans cela, l'amour devient déséquilibré, passionnel, destructeur… Aimer n'est pas souffrir, tu es d'accord ?

— Eh bien, que faisons-nous là alors, madame Freud ?! On devrait être en cure de psychothérapie !

Nous avons quitté le théâtre. Le groupe devant nous s'est arrêté de marcher au milieu du forum et écoute la guide avec attention. Nous le rejoignons.

— Mais je l'ai fait ! dis-je, et je continue, peut-être suis-je enfin prête pour être amoureuse… Et je ne cherche pas un être idéal… Rien d'extrême… Plutôt un amour serein et, surtout, un homme qui existe.

— En résumé, tout va bien pour toi, et moi je ne suis pas prête ? C'est ça ?!

— Non… Par contre, cherche vraiment l'amour et pas l'impossible…

— OK ! Alors je rectifie, je recherche un homme moyennement intelligent, pas très beau, chiant comme la pluie et sans ambitions ! Tu vois, j'élargis ! Il doit exister celui-là !

La guide nous interpelle en faisant signe de baisser le ton.

— Tu exagères toujours. Et si tu cherchais simplement un homme qui te fait du bien ? murmuré-je.

Ma question touche Lili, elle contemple le ciel d'un regard perdu à travers son parapluie. Puis elle sourit, ses yeux luisent à nouveau, elle s'approche tout près de moi et glisse à mon oreille une sorte de défi :

— Message reçu cinq sur cinq… On verra bien, à la fin de la semaine, laquelle de nous deux est vraiment prête à aimer… Et compte sur moi pour trouver un homme qui me fera du bien…

J'acquiesce en souriant et me concentre pour de bon sur les explications ferventes de la guide…

Pompéi, cité fondée au VIe siècle av. J.-C., fut engloutie en l'an 79 par l'éruption du volcan le Vésuve. Après le théâtre, le forum, nous traversons le stade et une suite de ruelles d'une modernité étonnante, rectilignes, dallées, bordées des tout premiers trottoirs. La guide désigne du doigt les rigoles creusées dans la pierre et où la pluie ruisselle aujourd'hui et depuis vingt siècles… La fulgurance du cataclysme fut telle qu'elle saisit les habitants dans leur vie quotidienne, pétrifiant leurs corps sous une mer de cendres ardentes et de fragments de lave séchée, des lapilli. Le site ainsi dissimulé ne fut découvert qu'au XVIIe siècle, dans un état de préservation exceptionnel. Des moulages en plâtre des corps, dans l'exacte position qu'ils avaient au moment de l'éruption volcanique, sont disposés à même le sol, conférant à ces vestiges un réalisme saisissant. On voit une mère enroulée autour de son enfant, un couple qui s'enlace, un chien qui hurle, un homme qui court… Lili me dit à voix basse : « Ces pauvres gens n'avaient pas d'anges gardiens… »

Il ne pleut plus, mais le ciel reste menaçant. Nous partons en direction du port de Naples.

De la passerelle, longue et large, tendue du quai jusqu'au pont, Lili me montre d'une main frétillante, l'emplacement de notre chambre qu'elle croit reconnaître d'après sa documentation. Je regrette qu'elle soit si proche de l'eau et pas suffisamment en étage pour disposer de plus de temps en cas de naufrage. J'amuse Lili. Au bout de ses doigts suspendus en l'air, j'imagine derrière la rambarde de verre et les baies vitrées de notre cabine, un lit moelleux qui me dit : « Viens… » Je tombe de fatigue. Le bateau blanc me paraît immense. Si près de sa coque, je n'en vois pas le bout. Je lève la tête, étire mon cou à mesure que j'avance, comme dans une rue bordée de gratte-ciel. Aux premiers pas à bord, j'éprouve un sentiment confus, la joie de l'aventure et aussi l'appréhension de ce lieu de rencontres supposées.

Dans un couloir sans fin, mon regard se fixe sur une large trousse de secours. Accrochée au mur derrière un Plexiglas, elle est barrée d'une croix rouge qui devient obsédante. J'éprouve une sorte de vertige. Je m'accroche au bras de Lili et aux rampes omniprésentes. Quelques mètres plus loin, je remarque une autre croix rutilante. Je m'arrête, Lili me demande ce qui se passe. Je suis fatiguée et toutes ces trousses de secours et ces rampes qui courent le long des murs me rappellent l'hôpital. Lili serre ma main et dit :

— C'est ce fichu avion qui t'a éreintée ! Et les trousses, c'est le syndrome *Titanic* ! On va se reposer et on va bien s'amuser.

Je réponds d'un sourire, immergée dans mes pensées, et avance en suivant Lili. Une intuition tenace s'impose soudain à moi. Quelque chose d'inattendu, d'étrange se passera sur ce bateau, peut-être est-ce cette rencontre troublante évoquée par Pierre…

Nous pénétrons dans un immense lobby de verre et de chromes scintillants où tout l'équipage nous attend. Ce spectacle me distrait immédiatement et Lili se met à chanter son air favori que je reprends en canon avec mes dernières forces.

Il y a quelques jours encore, j'étais à des années-lumière de penser que je saluerais, en cette fin de journée, d'une petite main de reine exténuée, une haie d'honneur courtoise, parée de costumes blancs du meilleur effet, en fredonnant encore « *Love... Exciting and new...* ».

Notre chambre est jolie, spacieuse, décorée d'un beige uni élégant qui me fait sourire. Je remarque immédiatement ces petits rebords placés partout, autour du bureau, des tables de nuit, des étagères, je comprends que tout est pensé pour parer aux mouvements de la mer. Lili m'assure que la Méditerranée est sage comme un lac... Sûre d'elle, elle déclare : « As-tu déjà entendu parler d'une tempête en Méditerranée ?! »

Non, c'est vrai... Je fais glisser les baies vitrées et sors sur le balcon pour respirer le vent de la mer. Là, dans l'air tiède des automnes du sud, sous un ciel délaissé par la pluie, j'imagine que le bleu a remplacé le gris. De retour dans la cabine, je m'affale sur le lit, bercée par des images de paysages scintillants et les caresses de Lili. Sur le mot d'accueil, elle lit le programme de la soirée et dit : « Fais une petite sieste, matelot, avant le grand dîner... »

Deux coups de sirène retentissent tout en haut du paquebot, Lili chantonne : « Matelot, navigue sur les flots... »

Nous quittons le port, je m'endors.

Capri, c'est...

Dans la salle de restaurant majestueuse, nous avons le choix entre des tables pour deux ou dix personnes. Encore ensommeillée, je suis tentée par un tête-à-tête dans un coin discret alors que Lili me pousse sans m'interroger vers une grande table ovale superbement dressée au milieu de la pièce. À peine assise, elle lève le bras dès qu'elle aperçoit le joli brun croisé à l'aéroport, qui fond aussitôt sur nous. Il se présente avec un large sourire blanc. « Bonsoir, André, enchanté ! » Il a retrouvé toute son assurance et s'assoit à côté de Lili. Je remarque une jeune femme brune, à l'allure timide, qui fait plusieurs fois le tour des tables sans oser s'asseoir. Je la reconnais, elle était derrière nous sur la passerelle. Je lui souris et l'invite d'un geste de la main. Elle nous rejoint quand un molosse, un titan, très blond, aux yeux perçants, me demande aimablement s'il peut prendre place près de moi. Impressionnée, je reste muette. Qui ne dit mot consent, Dimitri s'assoit en se présentant. Il est russo-suisse, parle allemand, russe et quelques mots d'anglais. Voilà qui va sérieusement limiter nos débats. Mais Dimitri est amusant, sorte de Viking bon vivant, doté de quelques manières aimables inattendues. Il remplit mon verre, me propose du pain, se tient bien droit en me regardant avec insistance jusqu'à ce qu'une sorte de plante tropicale luxuriante, aux cheveux longs de lianes, vienne se poser à sa droite. La beauté éclatante de cette jeune femme aux grands yeux vert et or provoque un instant de silence à notre table. Un ange passe. Je comprends à cet instant que je ne visiterai jamais les vallées fleuries de la Suisse romande ni le musée de l'Ermitage à Saint-Pétersbourg sous la neige avec Dimitri. Face à moi, de l'autre côté, mon invitée est italienne. Elle doit avoir trente ans, elle arbore un sourire mélancolique qu'elle tente d'égayer dès qu'elle croise mon regard et paraît indifférente à ses voisins espagnols, au physique pourtant agréable, qui complètent notre table. Elle s'appelle Clara, s'exprime d'une voix monocorde et basse dans un excellent français.

J'aime observer les autres sans qu'ils le remarquent en tentant de déceler dans ces moments volés leur nature profonde. On se découvre davantage sans le regard des autres. Je surprends Clara du coin de l'œil, lorsqu'elle tourne la tête aimantée par les larges baies, lançant au loin dans la nuit son regard morne. Que cherche-t-elle ? On dirait qu'elle veut fuir.

Dans cette salle pleine et bourdonnante, malgré mes tentatives de faire plus ample connaissance, Clara me répond *a minima*, incapable de se défaire d'une tristesse qui semble ancrée en elle.

Absorbée par son voisin, Lili m'a oubliée. La joie de ses mots et ses éclats de rire me font plaisir et me distraient de cette irrépressible mélancolie que Clara distille en moi. De temps à autre, mon voisin russo-suisse se souvient de ma présence sans pouvoir résister très longtemps à l'appel des sens de sa belle voisine. À force de questions douces, je parviens à créer avec Clara, malgré la largeur de la table et le bruit ambiant, une sorte de pont aérien où nous échangeons quelques impressions et informations générales. Elle vient du sud de l'Italie, d'une ville côtière dont je ne retiens pas le nom, elle aime la France où elle a passé en banlieue parisienne une partie de son enfance. Son père travaillait au marché de Rungis. Elle fait chaque année cette croisière à l'automne. Elle prétend que l'agence ne l'a pas informée de sa nature spéciale cette année.

— Tu savais, toi ? me demande-t-elle.

— Que c'était une croisière « spécial célibataires » ? Oui.

— Tu viens pour ça alors ?

— Oui... Enfin je ne sais pas... Il n'y a aucune obligation... Je viens pour le plaisir. C'est une idée de mon amie. (J'indique ma voisine d'un geste appuyé du coude qui laisse Lili indifférente.) Je crois qu'au fond de moi il y a un petit mouton qui aime bien suivre parfois sans trop se poser de questions !

Le visage de Clara s'éclaire d'un instant de gaieté. Ce premier sourire furtif mais réellement joyeux m'interpelle.

— On ne s'est jamais rencontrées, n'est-ce pas ? demandé-je.

— Non, je ne pense pas.

Clara m'est immédiatement apparue sympathique. J'avoue une tendresse particulière pour les êtres singuliers, à contre-courant, à l'écart. Clara ponctue régulièrement notre conversation de pauses silencieuses. Alors qu'elle se perd encore dans un de ses regards lointains, je m'échappe aussi en pensée...

C'est la première fois que je participe à une telle réunion où l'on connaît à l'avance la motivation de chacun, la première fois également que j'exprime par ma présence aussi ouvertement mon vœu de rencontrer quelqu'un. Mon annonce à la radio était différente. Les prétendants que j'imaginais étaient invisibles et dispersés. L'imaginaire a du charme.

J'aime tenter toutes sortes d'expériences. Intimement poussée par un sentiment d'urgence, j'ai soif de découvrir un maximum de possibles. Pour autant, je veille à éviter les excès et les aventures contraires à ma nature. Je n'ai pas d'interdit, je respecte les différences et juge aussi peu que possible mais ce soir, je ne suis pas certaine d'être à ma place parmi ces hommes et ces femmes dont seuls le désir physique, l'instinct grégaire et la volonté de s'accoupler à tout prix m'apparaissent.

Clara est comme moi, en retrait. Nous partageons cette différence et autre chose aussi que je ne parviens pas à définir, qui est dans sa voix, dans ses rares sourires empreints de joie. Une impression familière qui me trouble. La vie d'artiste est riche d'une multitude de rencontres, de regards croisés dont il est impossible de se souvenir. Ai-je déjà vu Clara, ou n'est-ce qu'une confusion, une ressemblance ?

La fin de mon repas est précipitée par des frottements répétés de la jambe de mon voisin Dimitri, qu'il accompagne de quelques coups d'œil appuyés sur ma bouche. Tandis qu'il continue de converser ardemment avec son autre voisine, je me lève et salue la table. Lili me remarque enfin et s'étonne de mon départ :

— Tu ne viens pas au « night » ?

— Au night-club ? Non. Pour moi, c'est juste *good night* ce soir !

J'évoque un réel accès de fatigue, puis souhaite à toute la table de bien profiter de la soirée. Quand j'adresse à Clara un discret « au revoir », elle se lève aussi et me répond d'un hésitant « *Ciao Carlotta* » qui sonne étrangement. Je fixe sur ses lèvres son sourire finissant et ressens en moi l'écho de « *Ciao Carlotta* », avec ce « a » final à peine prononcé. Ma vue se trouble un instant. Ce doit être la fatigue. Je ferme les yeux en inspirant longuement et quitte la table.

Sur le balcon de la chambre, je me penche pour regarder l'écume qui gicle dans l'eau noire au pied de la coque. Le bateau semble pressé. Au loin, les premières lumières de l'île de Capri percent la nuit. Lili ne rentre pas. Je m'assoupis et me réveille. Je ne parviens pas à réellement trouver le sommeil. Je regrette ma trop longue sieste et décide d'aller faire un tour sur le pont.

Sous un ciel sans lune, l'immensité obscure, les étendues sans contours m'impressionnent. Le ciel et la mer se confondent. Je marche en percevant les clapotements de l'eau et quelques murmures de couples qui, déjà, se sont formés, serrés de-ci de-là contre le rebord. Je les regarde, attentive et discrète, prétextant pour moi-même de chercher Lili alors que j'aime voir, dans la pénombre, ces visages qui se frôlent, ces corps qui se nouent. Je monte jusqu'au dernier pont en contournant une minipiscine. Lili demeure introuvable. J'ai perdu mon enfant terrible ! Je vais lancer une annonce par haut-parleurs pour lui rappeler que ce voyage est avant tout prévu pour deux, elle et moi, et que ce lit *king size* pour quatre qui mange une bonne part de notre suite l'attend. Ce n'est que le premier soir tout de même ! Un peu de tenue... Je m'imagine hurler à travers un micro : « La petite Lili est attendue près de la minipiscine ! » et mes rires rompent le silence ambiant.

Arrivée à ce qui me paraît être le point le plus élevé du paquebot, je tends la main pour ressentir le vent marin. Puis j'observe en tournant sur moi-même plusieurs niveaux de ponts, aussi loin que possible, dans chaque direction. En contrebas, près de la proue, là où la coque finit en flèche, j'aperçois Clara. Elle est seule, tournée vers la mer. Je vois ses mains jointes, on dirait qu'elle prie. Puis son bras s'enroule jusqu'à toucher sa bouche pour envoyer au large un baiser...

Lili est rentrée dans la nuit. Au matin, elle me raconte sa « délicieuse soirée ». Tout de suite, sentant mon inquiétude, elle précise d'une voix espiègle : « Je te rassure, maman, il ne s'est rien passé. » Puis elle me demande si André peut se joindre à nous pour la visite de l'île. Du tac au tac, me surprenant moi-même, je réponds : « Non. La nuit c'est lui, le jour c'est moi. »

Sur le quai, nous prenons un taxi pour nous rendre dans la petite marina de l'autre côté de Capri et découvrir le belvédère de Tragara d'où l'on peut admirer le Faraglioni, ces deux rochers immenses émergés de l'eau tels des monstres marins pétrifiés.

Capri sous le soleil est enchanteur. Lili avait raison. Les couleurs particulièrement me saisissent, ces nuances de bleu, du plus profond au plus clair, et ce scintillement permanent, cet argent vibrant que répand la lumière à la surface de l'eau. Lili se plonge dans le Guide vert et m'en offre les meilleures lignes. Capri était un lieu de villégiature prisé des empereurs romains fascinés par ses airs de paradis. De cette époque subsistent quelques vestiges, dont cette villa en ruine qu'on aperçoit sur le côté de la route étroite. La petite marina, où nous arrivons, est un port de pêche au bas de la colline dont les maisons pastel ou blanchies à la chaux rappellent la Grèce plus que l'Italie. Nous allons jusqu'au belvédère. Le point de vue de ce balcon de pierre avancé sur la mer me subjugue. Il court d'une pointe à l'autre de l'île. La réverbération du soleil est intense. De la main, j'abrite mes yeux pour regarder au loin comme un marin.

— Tout là-bas, commente Lili, c'est la villa Malaparte, une merveille d'architecture contemporaine, le lieu de tournage du film *Le Mépris* avec Brigitte Bardot. Tu sais, celui dans lequel elle a cette fameuse tirade sur ses fesses...

— Ses fesses ?

— Oui, elle demande à Michel Piccoli s'il aime son corps dont elle détaille lentement chaque partie pour finir par « Et mes fesses, tu les aimes mes fesses ? ».

— Oui, bien sûr ! Scène culte... C'est ta nuit qui te poursuit, c'est ça ?

— Non... Je suis déjà venue ici, à cet endroit précis. Sur ce muret où tu es assise, j'ai posé mes mains en regardant au loin, et derrière moi, tout contre moi, mon mari me serrait dans ses bras.

Après un silence, je dis doucement, pour laisser au passé ce qui lui appartient et peut-être éviter un accès de tristesse que je sens poindre chez mon amie :

— Ton ex-mari, ma Lili.

— Oui..., dit-elle, c'était un de ses films préférés, il adorait cette réplique... Il adorait mes fesses aussi ! (Lili sourit.) Cette île est magique, tu ne trouves pas ? Si paisible, éternelle... Elle a inspiré Gide, Cocteau, Picasso... et Hervé Vilard !

Nous dînons avec André, Dimitri le Viking, sa plante tropicale avec qui il file déjà le parfait amour et quelques autres passagers étrangers, sympathiques. Clara est absente.

Dans ces moments-là, je me jure toujours de prendre au plus vite des cours intensifs d'anglais sans attendre qu'ils me soient offerts par un studio hollywoodien !

L'ambiance est positivement électrique. Lili boit le champagne qu'André lui sert comme du lait. En grande forme, elle proclame en portant un toast une citation retenue de son recueil, qu'elle traduit en anglais pour toute la table : « L'alcool tue lentement, mais je ne suis pas pressée ! » Ne buvant qu'une demi-coupe, par petites gorgées d'oiseau, je sens vite s'installer ce décalage d'humeur, auquel je suis habituée, entre ceux qui hurlent de rire pour un rien et moi. Je passe cependant un moment agréable et, quand tout le monde se lève pour rejoindre le bar puis le « night », je décide joyeusement d'entreprendre un autre grand tour du paquebot, maintenant en pleine mer, qui file désormais vers la Tunisie.

Sur le pont le plus haut, je contemple la nuit dense. Vénus est introuvable. À moins que ce ne soit moi qui n'y comprenne rien. Je pense à M. Poussin. Les astres luisent ce soir avec force et se ressemblent tous. Le ciel est une multitude éparse de paillettes. La mer est lisse et rien n'arrête le vent presque chaud qui vient du lointain, de terres désertiques. Et quand j'étends les bras en croix, inclinée en avant contre la rambarde, la toile de ma robe bat comme une voile et Leonardo DiCaprio n'est plus très loin !

Le bateau avance vite, traçant derrière lui un large chemin de craie qui disparaît dans l'obscurité. Au même endroit que l'autre fois, j'aperçois Clara. Je descends pour la rejoindre, puis m'arrête quand je remarque un bouquet de fleurs qu'elle tient dans la main, puis jette par-dessus bord en faisant le signe de la croix... Je n'ose pas l'aborder et la contourne, intriguée.

Autour de moi, les couples enlacés se sont multipliés. Plus tard, dans mon lit, je les compte comme des moutons pour m'endormir : « Un couple enlacé, deux couples enlacés... »

Lili réapparaît au petit déjeuner et me raconte dans une douce béatitude ce qu'elle nomme les « cinquante nuances d'André », le 7ᵉ ciel et ses délices, avec ces détails crus que les femmes peuvent échanger entre elles sans pudeur et que la bienséance m'impose d'édulcorer... André est un félin insatiable et empathique, dont le plaisir de la femme est l'obsession unique, mais aussi son trophée.

— Il s'y emploie de tout son corps tendu, ses caresses sont des coulées de lave (Lili alterne pornographie et lyrisme) et sa bouche diabolique et obstinée provoque des éruptions de plaisir toutes volcaniques...

Devant cet incendie, ma bouche à moi s'ouvre mollement jusqu'à pendre, béante, laissant tomber mon toast beurré dans ma tasse de thé.

— Et mince ! crié-je, mais c'est Pompéi, ton truc, ma douce !

— Le Vésuve, ma belle, le Vésuve ! rectifie Lili. Je te rappelle que Pompéi est une catastrophe. D'ailleurs, comment ça va, toi ?

— Merci pour cette transition ! Tu t'éclates et moi c'est la cata... C'est ça ?! Détrompe-toi ! Certes, pour l'instant j'échappe aux « coulées de lave », mais je passe du bon temps et ce navire, contemplé la nuit de son pont le plus haut, est un pur éden... Et la roue tourne, ma belle, je n'ai pas dit mon dernier mot... « Patience et longueur de temps Font plus que force ni que rage... » La Fontaine, *Le Lion et le Rat*, je viens de l'apprendre avec Tara !

Je déjeune avec Clara dont j'apprends par quelques phrases succinctes qu'elle a perdu sa sœur, à peine plus âgée qu'elle. Je n'en saurai pas plus pour l'instant. À nouveau, quand elle me dit « *Ciao...* », mon esprit frissonne et tente de retrouver dans ma mémoire percée le souvenir endormi d'un autre visage. Je le confie à Clara :

— Quand tu prononces « *Ciao Carlotta* », je suis troublée. Il me semble que je connais ta voix, ton sourire… Pourtant, on ne se connaît pas du tout, n'est-ce pas ? Tu en es bien certaine ? Car moi, je ne suis sûre de rien !

— Oui… Je ne t'ai jamais vue.

Dans l'après-midi, Lili me rejoint pour un thé qu'elle prend sur le pouce sans toucher aux gâteaux. Elle n'a pas déjeuné et s'en moque. Sa faim est d'un autre ordre. Son idylle l'accapare. Lili me demande de lui pardonner son absence « ponctuelle », précise-t-elle pour me rassurer. Elle repart, en me donnant rendez-vous pour le dîner. Et juste avant de disparaître, elle me sermonne :

— Ce bateau est rempli de mecs cool, plutôt pas mal, et toi, tu t'entiches de la seule dépressive à bord ! Fais un petit effort quand même, ma belle… N'oublie pas notre défi !

Piquée par mon insolente Lili, je m'inscris *illico* à la partie de *speed-dating* organisée en fin de journée sans me douter une seule seconde du plaisir qui m'attend…

L'avventura dell'amore

Une cinquantaine de filles sont assises face à une chaise vide dans un grand salon à dominante pourpre, à la lumière tamisée. Je fais partie de ce groupe un peu honteux qui bientôt, à mi-croisière, n'a pas encore trouvé chaussure de verre pour son peton.

Un membre de l'équipage italien, avatar de GO très en forme, fait monter la pression en présentant cette soirée comme notre dernière chance. Certaines filles paraissent bouleversées, je suis au bord du fou rire. Puis un roulement de tambour tragique fait rage tandis que cinquante prétendants mâles se positionnent devant nous. La bataille est imminente. Le GO explique son déroulement. Pendant une heure et demie, les hommes s'installeront face aux femmes pour tenter de les séduire. Toutes les cinq minutes, un gong retentira signalant aux hommes qu'il est temps de découvrir une autre partenaire. Si un couple se forme, il est libre de quitter la salle avant le terme du jeu. En quatre-vingt-dix minutes, chacun conversera avec une quinzaine de partenaires différents. Puis il faudra choisir... ou affronter les moqueries de Lili de retour en chambre. Après un dernier roulement de tambour, le GO déclare ouverte *l'avventura dell'amore* !!!

Les hommes commencent alors leur petite ronde. J'ai peur un instant que personne ne s'assoie. J'offre des sourires à tout-va et rentre le ventre autant que je peux. Certaines filles adressent des clins d'œil, je n'irai pas jusque-là. Un Français d'allure sympathique s'approche, me demandant s'il peut...

— Avec plaisir ! dis-je.

Il me reconnaît aussitôt :

— Vous ici ?

— Oui, pourquoi pas ?!

Il me parle de mon personnage dans *Les Cordier* qu'il regardait adolescent... Il doit avoir trente ans et cela ne dérange pas le petit « cougar » émoustillé en moi. Je me pique même au jeu et acère mes crocs. Et si nous évoquions notre futur proche, jeune homme ? Ou simplement cet instant présent qui n'a rien de fictionnel. Mais mon prétendant de cinq minutes se dit impressionné, incapable de me tutoyer. Il me pose quelques questions polies sur mes projets.

— En tant que comédienne ? Aucun, calme plat ! Mais j'écris !

— Sur quoi ?

— Sur nous, ce moment par exemple.

— Je serai dans votre livre ?

— C'est possible, comment vous appelez-vous ?

— Yann.

— Ça ne s'invente pas ! dis-je. Cela fait longtemps que je parle de vous, j'aime beaucoup ce prénom...

— Je ne comprends pas...

— Eh bien, lisez-moi, tendre Yann, à défaut de me séduire...

Le gong retentit, Yann 2 me fait une bise avec moins de fougue que ma grand-tante Babette et part s'asseoir à la table d'une fille de son âge. S'ensuit un tourbillon de visages souriants, de conversations pressées dans des « mix » improbables de langues, une profusion de gestes à l'italienne, dont certains très explicites, qui comble parfaitement le manque de mots. On se comprend toujours, la séduction immédiate, puisqu'il s'agit de cela, n'est pas affaire de grammaire.

Alors que le GO indique le temps restant, « *un quattro di ora* », et que je regrette que ce jeu amusant passe si vite, l'impensable se produit. Je ressens un vrai pincement au cœur pour un jeune Espagnol, prénommé Esteban, au regard noir et profond, dont le bras gauche, plus mince, semble ralenti. Il est beau, ses traits sont fins et sa bouche a un dessin presque féminin. Pourtant, il émane d'Esteban une énergie virile et surtout sereine. Il s'exprime dans une économie de mots, de gestes et baisse les yeux quand il sourit. Au signal du gong, il avance la main sur la table et la retourne en l'ouvrant lentement comme un tournesol au soleil. Sans réfléchir, je lui offre ma main et ressens la pression chaude de ses doigts qu'il referme sur moi. Ce n'est pas « volcanique », juste brûlant, presque romantique. Avant de se lever, il m'embrasse sur la joue d'un baiser qu'il fait durer suffisamment longtemps pour signer ce moment d'une invitation. Esteban se dresse en tenant ma main, je le suis et quitte le salon de *speed-dating*, quelques minutes avant son terme, d'un pas triomphant.

La roue tourne

Esteban veut dire Stéphane en espagnol, je connais bien ce prénom… Il m'emmène faire cette balade dont j'ai maintenant l'habitude, j'ai même découvert un raccourci pour rejoindre le pont supérieur, mon belvédère à moi où je peux rester longtemps à contempler le ciel ou à épier les passagers qui déambulent en contrebas. Esteban en connaît aussi le chemin. Il me dit dans un mélange trilingue qui me convient qu'il m'y a déjà vue. Il illustre ses paroles en portant les doigts à ses yeux : « Vue ! » Il m'a donc déjà remarquée, peut-être suivie… Quand il avance le bras vers un point invisible de l'horizon, il me montre d'où il vient et me demande aussitôt : « Où est ta maison, toi ? » Je tourne alors sur moi-même pour tenter de me repérer, j'effectue un tour complet et reviens à ma position initiale. Comment savoir où est Paris dans cette immensité ?… Si nous naviguons vers le sud et si l'Espagne est là sur le côté… alors la France est dans mon dos… Mais c'est grand l'Espagne… La France aussi… À nouveau, je me retourne, je perds doucement le nord et virevolte en riant. Le vent s'est levé faisant voler une pluie d'embruns qui mouille mon visage. D'un geste leste, Esteban stoppe la toupie qui tournoie, il m'attire à lui et m'embrasse…

Le baiser est pour moi l'acte d'amour le plus intime qui soit, quand on est si proches que les yeux doivent se fermer, quand les esprits semblent se toucher et que la bouche donne le goût de l'autre, attise le désir, mais aussi le contient. C'est à la fois un début et un aboutissement. Le baiser est l'amour physique symbolique, sublimé, tendre et passionné, un élan qui ne vieillit pas, l'amour que l'on peut donner toute la vie, jusqu'au dernier souffle… Oui, donne-moi un dernier baiser, Esteban ! Que dis-je… Un premier baiser !

Nous nous embrassons longuement, adolescents explorateurs l'un de l'autre. Et quand nos lèvres se détachent pour sourire, respirer, elles se reprennent vite. Je goûte pleinement ce moment léger, troublant, où l'oubli se mêle au plaisir, où le sel des embruns sur les lèvres d'Esteban est aussi le sel de la vie.

Quand il m'entraîne dans les couloirs qui mènent à sa chambre, je le freine, puis l'arrête. Il est inconcevable pour moi de faire l'amour ce soir. Je pourrais partir là tout de suite, m'enfuir loin, ne plus jamais le revoir. Si je peux simplement garder le souvenir du feu de ce baiser, alors c'est déjà magnifique. Cela me va bien. Merci, Esteban. Merci beaucoup et à demain.

La porte de ma chambre à peine refermée, je me jette sur le lit. Allongée, seule, j'ai besoin d'appuyer les mains sur mon ventre pour faire passer cette peur qui vient, cette étreinte intérieure qui me noue tout à coup. Mon émotion enfle, grandit, m'envahit. Incontrôlable. Je pleure, des larmes lourdes, douces-amères ; je tremble, je m'enroule sur moi-même, je pleure ce lien intime que je ne connais plus, je pleure d'avoir compris combien l'amour me manque. Les baisers d'Esteban n'étaient qu'une esquisse mais ils avaient la tendresse, la caresse, la fougue joyeuse de l'amour.

Je laisse couler sur mes joues tous ces soirs, toutes ces nuits où je prends sur moi, encore et encore. Encore un effort, Charlotte, la solitude amoureuse est un moindre mal, ta santé est bonne, ta fille va bien… Je pleure pour toutes ces fois où, au nom du courage, je me suis interdit de pleurer.

Quand ma crise de larmes passe, je vais m'asseoir sur le balcon, face à la mer. Je n'irai pas dîner ce soir. Je vais rester ici à lire dans la lumière de la chambre et le souffle permanent du bateau qui chasse l'air en avançant. Je me sens apaisée, libérée pour quelques heures de cette obligation d'être forte tout le temps que je m'impose depuis l'adolescence. Je devrais m'autoriser à exprimer ma vulnérabilité sans craindre de m'effondrer ou d'entamer ma nature combative. Le pourrais-je ? Pourrais-je modifier ma façon d'être face aux épreuves, ce comportement acquis de survie qui fait parfois de moi une femme dure ? Pourrais-je percer quelques fines ouvertures dans cette forteresse qui me préserve si bien ? Dans la vraie vie, je ne sais pas, mais écrire me permet cela depuis les premiers mots.

Dans la salle de bains où je me prépare avant de me coucher, je souris en regardant le dessin de Dora l'exploratrice sur cette large trousse empruntée à Tara, dans laquelle je transporte ma pharmacie. J'avale mes médicaments habituels puis hésite à prolonger ma tranquillité retrouvée avec une bonne dose de somnifères quand j'entends Lili entrer dans la chambre. Je suis surprise, je ne l'attendais pas avant le matin. Je repose aussitôt les comprimés que je tenais dans la main et range ma trousse. Lili est bouleversée, elle aussi a pleuré. Quelle soirée !... Je la serre dans mes bras avant même de parler. Cette fois, c'est bien Pompéi. Un accident s'est produit, le préservatif a cédé. André a d'abord rassuré Lili mais plus tard, au bar, il s'est mis à boire plus que de raison. Alcoolisé, il s'est rapproché de Dimitri, le Russo-Suisse, de façon équivoque puis de sa plante tropicale, avec qui il a flirté sous le regard excité de Dimitri. Lili est convaincue que cette fille se prostitue et, quand André a demandé lascivement à Lili si elle voulait les accompagner dans la chambre de Dimitri, ce fut le clap de fin. Elle s'est enfuie en courant.

Ma Lili est triste, déçue, mais surtout préoccupée par l'accident. Elle sait peu de choses d'André et comprend maintenant qu'il est « libertin, du genre à tout faire », dit-elle avant de crier : « Un putain de partouzard ! Appelons un chat, un chat ! Et un connard, un connard ! » Il est rare qu'elle s'énerve ainsi. Ma Lili est choquée. Je lui dis qu'elle ne craint rien et parviens à la calmer. J'ai tout ce qu'il faut avec moi pour la soigner et je suis bien informée en lectrice assidue du bulletin de l'association Aides qui combat le sida. Moins de quarante-huit heures après un rapport douteux, une trithérapie d'un mois diminue de 99 % le risque de contamination par le VIH. Je ressors *illico* « ma boîte à bonbons », toujours copieusement garnie par précaution. Je vais administrer à Lili mon propre traitement, un dosage classique de trithérapie. Je joue à la pharmacienne en tentant d'arracher quelques rires à Lili. J'extraie un à un les comprimés de leur protection plastifiée, en vantant leurs formes différentes, leurs couleurs originales et leurs noms de science-fiction, puis je tends à Lili ce même cocktail que je prends avec en plus, spécialement pour elle, un bonus caché pour une nuit parfaitement paisible. « Et surtout, insisté-je, ce ne sera pas une bonne nouvelle, mademoiselle, mais ZÉRO alcool pour éviter les nausées ! »

De retour à Paris, mon amie consultera.

Lili se couche, je m'assois à côté d'elle, je caresse son front, j'improvise quelques mantras, lui dis qu'elle est jolie, que demain c'est Tunis et ses trésors, que la vie tangue comme ce bateau ce soir, mais que le calme revient toujours…

Quand Lili s'est endormie, je m'allonge enfin et dès que mes yeux se ferment, des images douces s'immiscent en moi. J'accueille avec délice et quelques frissons les embruns de la nuit et le sourire d'Esteban.

Mlle Zidane

Au réveil, je suis surprise par un SMS tombé du ciel. Le réseau téléphonique est aléatoire et souvent absent, je le traque chaque jour pour joindre ma fille. C'est Pierre : « Bonjour, belle âme, j'ai rêvé de vous, vous étiez à bord d'une gondole… Souriante… L'Italie ? En route vers votre mission ? Portez-vous bien. Pierre. »

Je ris en découvrant ces mots toujours étonnants. J'aimerais pouvoir répondre à Pierre que je suis sur terre, ne rencontre rien de « troublant » et que chaque jour ma « mission » m'échappe davantage… Je vais lui soumettre ma réalité et tant pis si je me trahis, j'ai envie de savoir. Est-ce Esteban la rencontre troublante ? Je réponds : « Cher Pierre, merci de veiller sur moi ! La gondole est de belle taille et l'Italie s'éloigne… La rencontre troublante a-t-elle eu lieu ? Quant à ma mission, je la cherche encore. Mais vous m'aiderez ! Je vous embrasse. Charlotte. »

Ce matin, Lili n'est que grognements et gémissements. Elle se plaint que je l'ai droguée, que cette nuit, des moustiques, ou d'autres insectes inconnus, l'ont dévorée. Elle me montre diverses rougeurs et s'étonne que je sois indemne. Pas moi. Je remarque ce phénomène depuis quelques années. Mon sang est tellement gorgé de médicaments qu'il en est devenu quasi radioactif, dissuadant ainsi tout insecte suceur. Parfaite illustration du proverbe, « À toute chose malheur est bon ». Lili s'amuse de mes explications.

Pierre m'a répondu de manière sibylline : « LA rencontre a eu lieu, le trouble reste à venir… »

Esteban me trouble pourtant déjà. J'en fais part à Lili que je surnomme aussi Miss Marple, tant elle aime percer toute énigme. Elle me questionne aussitôt :

— C'est facile, qui as-tu rencontré sur ce bateau ?

— J'ai parlé à de nombreuses personnes à bord !

— Vraiment rencontré ? (Lili relit le SMS.) Nostradamus a écrit *LA rencontre.*

— Esteban ? André ? Clara ? Dimitri ? La plante tropicale ?…

— Écoute, dans deux jours, on est à terre, le « trouble » sur l'eau est donc imminent…

— Tu as de la chance, le mien est passé.

Les nuances d'André sont vite devenues sombres. Dans la salle de restaurant où Lili s'abreuve de café, elle l'évite soigneusement. Elle ne veut plus le voir, ni lui ni personne, et décide de passer la journée dans la chambre. C'est hors de question ! Lili m'a inlassablement vanté les souks uniques de Tunis qu'elle connaît, ses parfumeurs, ses brodeurs, ses tanneurs… et la beauté inouïe des mosaïques antiques du musée du Bardo, le programme sera donc scrupuleusement respecté ! Quand il le faut, je peux avoir l'autorité d'un adjudant-chef borné. Lili me suit en bougonnant dans les couloirs : « C'est vrai que le Bardo, c'est beau quand même… Je ne vais pas rater le Bardo pour un barjot… » Avant de quitter le bateau, une Anglaise mignonnette toute rouge, qui a oublié dans son pays sa protection solaire et son Guide vert, rend son sourire à Lili en lui demandant :

— *Are you going…* Vous aussi, vous allez au musée Brigitte-Bardot ?

— *Yes ! Of course…* Oui, bien sûr ! s'esclaffe Lili. On fait Catherine-Deneuve aussi !

Sur le quai, j'aperçois Esteban et ressens un émoi plus vif que je ne le pressentais. Je lui fais un signe de la main. Ce matin, je lui ai dit que je passais la journée avec mon amie. Il m'a demandé : « Le soir ? *Esta noche ? Tonight ?* » J'ai répondu : « Si. *Yes !* »

Je n'ai encore rien dit à Lili. Ce n'est pas le moment, et rencontrer Esteban m'a touchée, j'ai envie de préserver cette émotion, de garder son intensité en moi comme on referme le flacon d'un parfum pour qu'il ne s'évente pas.

Dans les souks de Tunis, nous filons bon train. Il y règne une atmosphère un peu tendue, très différente du souvenir de Lili. Depuis le printemps arabe, la Tunisie reste fragile. Les touristes ont fui en masse, la rumeur a même couru à bord que l'escale serait annulée pour des raisons de sécurité. Beaucoup sont restés à lézarder sur le bateau. Mais, après quelques hésitations d'orientation, rien n'arrête Lili qui s'entête à retrouver un riad, « véritable havre de douceur du temps passé, dit-elle, niché au bout d'une impasse, qui possède du haut de sa terrasse la vue la plus étonnante sur la ville ». La rareté des étrangers dans les rues rend les marchands insistants. Nous sommes continuellement interpellées, parfois même agrippées. Une petite troupe d'adolescents nous suit depuis tout à l'heure, s'amuse à nous frôler, nous entourer, disparaître puis réapparaître. Nous sommes sans cesse sifflées malgré la sobriété de nos tenues. Dans ces ruelles qui s'affinent et serpentent, la foule devient dense. Je me sens oppressée et propose à Lili de prendre un « petit taxi ». Elle répond que c'est inutile car on est presque arrivées, de plus elle a une autre idée. Elle arrête sa course, fait disparaître de quelques éclats de voix la bande autour de nous et m'attrape par le bras. Nous nous engouffrons dans une échoppe qu'elle a repérée, dont la vitrine en retrait expose d'un côté des étoffes rutilantes, de l'autre des vêtements usagés. Quelques minutes plus tard, nous en ressortons, couvertes de la tête aux pieds, des babouches râpées à la djellaba avec capuche de seconde main, complètement habillées aux couleurs de la rue. Tous nos effets personnels sont plongés dans un grand sac à carreaux plastifié que portent les femmes qui font leur marché. Nos cheveux sont tirés, dissimulés et nous avons gardé nos larges lunettes, accessoire occidental courant ici même sous les voiles. La tête baissée, nous arrivons en paix au riad.

Assises sur la terrasse, buvant le thé traditionnel, nous contemplons la vue sur Tunis qui descend jusqu'au port. Dans ce calme nouveau, Lili s'extasie :

— Cet endroit a toute une histoire, un charme puissant… Beaucoup de cachet, tu ne trouves pas ?

Lili feuillette son Guide à la recherche de précisions. Je la distrais en répondant :

— Oui, comme moi ! Toute une histoire, un certain charme et beaucoup de cachets ! Matin et soir !

Au musée du Bardo, dont les fresques retracent l'histoire du Maghreb depuis l'invasion romaine, je reste interdite devant la splendeur de la mosaïque représentant le poète Virgile et ses muses, et l'infinité de nuances de brun des petits carrés de terre cuite qui la composent. En sortant, nous profitons de notre habit caméléon pour rejoindre le port à pied, en suivant un chemin étudié dans le musée pour éviter de lire en pleine rue un plan touristique qui nous trahirait.

Nous coupons en traversant un quartier à l'écart du centre agité dont nous découvrons soudainement l'extrême pauvreté. Je suis surprise, je ne pensais pas trouver un tel état de dénuement dans cette capitale. Je repense à l'Inde, à ces familles entières que j'apercevais de la chambre confortable de mon hôtel, qui dormaient allongées sur les trottoirs dans une chaleur étouffante avant d'être délogées brusquement à l'aube pour laisser la voie libre aux touristes nantis dont j'étais...

Personne ne porte attention à Lili et à moi dans ce lieu de Tunis où les étrangers ne viennent pas. Au coin d'une rue, je vois un monsieur visiblement âgé qui plonge jusqu'à la taille à plusieurs reprises dans un container de poubelles d'où s'échappent quelques chats faméliques. Plus loin, sur un terrain vague, entre deux bâtisses délabrées, des gamins aux tee-shirts déchirés jouent au football en courant, parmi des monceaux de déchets, après une balle de tennis noircie qui finit à mes pieds. Je veux jouer aussi et me prends soudainement pour Mlle Zidane ! Dans un élan limité par ma djellaba, je renvoie le tout petit ballon en perdant ma babouche ainsi que l'équilibre une jambe en l'air et l'autre empêtrée dans ma robe trop étroite. Je retombe sur les fesses et amuse les gamins. Je suis un clown bizarre prêt à refaire son numéro pour que ces enfants rient encore. Lili s'assoit à côté de moi. J'aime ce moment et ce rire partagé à même le sol. Une fillette timide rapporte ma chaussure et repart vite tel un faon. Accroupie, je prends une poignée de terre sableuse de cette Afrique que je connais si peu et la fais glisser entre mes doigts en un lent sablier de fortune. Puis je cherche avec Lili dans le cabas quelques billets que nous glissons sous un caillou en intriguant les enfants.

En remontant sur le bateau, nous sommes interpellées sans ménagement par la sécurité, à qui nous montrons notre bracelet de reconnaissance et nos têtes occidentales en ôtant nos capuches. Ils s'excusent en nous faisant signe de passer. Nous sommes autorisées à retrouver notre refuge flottant, cet espace de loisirs itinérant et luxueux. En quelques mètres foulés sur une passerelle blanche, je change radicalement de monde. Combien de ces êtres croisés aujourd'hui aimeraient me suivre ? J'avance vers l'immense paquebot en me retournant sans cesse vers la ville. Je revois la fillette, son sourire muet, et je pense à ma fille. J'aimerais qu'elle voyage, qu'elle voie la Terre, ses différences, et nos cœurs semblables, qu'elle ressente la chance de vivre en France et qu'elle ait le sens du partage.

La sirène du bateau retentit trois fois. Nous reprenons la mer.

Du balcon de la chambre, je regarde les toits blanc et ocre de Tunis disparaître et j'imagine le visage des gamins qui, en jouant au ballon, ont trouvé un trésor sous un caillou.

Les cendres d'Isabella

Cap sur Ibiza, île espagnole des Baléares. En chemin, la vie s'écoule sereinement, la croisière s'amuse, bien éclairée par un ciel limpide de fin d'été. Lili ne fréquente plus le « night ». Elle lézarde sur le balcon, autour de la piscine où je refuse d'apparaître en maillot de bain à cause de mon ventre. Elle se plaint de fatigue et de tachycardie depuis qu'elle prend son traitement de trithérapie. Dix années de ce régime ont peut-être eu raison de mon premier cœur.

Je passe des moments tendres avec Esteban qui se contente de nos baisers. Mais quels baisers !... Il vient de Séville et travaille dans la banque. Il a trente-trois ans. Il meut son bras gauche avec lenteur, laissant sa main enfoncée dans une poche. Ce doit être de naissance, il semble n'y attacher aucune importance. Je ne pose aucune question et ne parle pas non plus de mes jambes extrafines aux muscles séchés, de mon ventre de femme enceinte sous mes camouflages. Lipodystrophie, c'est le nom du mal. Déséquilibre total de la répartition des graisses. Fuite massive des membres et du visage pour un gros meeting sur le ventre et la nuque. Effet flatteur garanti de la trithérapie et petite souffrance de femme. Cou de bison et vilain bidon. Esteban l'a-t-il remarqué ?

Aucune explication n'est nécessaire, ni pour moi ni pour lui. Superficialité reposante. Légèreté temporaire. Dans deux jours, ce sera terminé. On le sait, ça se voit dans nos yeux. J'ai dix ans de plus que lui, il vit à deux mille kilomètres de Paris et nous nous exprimons principalement par gestes, par baisers. Notre rencontre me rappelle ces tournages de film, loin de chez soi, ces coups de cœur, parfois puissants, qui surgissent et s'en vont quand l'aventure finit.

À bord, je cherche souvent Clara. Ce midi encore, elle était absente de la salle de restaurant. Le bateau me paraît moins grand maintenant que je la connais et sais où est sa cabine. Parfois, je tourne sur le pont et si je ne la trouve pas, je vais gratter à sa porte. Clara m'ouvre toujours avec un sourire gêné. Elle reste taciturne, mais j'aime sa présence douce. Aujourd'hui j'ai osé :

— Tu veux me parler de ta sœur ?

Clara a hésité à répondre, j'ai même cru qu'elle allait fuir et ne plus vouloir m'adresser la parole. Quand j'ai serré sa main, elle a dit en fixant le sol :

— Chaque année, je fais ce voyage sur la mer car ses cendres ont été dispersées au large de Capri comme elle le voulait.

— Elle était malade ?

— Oui. Du foie... Elle était mon unique sœur. Cela va faire dix ans et le temps ne change rien. Chaque année, c'est plus dur... J'ai des remords... Je ne m'en sors pas...

Puis Clara me demande de la laisser. J'insiste pour rester, pour lui parler de moi, mais elle s'enfuit.

Demain, ce sera terminé. Retour à Barcelone puis à Paris. Esteban ressent mon humeur maussade. Ce soir, il me fera visiter la sulfureuse Ibiza. Lili soupire : « Mauvais souvenir... » et s'entête à rester à bord. Sa liaison orageuse avec le chanteur hystérique a pris fin sur cette île. Je l'informe qu'un ami espagnol m'a proposé de l'accompagner. Elle rétorque : « Oui, c'est ça, prends-moi pour une quiche ! "Un ami...", tu parles ! Tu crois que je n'ai pas compris tes escapades tous les soirs pendant des heures alors qu'on fait le tour du pont en dix minutes ?! Tu crois que Miss Marple n'a pas observé que tu baissais les yeux comme une ado quand tu croisais le bel Esteban... Mais quel âge a-t-il ? C'est le démon de midi ? Et tu ne dis rien à Lili... Tu l'aimes au moins ? "Oh, j'ai besoin d'aimer pour désirer..." Comme tu changes... C'est le bon air de la mer ! Tu veux gagner notre pari ? Allez, je te charrie ! Va roucouler, *seniorita* ! *Carpe diem*... Que ta nuit soit blanche, et ne réveille pas ta vieille amie en rentrant... »

Après Tunis, Ibiza. Je craignais le contraste de ce nouveau décor, ce lieu surmédiatisé de toutes les fêtes, tous les excès. Pourtant, hors saison, ce petit port est bien tranquille. Les hauts remparts sont majestueux et la vieille ville, Dalt Vila, a un vrai charme. Nous y dînons en terrasse sur une placette en forme de losange. Tout autour sont assises de petites dames en noir sous leurs fenêtres qui parlent entre elles comme les « Causeuses » de Camille Claudel et disparaissent une à une quand la nuit tombe.

Nous regagnons le bateau d'un pas nonchalant en flânant dans des ruelles biscornues. À l'approche du quai, Esteban me surprend en bifurquant dans une voie où clignote au loin une enseigne rouge vif. En m'approchant, je distingue deux grosses cerises… C'est l'emblème du fameux *Pacha*, où m'emmène Esteban, le seul night-club rescapé de l'été. J'adore tout de suite cet endroit aux allures de villa tentaculaire, avec ses murs de pierres sèches, ses patios, ses plantes géantes et sa musique… Quelle fête ! Quelle ambiance ! Rien à voir avec les boîtes de nuit parisiennes, il règne ici un vrai vent de liberté. Pas de « branchitude », de snobisme, juste la fête, la tolérance et la musique. Je ne veux plus repartir, pourtant il le faut, le bateau quittera l'île dans quelques heures et mon cœur en surrégime se dépense à sautiller sur ces rythmes qui s'enchaînent sans trêve. Je m'embrase dans un dernier remix interminable de Donna Summer et entraîne Esteban sur la piste. Je chante avec Donna « *Baby I want you ! Come ! Come ! Come into my arms…* ». Nous nous préparons à partir quand retentit le survolté *Last Dance* que j'accueille d'un cri. Quand danserai-je encore sur Donna Summer à Ibiza ? Tant pis pour le bateau ! On nagera ! Je tourne autour d'Esteban que je prends par la taille. Cette chanson commence comme un slow, le calme avant la tempête, puis je bondis, lève les bras, pointe le doigt en l'air à la Travolta. Esteban est plus posé que moi, mais ses rires m'encouragent. Je danse et danse encore et chante à m'en casser la voix. Je suis une cigale au dernier jour de l'été. Comme sur le pont au soir du premier baiser, je tournoie, une dernière fois, en fixant la boule à facettes qui constelle les murs et éclaire les yeux d'Esteban.

Nous retournons au bateau juste à temps.

Je viens de quitter Esteban quand je rencontre Lili hilare dans le couloir qui mène à notre chambre. Elle sort du « night ». Elle mourait d'ennui toute seule. Lili a repris du poil de la bête. Elle n'hiberne jamais longtemps. Lili ne fait que rire. Un dragueur pressant lui a offert sur le *dance floor* son double de clé, une carte magnétique à glisser dans la serrure. Dans le vacarme de la musique, il lui a crié à l'oreille son numéro de chambre et « Retrouve-moi dans une demi-heure ! Je t'attendrai, nu ! ». Lili vient de donner cette clé à un autre homme au regard lubrique croisé dans l'ascenseur, en lui répétant exactement les mêmes mots et le numéro de chambre du dragueur. « Tu imagines la tronche du mec à poil quand il va voir l'autre débarquer ?! » crie-t-elle en s'étouffant. Et je ris de la voir rire.

C'est cette nuit-là, la dernière passée à bord, que le trouble annoncé par Pierre se produit, un hasard qui n'en est pas un, une rencontre incroyable et nécessaire que je devais raconter, une des révélations puissantes et lumineuses qui animent ma vie depuis quelques années et me poussent à écrire, à partager ces moments, aussi irréels qu'ils puissent paraître, y compris pour moi-même.

Dans l'obscurité de la chambre, au milieu de la nuit, je tente vainement de trouver le sommeil en calquant ma respiration sur celle de Lili. L'agitation du *Pacha* et le regard d'Esteban restent en moi. Par les baies ouvertes, j'entends le bruit inhabituel des vagues qui claquent fort sur la coque. Nous sommes en pleine mer. Le bateau s'agite de plus en plus entre Ibiza et la côte catalane. Mes yeux sont grands ouverts, je vais sur le balcon. Le temps est mauvais, c'était annoncé. Ce paradis ne pouvait pas durer. Certains ont même évoqué une tempête. Un vent fort creuse la mer noire. La lune basse éclaire de longues crêtes blanches qui zèbrent l'eau à perte de vue. J'avance la tête par-dessus la rampe en me cramponnant pour observer le passage des gens à l'étage inférieur. Je suis des yeux l'allée qui mène à la proue et à l'endroit précis où elle se courbe et disparaît, une pensée, un prénom m'obsèdent. Je prononce : « Clara… » Où est-elle ? Aujourd'hui encore, elle était invisible. Une intuition étrange me saisit. Je dois trouver Clara, vite, pour au moins m'assurer qu'elle va bien. Je m'habille sans bruit et sors, traverse une partie du bateau par les couloirs désertés. À chaque pas, je sens le sol bouger. Devant la chambre de Clara, je n'ose pas frapper, j'écoute en plaquant l'oreille à la porte. Aucun bruit, elle doit dormir. J'essaie de me raisonner quand j'aperçois cet écriteau suspendu à la poignée, tourné du côté vert. Si Clara était là, elle afficherait, comme elle le fait toujours, le côté rouge, « ne pas déranger ». Je frappe à la porte, sans réponse. Elle n'est pas rentrée. Elle doit errer quelque part. Je sors sur le pont en direction de l'endroit où je la croise souvent. Je marche aussi vite que je peux sur le sol glissant et mouvant. Puis je l'aperçois. Elle s'est hissée sur la première barre de la rambarde et laisse sa tête flotter dans le vent au-dessus de l'eau.

— Clara ! Clara ! crié-je en accourant. C'est dangereux ! Remets les pieds par terre !

Clara est stupéfaite de me voir, elle me fixe l'air hagard, comme si j'étais un fantôme. Le vent souffle fort. Clara retombe sur le sol et fait quelques pas vers moi. Je la prends par la main. Nous rentrons à l'intérieur.

— Il est très tard, dis-je doucement, tu ne dors pas ? Je te cherchais, tu étais invisible aujourd'hui encore, qu'est-ce que tu as ?

— Rien, je fais ça toutes les nuits. Moi non plus, je n'arrive pas à dormir.

— Le temps est trop mauvais, c'est risqué !

— Non... Ce n'est pas grave, c'est la dernière nuit et je suis bien vivante... Isabella est morte la nuit.

— Isabella ?! dis-je, surprise, instantanément immergée dans ma mémoire.

— Oui, Isabella, ma sœur... Elle attendait une greffe du foie qui n'est pas venue, en France, dans ton pays, dans un endroit sinistre à côté de Paris... Elle était persuadée d'être mieux soignée là-bas, dans cette banlieue où nous avions vécu quand nous étions enfants... Mais elle y était seule...

Clara continue de parler, mais je ne l'entends plus. Seul le prénom « Isabella » résonne en moi, encore et encore, je comprends, je la revois, je l'entends... Est-ce possible ? Je ressens un vertige... La voix de Clara résonne :

— Ma sœur est morte loin, seule, sans moi, sans notre mère...

— À Villiers-Saint-Cast ?... dis-je à voix basse.

— Comment le sais-tu ?!

Je ferme les yeux et entends « *Ciao Carlotta...* », Clara et Isabella ont la même voix, le même sourire.

— Comment le sais-tu ??!! répète Clara nerveusement, écarquillant les yeux.

— J'étais à Villiers-Saint-Cast...

— C'est impossible !

— L'hiver 2003... Isabella portait un petit crucifix rouge autour du cou... N'est-ce pas ? Je comprends ce qui m'a troublée en toi dès que je t'ai vue sur ce bateau, mon attirance, ces sensations familières... Je n'ai connu Isabella que quelques jours, ma chambre était à côté de la sienne, je parle d'elle dans mon premier livre si tu ne me crois pas...

— Tu as connu Isabella ?...

Clara reste muette, elle est choquée plus encore que je ne le suis car pour moi tout s'éclaire. Tout a un sens. Clara s'interroge, je sens qu'elle hésite à s'enfuir. Puis elle me fixe, le regard éclairé, et me dit :

— C'était la croix de maman… Des grenats… Tu as écrit un livre ? Dans sa dernière lettre que je connais par cœur, elle nous disait qu'il y avait à côté d'elle une femme qui était connue en France, qui n'attendait rien car elle venait d'être greffée… Tu es greffée ?

J'acquiesce lentement de la tête, puis ouvre ma veste et découvre la fine cicatrice sur le haut de mon torse. Clara m'étreint brusquement et éclate en sanglots. Puis elle me supplie de lui dire tout ce que je sais.

— C'était il y a presque dix ans… Il y a longtemps… Que veux-tu savoir ?

— Tout… Comment elle était… Ce qu'elle disait… La dernière fois que tu l'as vue… Tout ! Je t'en prie…

— J'étais en rééducation, c'était après ma greffe. L'endroit était lugubre, mais il avait bonne réputation. Pour tromper la solitude, on se lie facilement, on parle, on rigole même. Isabella attendait déjà depuis quelque temps. On s'est croisées dans le couloir, sa chambre touchait la mienne. On a sympathisé, on est restées ensemble. Elle m'appelait Carlotta ou « la star » en riant. Les infirmières lui avaient dit que j'étais connue. Mon nouveau cœur lui donnait de l'espoir. On faisait des trucs comme on doit en faire au pensionnat, on redevient des enfants dans ces moments-là… Le soir, avant de se coucher, on s'embrassait et on rentrait ensemble dans nos chambres, en même temps, d'un même pas, Isabella disait toujours « Demain peut-être… » parce qu'elle attendait, espérait, puis elle lançait « *Ciao Carlotta !* ». On avait peur la nuit. J'ai toujours peur, c'est pour cela que je dors mal. La nuit il n'y a plus de vie, plus de bruit, de couleur, de mouvement. La nuit nous angoissait, alors on cognait sur la cloison de carton qui nous séparait, sans laquelle on aurait pu se donner la main. On se répondait par petits coups sonores, ça durait longtemps, c'était à celle qui tapait en dernier, ça nous amusait. Isabella chantait toutes les nuits la même chanson en italien, un air qui m'apaisait. Le dernier soir aussi, elle a chanté, je n'ai rien remarqué de particulier, elle était faible mais joyeuse comme d'habitude, elle m'a dit « Demain peut-être... » et « *Ciao Carlotta...* ».

Le bateau s'agite de plus en plus. Clara ne pleure plus. Elle regarde dans mes yeux avec un léger sourire puis elle fredonne cet air qui me ramène loin en arrière et me fait oublier le fracas de la mer et du vent qui se déchaîne.

— Isabella doit être là, dis-je, quelque part dans cette nuit agitée, cette rencontre ne peut pas être un hasard. C'est impossible... J'ai été poussée vers toi... D'une certaine façon, notre rencontre m'a été annoncée... C'est incroyable, elle devait être écrite, nécessaire... Depuis quelques années, ma vie est incroyable. C'est troublant, mais je l'accepte, je prends ces messages, ces rencontres, ces sensations comme des signes exceptionnels qui tracent un chemin, un dessein... Tu dois aussi comprendre le sens de notre rencontre, Clara, pour toi-même, tu ne peux pas ignorer ce signe, laisse ta tristesse et vis...

Quand, au matin, je raconte à Lili ce moment, mon échange avec Clara, elle reste bouche bée un instant puis s'exclame :

— Il se passe quand même des trucs bizarres autour de toi... J'en ai des frissons... C'est sa sœur ?! Incroyable... Remarque, on fait tous au moins une fois des rencontres improbables... Je suis bien tombée nez à nez avec mon ex-mari dans une boîte échangiste de Los Angeles alors que je ne le croise jamais dans Paris ! Je tiens à te rappeler que ce n'est pas du tout ma tasse de thé, mais juste un pari débile...

Lili me fait rire.

— Et tu y as vu un signe ? plaisanté-je.

— Que l'échangisme n'était pas pour moi !

La fin de notre croisière est marquée par un coup de vent, au large de Barcelone. La tempête, qui couvait depuis la nuit, éclate ce matin durant une heure interminable. Lili découvre avec surprise que la mer Méditerranée n'est absolument pas ce lac paisible qu'elle m'a vanté. Il est formellement interdit de sortir sur le pont ou les balcons. On doit rester assis, cramponnés, et attendre les instructions. Des micros puissants parlent directement dans les chambres. J'imagine déjà les chaloupes descendues une à une, les femmes et les enfants d'abord... Lili bien sûr s'en amuse, elle affirme que l'eau est encore bonne, qu'elle s'est peut-être trompée sur le lac, par contre elle est formelle, il n'y a pas d'icebergs. C'est impressionnant, cependant beaucoup moins effrayant que l'aller en avion. Dans la mer, je peux toujours flotter alors que dans les airs... mes ailes d'ange n'ayant pas encore poussé. Pour rire, j'enfile mon gilet de sauvetage et joue à Grisou en m'époumonant dans le sifflet de détresse qui complète l'équipement. Lili veut prendre une photo mais la tempête corse sérieusement la séance. Il est difficile de tenir debout. Lili s'interrompt pour se rendre en urgence dans la salle de bains où elle hurle en recevant en plein front sa crème de jour, un petit pot de verre épais projeté violemment, qui lui laissera une vilaine bosse, grosse comme la moitié d'un œuf, qui prendra plus tard des teintes jaunes, mauves, moirées. L'incident, heureusement, est sans gravité. Les premières douleurs passées, Lili en rigole :

— Assommée par sa crème de jour ! Tu sais qu'il m'arrive aussi des choses insensées !

Sur le quai du port de Barcelone, une file de taxis jaunes nous attend. Je demande à Lili de ne pas s'éterniser à dire au revoir. Il est très probable que je ne reverrai jamais Esteban. La légèreté, le plaisir, son sourire, c'est fini. Alors, pour échapper à tout excès d'émotion, je feins la force, je souris, je me motive, demain est un autre jour, le meilleur est à venir, je me raisonne, je relativise, je suis la reine de la relativité, rien ne résiste à mes comparaisons.

Les émotions réprimées ne disparaissent pas. Elles grandissent en soi dans une région oubliée du cœur. On les croit enterrées et elles resurgissent un jour, avec force, comme les souvenirs enfouis.

Je lis un message de ma fille, prends ma dose de courage, avant d'embrasser Esteban. Mais quand il me serre dans ses bras, je ne sais plus si demain sera mieux qu'aujourd'hui, si le meilleur est vraiment à venir, si Paris sera mieux que le pont supérieur la nuit avec lui. Nous échangeons nos coordonnées. Il me dit à bientôt et quelques mots d'espagnol que je ne comprends pas. Je pose un doigt sur sa bouche et lui souris, lui aussi, il se retourne et s'en va.

Clara qui patientait vient à moi aussitôt. Nous nous étreignons, je caresse sa joue. Lili nous interrompt, on va rater l'avion. André accourt jusqu'au taxi, il tente d'embrasser Lili par surprise. Elle le repousse, nous partons.

Dans la voiture, Lili dit : « Séville c'est pas Shanghai, vous pourrez vous revoir… » J'esquisse un sourire sans répondre, puis regarde par la vitre la ville qui défile.

À l'approche de l'aéroport, Lili extrait nos passeports de la pochette « Si l'amour ne vient pas à toi, va à l'amour ! ». En la refermant d'une main énergique, elle lance :

— Bon, l'étape 1, c'est fait ! C'était pas mal, non ? Un poil baisodrome, j'en conviens… Sauf pour ma belle romantique, bien sûr…

Devant mon silence, Lili insiste :

— Tu ne parles plus ?

— On trouve ce que l'on cherche, dis-je calmement.

— Arrête de philosopher, ça t'a plu ?

— C'était très bien, dis-je.

— Il y avait beaucoup d'étrangers, forcément, les plaisirs sont éphémères… J'aurais dû mieux me renseigner… Je trouve aussi que c'est un bon début. L'étape 2 sera la bonne !

— Tu as prévu une pause entre les étapes ? demandé-je.

— Non ! Il faut battre le fer tant qu'il est chaud !

— Je ne suis pas en fer, tu as remarqué ? Et toi non plus.

Aux marches du palais

À Paris. Je vais directement de l'aéroport au lycée de Tara. Je lui fais la surprise de l'attendre aux grilles. Quand je l'aperçois, avant qu'elle ne me voie, j'observe comment elle se comporte, avec qui elle est. Quand je viens la chercher au lycée, Tara me demande de rester un peu en retrait. Je suis à ma place, derrière un feu rouge, sur le trottoir où elle passera dans quelques secondes.

— Wouh !!!

Je bondis de ma cachette en criant.

Tara n'a même pas peur.

— Maman !

Elle saute dans mes bras, oubliant qu'elle a presque mon poids. On s'affale sur le capot d'une voiture.

Chez moi, tout le monde va bien. Mes chats sont sereins et Grisou chantonne. Monsieur Poussin aussi se porte bien.

Valentina que j'appelle pour la prévenir de mon retour me répond tout excitée :

— Tu as vu dans ta boîte mail ?

— Non…

— Je t'ai fait suivre une super nouvelle. Valérie Trierweiler a aimé ton livre !

— La première dame ? dis-je, surprise.

— Oui, bien sûr ! Tu as la copie de son article dans *Paris Match*. Elle l'a titré « Cœur vaillant ». Joli, non ? C'est super, parce qu'elle est très lue et la profession va suivre, ça va déclencher des choses… Tu peux lui écrire une belle dédicace, je ferai porter le livre… Prête pour demain ?

— Rappelle-moi ce qu'il y a, je ne sais plus.

— RTL, Stéphane Bern, *À la bonne heure*, et jeudi, Frédéric Lopez sur Europe 1. Pour Bern, n'oublie pas ton coup de cœur et ton coup de gueule, c'est le rituel en fin d'émission.

— Mon coup de cœur, c'est Trierweiler alors ! dis-je spontanément.

— Je vais demander si c'est une bonne idée… (Valentina semble embarrassée.) C'était bien ta croisière ?

— Oui… Ça m'a complètement emportée ailleurs.

— Des rencontres ?…

— Un coup de cœur pour un beau Sévillan…

— Et ?

— Rien, les vacances sont finies…

— Et Lili ?

— Elle a écrit le nouveau best-seller français : *Cinquante nuances d'André* ! Et toi ?

— Moi, c'est des coups au cœur que j'ai.

Au risque de paraître obséquieuse, alors que ce n'est pas mon genre, j'aimerais confirmer ce que beaucoup pensent déjà, Stéphane Bern et Frédéric Lopez sont des hommes bienveillants et délicieux. À tel point que j'ai été profondément perturbée par cette incessante série de clins d'œil que Frédéric m'a adressés du début à la fin de son émission. Valentina a provoqué la chute libre de mon petit nuage en m'assenant : « C'était pour te mettre en confiance, ma chérie, pour t'encourager, te détendre un peu… » Il ne faut pas me détendre comme ça, cher Frédéric, ou alors… aller jusqu'au bout de la démarche et m'emmener avec vous en terre inconnue ou dans cette agréable fermette au bord de l'eau, et ne pas tout casser à la porte du studio par une tape sur l'épaule et deux grosses bises de pote !

Mon éditeur me déconseille de répondre à Stéphane Bern que la première dame de France est mon coup de cœur. Elle n'est pas très populaire et il ne faut pas faire de politique, ne pas rentrer dans ces manœuvres, se priver d'une part du public qui a le cœur à droite. Mais mon cœur n'est ni à droite ni à gauche, il est juste bien accroché, solidement recousu ! Je ne fais pas de politique, je n'ai pas ces compétences-là. Je souscris simplement à cette phrase de Romain Gary : « Je juge les régimes politiques à la quantité de nourriture qu'ils donnent à chacun [...] Les hommes ont le droit de manger sans conditions. » En rebelle, j'ajouterais : et à la liberté qu'il garantit. Je veux juste remercier pour ses mots sensibles une femme que je ne connais pas. Ce matin, dans le kiosque à journaux en bas de chez moi, j'ai vu plusieurs unes de magazines qui lui étaient hostiles. C'était violent. Toujours rebelle et fidèle à moi-même, je fais comme toujours ce que j'ai décidé de faire. Mon coup de cœur s'appelle Valérie Trierweiler ! Et j'en demande même un second à Stéphane Bern, puisque j'ai eu deux cœurs, qui va à la fondation Greffe de vie, qui milite en faveur du don d'organes.

Mon coup de gueule va contre la violence, sous toutes ses formes. C'est peut-être bateau ou angélique, mais je ne vois rien d'autre à dire face à l'irrespect banalisé de la vie, au massacre du miracle, quand, hier, deux lycéens à côté de Grenoble, Kevin et Sofiane, ont été battus à mort par d'autres jeunes pour rien.

Le lendemain, la première dame est au téléphone. Elle a aimé mon livre et ma dédicace, elle voudrait me rencontrer, comme ça, simplement, discrètement, lors d'un déjeuner toutes les deux.

— Mardi, c'est bien ? demande-t-elle.

— Oui, mardi. Avec plaisir..., dis-je, impressionnée, mais où ?

— À l'Élysée. On dit midi et demi ?

— C'est parfait...

Lili me fait une scène. Mardi, c'était le jour de notre déjeuner prévu pour étudier l'étape 2, notre inscription à un fameux site internet, tout « un monde attractif » de rencontres possibles...

Mardi. Je suis pile à l'heure. Midi vingt-neuf minutes sur mon téléphone, je pénètre dans l'enceinte du palais présidentiel par le petit porche, à gauche de la grande entrée. Je bipe sous l'arche de détection métallique ultrasensible. Je suis fouillée avec minutie. Je ne porte qu'un sac et un cadeau, une bougie artisanale aux senteurs épicées, dont je me suis assurée qu'elle était fabriquée en France dans la région de Grasse, surtout pas de *made in China*. Sans bougie, sans sac, sans chaussures, sans ceinture, je bipe encore. Dois-je continuer mon strip-tease ? Je ressens l'embarras autour de moi. C'est la première fois que je bipe ainsi. Eh bien ! Fort ! Une sorte de Grisou strident salue chacun de mes passages. Les hommes de la sécurité ne comprennent pas, c'est au niveau du torse. Au torse ? Ah ! Je leur explique que j'ai été opérée. Mes côtes sont agrafées par une sorte de boutonnière artisanale en barbelés. J'ai pensé à prendre ma carte d'identité, mais pas mes radios. Un coup de fil à l'autorité supérieure, quelques sourires et tout s'arrange.

Je traverse cette même grande cour couleur sable que l'on voit à la télévision, elle est presque déserte, la Présidence est mobilisée par un sommet à l'étranger. Je me souviens d'être déjà venue à l'Élysée avec ma fille pour le goûter des enfants à Noël, invitée par Jacques Chirac. Tara était bébé, le président avait joué avec elle.

Pas de goûter cette fois, mais un tête-à-tête avec la première dame de France. J'avance vers le perron le torse bien droit avec, Dieu sait pourquoi, une pensée pour Angela Merkel. Du coup, je me trouve amincie. Je ris. Cette évocation fait resurgir les mots de Pierre : *Une femme puissante l'aide...* Dans quelques mètres, je vais lancer à la volée un « *Guten Tag !* » retentissant. Puis je pense à ma mère, à ses règles de bonne éducation, je me revois assise avec ma sœur Aude autour de la table ronde familiale, sans pouvoir y poser les coudes, le dos bien droit, en écoutant pour la énième fois : « Le couteau toujours à droite, il ne passe jamais dans la main gauche, et surtout la bouche ! soigneusement fermée. Des petites bouchées. Pas de bruit en mangeant, ce n'est pas joli. Et la fourchette vient à la bouche, pas l'inverse, mes anges... » Ma mère finissait en disant d'une voix attendrie, tel un vœu secret qu'elle formulait pour ses filles : « C'est important... Comment ferez-vous quand vous serez invitées chez le ministre ?... » Tu vois, maman, c'est aujourd'hui. Ne t'en fais pas, je vais bien me tenir. Je me souviens de tout.

En gravissant le perron, je compte une à une les sept marches qui mènent à une baie vitrée immense, bordée de drapeaux bleu, blanc, rouge. Sept, chiffre heureux, divin, symbolique. Voici le 7e ciel des êtres politiques.

Un « huissier » affable m'accueille. C'est le terme officiel, rien à voir avec l'homme dont j'ai parfois redouté la venue. Il désigne de la main, à droite, un joli salon en boiseries brunes.

— Si vous voulez bien patienter, ce ne sera pas long...

Je contemple face à moi le grand escalier blanc orné de palmes dorées, l'accès au plus haut lieu du pouvoir. Je le contourne quelques instants plus tard pour me rendre dans le bureau de mon hôtesse, en ressentant au passage l'envie subite de décrocher de la rampe une Palme d'or. Je la montrerais à Tara et la poserais en souvenir à côté de mon prix d'interprétation, mon Ours d'argent.

Debout, très souriante, la première dame m'accueille :

— Bienvenue dans la maison des Français, Charlotte ! Ça me fait plaisir de vous rencontrer, on peut se tutoyer ?

— Oui, si vous le souhaitez, madame...

— Valérie !

L'endroit est élégant, vaste, rempli d'objets, de livres, de tableaux, décoré dans des dominantes de beige qui plairaient à ma mère. C'est une très belle demeure, plus qu'un palais.

Valérie me félicite de mon léger bronzage et j'ai ce réflexe absurde de répondre que je reviens de Bretagne alors qu'il y pleut depuis deux mois. Mais il est hors de question que je m'épanche avec la première dame de France sur ma croisière des célibataires !

Je l'observe. Curiosité de femme. Elle porte une robe légère bleu marine à pois blancs et des escarpins à lanières qui découvrent le talon. Je la trouve belle, plus encore qu'en photo, et le lui dis. Ma spontanéité la fait rire. Elle m'invite à m'asseoir d'une main posée sur mon épaule. Le déjeuner est simple, chaleureux. Valérie me parle de ses fils, de leur rentrée, mais aussi d'engagements humanitaires auxquels elle pourrait me faire participer en France et à l'étranger. Elle revient d'Afrique noire où le sort des « enfants sorciers » l'a bouleversée. Des familles sans ressources abandonnent des enfants âgés de quelques années, accusés d'être des bouches à nourrir responsables de leur pauvreté. Ces enfants sont chassés, livrés à la rue, diabolisés, exclus, exploités, violés. Ce sont les « enfants sorciers », les boucs émissaires de la misère.

Après cela, j'hésite à parler de moi. Mon cas m'apparaît soudain bien léger. Valérie m'interroge sur ma fille, ma santé, les projets de cinéma que je n'ai pas et mes livres.

— Comment va M. Poussin, ton vieux voisin ? Il est très attachant... Et Yann alors ? L'homme sauvage ? L'incroyable amoureux ?!

À la fin du repas, la première dame me propose de visiter le salon d'argent qui vient d'être restauré pour les journées publiques du patrimoine. Un boudoir, au bout de l'aile, aménagé par la sœur de Napoléon. Dans ce décor du plus pur style Empire, je m'approche d'une pendule en bronze argenté qui trône sur la cheminée. Elle est composée d'un ange dressé sur un petit char antique tiré par un chien un peu fou.

— C'est superbe ! dis-je, tous ces détails... Maman collectionnait les objets en argent. Elle aimait les briquer. Ils brillaient le matin avec le soleil, ça la faisait rêver...

Le regard aimanté par l'objet insolite, je ressens dans les mains une chaleur soudaine. Maman n'aurait pu s'empêcher de caresser cette pendule. J'aimerais qu'elle soit là, qu'elle vive ce moment. À mesure que j'avance le bras tendu vers la cheminée sans feu, la chaleur de mes mains se répand dans tout mon corps. J'ai chaud, comme lovée au creux de quelqu'un. Quand, du bout de l'index, je touche l'aile de l'angelot, j'éprouve un picotement électrique si vif que je pousse un cri. Valérie, qui s'est absentée un instant, ne m'entend pas. J'inspecte de près la pendule, vérifie qu'elle est bien strictement mécanique et quitte le salon d'argent, subjuguée.

La première dame me raccompagne sur le perron. Je la remercie pour ce moment unique et indique, comme si cela était capital, que dans le paquet que j'ai apporté il y a aussi un couvercle argenté, façonné à la main, pour économiser la bougie. Valérie s'amuse de cette précision, elle me remercie, m'embrasse et conclut notre rencontre par ces mots qui lui ressemblent :

— Je n'éteins pas les flammes... À bientôt, Charlotte.

Dans le bus, je déroule le film de mon déjeuner qui est passé trop vite. Je revois cette merveille de pendule argentée et ressens encore cette décharge dans mon doigt, je pense à l'Afrique, à maman, à la virulence des unes des magazines, à la bienveillance de mon hôtesse. Les êtres passionnés sont souvent incompris.

À peine rentrée chez moi, je file chez mon voisin.

— Bonjour, parrain ! Aujourd'hui j'ai déjeuné avec la première dame de France et figurez-vous qu'elle m'a demandé de vos nouvelles !

— Bernadette ?

— Non, Valérie. Ce n'est plus Bernadette depuis... quelque temps maintenant !

— C'est possible, oui... Et pourquoi cet honneur ?

— Elle a lu le livre.

— Ah... Formidable. Me voilà une vedette ! C'est très aimable à elle. Je serai peut-être nommé lieutenant...

Je repense à cet instant au questionnaire qu'un agent des services sociaux avait utilisé devant moi pour s'assurer de la santé psychique de mon voisin. Je le reprends :

— Monsieur Poussin, quel est le président de la République ?

— En ce moment ?

— Oui.

Il réfléchit quelques secondes, je ne sais pas s'il est absorbé ou absent, puis affiche un sourire victorieux.

— Hollande ! Avouez que c'est ballot pour représenter la France. Remarquez, ça lui a bien réussi. Moi, Poussin, j'en suis certain, ça m'a empêché d'être officier...

Je ris franchement puis continue, soulagée par cette première réponse :

— Très bien ! Et comment s'appelle sa compagne ?

— Vous venez de le dire, mon petit ! Je ne m'en souviens déjà plus... Belle femme par contre ! Ah, j'ai oublié de vous dire... Regardez, je me suis écrit un message : « SOMNIFÈRES »... Pendant votre absence, je vous en ai piqué quelques-uns, mais je vous les rendrai... On s'y perd dans vos boîtes ! J'ai dû prendre ma loupe, ça m'a occupé. La pharmacienne m'avait donné les noms...

— Attention, parrain, ils sont forts, il ne faut pas en prendre beaucoup…

L'état de mon voisin m'apparaît stationnaire. Pendant mon voyage, il a bien nourri mes chats, sous la supervision de Stéphanie. Son appartement est plutôt rangé. Il y a toujours des Post-it étalés un peu partout et Madeleine, son canari, n'est qu'un haut-parleur sautillant. Je m'en veux, si mon voisin devient insomniaque, ce sera ma faute !

Le soir, j'endors Tara en lui racontant ma visite à l'Élysée, puis en fredonnant cette chanson belle et mélancolique qui me vient à l'esprit, et dont les paroles m'échappent dès le mot « amoureux » : *« Aux marches du palais… Aux marches du palais… Y a une tant belle fille, lon, la, y a une tant belle fille… Elle a tant d'amoureux… »*

Avant de me coucher, je vais à l'ordinateur regarder dans ma messagerie. Je ne l'ai pas ouverte depuis la croisière. J'ai abandonné l'idée d'y trouver LA réponse à mon annonce à la radio. Sur près de deux semaines de messages, à l'exception de l'article dans *Paris Match* que Valentina m'a fait suivre, je ne trouve que des publicités que j'efface une à une. J'ai déjà cliqué sur deux pages entières. À la troisième, habituée à répéter le même geste du doigt, je manque supprimer un courriel différent dont je ne reconnais pas l'adresse. Je l'ouvre. C'est l'« ange », j'avais répondu à son message avant de partir en croisière. Un « ange » bien étrange, sans nom, sans visage, que j'avais oublié. Je lis ses mots toujours aussi mystérieux et plutôt jolis. Il a donné un titre à son poème dont il m'avait envoyé le premier vers :

L'amoureux fou…

Qu'as-tu fait de mon amour, Charlotte,
Ce grand amour que je t'avais donné,

Pour toi c'était un jeu,
Je voyais tes sourires,
Pour moi c'était un feu,
Un bonheur qui fait souffrir...

Il écrit « à suivre... », puis cette phrase énigmatique : « Tu comprendras pourquoi je n'ai ni nom ni visage » et signe toujours « Un ange ». Cette fois, j'hésite à répondre. Ce doit être un original, un joueur ou un barjot, Lili m'avait prévenue. Je n'aurais jamais dû donner mon adresse e-mail à la radio...

Pourtant, quelque chose dans ces mots sonne juste, comme si ce mail m'était réellement adressé par quelqu'un qui m'a connue. Je tente de comprendre et relis : « Ce grand amour que je t'avais donné... Pour toi c'était un jeu... » Si cet amoureux existe vraiment, il appartient à un passé lointain, car cela fait bien longtemps que je ne badine plus avec l'amour. Je réponds finalement, intriguée et directe : « C'était il y a longtemps ? C'est toi qui joues maintenant ! L'amour t'a rendu fou ? Découvre-toi ou je ne répondrai plus. Charlotte. »

J'envoie également à l'adresse électronique de Yann : « Bonjour ! Est-ce toi qui t'amuses à m'envoyer des mails mystérieux ? Je t'espère en forme, papa comblé, je t'embrasse. Charlotte. »

Pour célibataires exigeants

Valentina m'appelle tout excitée. Ça y est, j'ai décroché le saint Graal, le calice aux merveilles abondantes, je suis invitée sur France 2 à l'émission *On n'est pas couchés* animée par Laurent Ruquier. Je l'avais croisé dans un restaurant avec mon ami Dominique Besnehard. Charmant, le regard incisif et rieur, il m'avait promis de m'inviter.

J'apprécie ce programme culturel et d'actualité au ton vif et libre de chansonnier en résistance, même si ses invités sont assez souvent malmenés par deux chroniqueurs particulièrement critiques. Laurent Ruquier et sa productrice ont compris, inspirés par Gide, qu'on ne fait pas de bonnes émissions avec de bons sentiments.

Valentina répète que ce rendez-vous est stratégique, de la plus haute importance, cette émission a fait le succès de nombreux livres qu'elle cite avant de dire :

— S'ils aiment, c'est le carton assuré, ma chérie !

— Et s'ils n'aiment pas dis-je.

— Mais pourquoi envisager le pire ? Il faut bien te préparer, c'est dans moins d'une semaine. Sois en super forme, OK ? Ça finit tard, très tard, et relis ton livre, il est épais. Ce sera en direct, c'est mieux, ça te va bien. Il y a Michel Drucker et Garou invités avec toi, grosse audience en perspective !

J'appelle Jano le coach, mon cousin des Alpes-Maritimes, pour qu'il vienne m'aider à me préparer. Je décide aussi de diminuer dès ce soir ma dose de somnifères pour avoir l'esprit bien clair. Ce qui m'inquiète le plus dans ce genre d'émission, c'est la panne, le gros blanc, le *big bug* en direct, et imaginer alors mon père et ma fille attristés devant l'écran, c'est manquer de repartie, je connais bien la télé, il faut « faire le show », c'est aussi un spectacle, il y a « les bons et les mauvais clients » comme ils disent.

Yann m'a répondu :

Ma Charlotte,

Non, ce n'est pas moi, ce serait ridicule, ta vie contient assez de mystères comme ça ! Je suis heureux d'avoir reçu ces quelques mots. Je vais bien, ma fille aussi, la Chine est épuisante, on y travaille sans fin ; il n'y a pas de secret à la croissance économique. Si les Français trimaient comme les Chinois, ils seraient les maîtres du monde ! Mais il n'y a pas que le travail dans la vie, n'est-ce pas ? Quand la Chine le réalisera, le *made in China* s'éteindra. J'ai entendu ton annonce sur France Inter… Ma Charlotte est bien française… L'amour te manque… J'ai hésité à répondre… Toi, tu me manques et j'arrête là. Quand je suis parti, tu m'avais promis qu'on se reverrait… Souviens-toi de ta promesse… Je viendrai à Paris prochainement, pourrais-je te voir ? Cela me comblerait. Je t'embrasse aussi fort que tu me manques.

Yann.

P.-S. Pardonne-moi si ces mots t'importunent.

Je relis une deuxième fois, juste pour le plaisir, le souvenir, avec un frémissement et cette impression volatile d'être une femme aimée. Après quelques battements de cœur irréguliers, je referme calmement le courriel en décidant de ne pas y répondre car… je n'ai pas de réponse ! En regroupant les premiers et les derniers mots, j'obtiens une synthèse claire : « Ma Charlotte… tu me manques. » Yann ne parle pas de sa compagne, à dessein j'imagine, il est fin mais me sous-estime un peu. Oui, il est possible que nous nous manquions. Se manquer est-il le signe que l'on s'aime ? On peut se manquer pour une multitude de raisons.

Yann est père maintenant, il le voulait tellement, et moi pour lui, il vit en couple, c'est important… Et en Chine ! Je dois me concentrer sur ce qui est possible, vrai, sur Paris et ses Parisiens et le peuple français… Ne pas me compliquer la vie. Elle s'en charge très bien toute seule.

Pas de suite pour l'instant aux mails mystérieux de l'« ange »… En revanche, Lili, elle, a de la suite dans les idées. C'est même un euphémisme. Je suis convoquée d'urgence pour l'étape 2 de notre plan d'action que je ne peux plus retarder « sous peine de terribles représailles »...

Dans cette même brasserie de notre quartier qui nous sert de QG, où l'on peut selon l'humeur déguster une andouillette-pommes sautées ou du cabillaud vapeur, Lili parle avec le débit de Julien Lepers dans l'épreuve du « face-à-face » ! Oui, j'aime Baudelaire, Gary, Zola, Véronique Sanson et Julien Lepers comme ma mère aimait *Le Jeu des mille francs*, tout cela est parfaitement compatible.

Lili est « trop speed » !

Je cite ma fille qui utilise de plus en plus ces mots de nouvelle génération contre lesquels je lutte. Quand j'entends les jeunes parler entre eux au café ou dans certaines émissions de télévision qui les mettent en scène dans d'infamantes caricatures, j'ai l'impression qu'un nouveau dialecte est né. Le « djeun's », composé d'une petite centaine de mots triturés ou importés qui permettent de se sortir d'à peu près toutes les situations d'urgence et d'échanger pour satisfaire les besoins humains primaires selon Maslow. Et dans quelques mois, quelques années tout au plus, la France, comme la Belgique et le Canada, sera scindée en deux : les francophones et les djeunophones. Et, malgré mon immense tolérance, je crains, pour le coup, d'être « trop » réactionnaire, « à donf » pour la version classique, la langue de mes parents, celle des nuances de l'amour et des auteurs que je vénère.

Face à moi, les mains croisées sur la pochette de notre plan d'action, Lili parle toujours aussi vite. Je l'interromps :

— Mais calme-toi, ma douce, je ne comprends pas la moitié de ce que tu racontes, qu'est-ce qui te stresse comme ça ?

— Je suis excitée, c'est tout ! Le succès de l'étape 2 est essentiel pour le moral des troupes !

— Ce n'est que ça, tu es sûre ? Je te sens perturbée...

— Pas du tout...

Lili marque un temps, inspire amplement, puis me confie :

— Je suis fatiguée, je n'arrive pas à récupérer depuis la croisière, c'est étrange car ce n'était pas fatigant pourtant... J'ai vu un médecin qui m'a prescrit exactement ce que tu m'as donné pour l'incident... Au passage, il te félicite pour ce réflexe. Ma fatigue est peut-être liée à cette thérapie... Il m'a aussi donné du fortifiant au ginseng, mais ça ne change rien. Et je ressens une gêne légère au niveau de la gorge, bref, tout ça me stresse, je déteste être malade, d'ailleurs je ne suis JAMAIS malade !

Lili désigne le bas de son cou en grimaçant. Elle me promet de consulter à nouveau au plus vite, mais je ne m'inquiète pas, nous sommes complémentaires, elle a une santé de fer.

Lili reprend son exposé en forçant un ton allègre :

— Notre projet m'excite aussi beaucoup... Étape 2 : Internet ! Incontournable... Imagine tous ces hommes réunis que tu peux choisir selon leurs goûts, leurs désirs, leur expérience, d'un simple clic, tous ces hommes qu'avant il fallait dénicher, qui passaient à quelques mètres de toi, au coin de la rue sans que tu les voies, tous ces hommes de notre vie qu'on a ratés... Eh bien, maintenant, ils sont là ! Inscrits, décrits, classés, dispos. C'est formidable ! Internet est à l'origine d'un tiers des mariages aux États-Unis. Incroyable, non ? Et ils durent plus longtemps ! Tu vois, c'est tout sauf du virtuel.

Malgré la verve convaincante de Lili, je ne peux m'empêcher d'émettre quelques réserves :

— Il reste quand même deux tiers de rencontres à l'ancienne... Et c'est aux États-Unis... Pourquoi est-ce qu'on ne reviendrait pas, au moins quelques mois pour souffler un peu, à des méthodes plus naturelles, traditionnelles, une sorte de « bio amoureux » ?... Un clin d'œil échangé dans un café, un émoi inattendu au mariage d'une cousine, un ami d'amis dont la jambe te frôle dans un dîner le samedi...

Lili m'interrompt :

— Mais tu es en plein délire ! On est au XXIe siècle ! À quand remonte ton dernier mariage de cousine ? Ça fait dix ans qu'on arpente la rue de Sèvres sans le moindre frémissement, tu es en jachère affective et sexuelle depuis près de deux ans, alors, si tu veux finir vieille fille, reprends le « bio »...

Je bondis :

— Je déteste ce terme « vieille fille » ! Ne répète jamais cette expression horrible ! Et puis j'adore les vieilles filles ! Et les vieux garçons ! J'adore Henriette ! J'adore Pierre ! J'adore tous ces êtres qui ont eu la force et la sagesse de rester seuls, qui ne se sont pas acharnés comme nous à chercher l'amour comme des mortes de faim ! Change le titre de cette pochette, s'il te plaît, et marque : « Si l'amour ne vient pas à toi, TANT MIEUX ! »

— C'est toi qui t'excites cette fois, je ne le dirai plus, promis... Mais reconnais quand même que ça fait quelque temps que rien ne bouge... À part ton Yann et mon chanteur... Et ça fait un bail maintenant... Il faut faire quelque chose, ma belle, tu es d'accord ? « Vivez ! Il est plus tard que vous ne le pensez... »

— C'est joli ça, tu l'as lu dans ton recueil ?

— Non, c'est une adaptation personnelle et mon nouveau leitmotiv. Tu es d'accord, quand même, faut qu'on continue ?...

Lili prend sa voix éplorée, ouvre ses yeux de biche et fait vibrer ses cils.

— C'est vrai que ça ne bouge pas beaucoup..., dis-je calmement, amorçant un sourire.

Après une profonde respiration, consciente que je vais à nouveau m'engager à faire des choses que je n'aurais jamais faites seule, je demande :

— Que proposes-tu alors, ma douce ?

Lili contient son air victorieux, se redresse sur sa chaise et allume dans ses yeux cette lueur que je connais bien, annonciatrice de nouvelles aventures :

— Je te passe les détails, reprend-elle, tous mes comparatifs rébarbatifs, les notations, pourcentages de satisfaction... Bref, le top c'est Attractive World !

Chez moi, nous passons à l'étape 2. Autour de mon ordinateur, sur cette table de ferme que j'ai cérusée, Lili étale quelques douceurs que j'ai choisies chez ma boulangère pour me donner du courage... Oui, j'ai besoin de tendres sucreries... Certains s'enivrent, moi, je me « sucre ». L'ingrédient est différent, mais le principe semblable : le plaisir immédiat et l'oubli. L'oubli de quoi ? À chacun sa réponse. On a tous quelque chose à oublier. Mon désir de sucre, mon besoin de plaisir et d'oubli, est directement lié à mon anxiété. C'en est même un symptôme. Quand je stresse, je me sucre, je me remplis, me rassure. Si je stresse beaucoup, je me sucre à m'en brûler la bouche. Avec délice. Le gras et l'alcool me sont proscrits. Par contre, le sucre m'est autorisé, sans dosage précis. Alors, le sucre m'a prise ! Sans mesure. La nature a horreur du vide. J'ai eu une période « tarte au citron » alors qu'avant ma greffe je détestais l'acidité de cet agrume. Puis « chocolat au lait », plutôt industriel. Les Petit Écolier laissés au frigo pour que le dessus croque sous la dent ont été mon tourment. Ce nom à la nostalgie pure a peut-être influencé mon addiction. J'aimais être écolière et petite. Seuls mon auriculothérapeute et ses mini-piercings magiques de l'oreille sont parvenus à m'extraire un temps de ma compulsion gourmande. J'ai eu ma trêve des confiseurs, quelques mois assommants de fruits, légumes et blancs de volaille, puis j'ai replongé. Assez récemment, en plein dans le mille, le millefeuille précisément, et les éclairs. Ma psy voit dans ces deux gâteaux les symboles des sexes féminin et masculin. Ma psy ne va pas bien. Je préfère le point de vue d'Oscar Wilde : « La seule façon de se libérer de la tentation, c'est d'y céder. » Et je cède, sans aucune culpabilité qui gâche le plaisir, aux millefeuilles bien beurrés à la crème pâtissière, surtout pas de chantilly allégée façon nouvelle cuisine. Il ne faut pas faire les choses à moitié, c'est la meilleure façon de vivre entre remords et regrets. Il faut bien napper les millefeuilles d'un beau glaçage marbré. Et qu'ils soient bien tranchés !

Lili prépare notre dégustation en découpant soigneusement les gâteaux en plusieurs morceaux dont je vérifie furtivement les proportions. Puis elle commence à me donner ses instructions. J'obéis, je pianote sur le clavier de l'ordinateur et le fameux site surgit à l'écran. Attractive World...

À la lecture du nom luminescent, je remplis ma bouche avec un rien de gloutonnerie car je suis stressée. J'ai peur tout à coup que ce que Lili s'évertue à présenter comme un champ d'opportunités, une chance, ne soit qu'une vaste foire à bestiaux numérique qui comptera bientôt deux vachettes de plus... Poussée par les « allez ! » de Lili qu'elle lancerait d'un même ton à une ânesse rétive, j'entame la procédure d'inscription. Il faut se décrire, dans le détail, offrir une version optimisée de soi-même, appâter, « se vendre », dévoiler ses goûts, ses envies, ses rêves, avant même la première rencontre. Et devant des milliers d'autres. Quel déballage ! Lili affirme que je dramatise, que je l'ai déjà fait à la radio devant des milliers de Français. Je réplique :

— Mais c'était la nuit, juste un moment, des mots qui s'envolent, et puis on peut faire une erreur...

— Fais-moi confiance, tout le monde se dévoile sur le Net, finalement c'est plus transparent et tu n'es pas obligée de te mettre à nu. C'est moderne, rapide, direct, convivial, incontournable. Ça ne coûte rien d'essayer !

Je reste hésitante. Lili s'agace :

— Ne commence pas à te dégonfler !

Piquée au vif, je clique aussitôt en répétant à voix haute le slogan qui clignote :

— « Pour célibataires exigeants »… Ils sont vraiment célibataires ?

— C'est du déclaratif, pas un questionnaire administratif ! Tu peux écrire ce qui te chante mais si tu observes bien dans la case « Statut », il n'y a pas d'option « Marié »…

— C'est vrai… Je ne suis pas sûre d'être « exigeante », ça fait prétentieuse, non ? Pour être exigeante, il faut d'abord s'assurer d'être soi-même un cadeau… Et je ne suis pas un cadeau, moi, si ?

— Tu es en manque de compliments ? Tu reveux du millefeuille ? Je ne te savais pas si fébrile devant l'amour ! Mais oui, bien sûr, tu es une perle ! Comme moi.

— C'est le mot que je cherchais, des perles ! Tellement rares que personne ne les trouve.

— Aie confiance, ma belle ! Tu le répètes assez dans tes bouquins, tout est affaire de confiance. Allez, clique encore, ça n'a pas marché ! Là, sur « Je m'inscris » !

Mon index reste en l'air, presque malgré moi, Lili clique à ma place. Défile alors une série de questions générales ou plus originales…

Date de naissance ? « Tout le monde triche d'au moins cinq ans », affirme Lili. Pas moi, 29 novembre 1968. Puis pays de résidence, code postal, statut, couleur de cheveux, yeux, taille, poids, etc. J'hésite devant la rubrique « Silhouette ». J'ai au choix : « Mince », « Normale », « Quelques kilos en trop », « Ronde », « Sportive ». Ça dépend de la partie du corps… Faudrait pouvoir détailler… Lili s'impatiente et clique sur « Normale ». Secteur d'activité ? Artistique. Mes films, livres, artistes préférés ? Je cite Robbie Williams, Véronique Sanson, le film *Braveheart*, Romain Gary, Émile Zola, Stefan Zweig, Baudelaire, Apollinaire… Lili me suggère des auteurs plus populaires, affirmant à regret que les aptitudes intellectuelles repoussent plus qu'elles n'attirent… Pourtant Zola, Gary, Baudelaire, ce n'est pas intellectuel, c'est émotionnel ! Je proteste sans convaincre Lili et ajoute Katherine Pancol et ses « crocodiles » qui me plaisent aussi. Pour décrire « La soirée idéale », je bloque. Est-ce à moi de choisir ? Je préférerais me laisser porter, surprendre. Mais il faut remplir toutes les cases, autrement ça ne marche pas, alors j'écris « un bon dîner, un bon ciné, un bon dodo ».

— Tu as le sens du slogan, dis-moi ! s'écrie Lili, la bouche encombrée d'un bon tiers d'éclair praliné. Le mot « dodo », ma belle, c'est suicidaire ! Ça fait mémère et surtout ce n'est pas du tout toi !

— Elles me fatiguent ces questions ! J'ai l'impression d'être à Pôle emploi. Écris pour moi si tu me connais si bien que ça, allez, s'il te plaît...

Lili, craignant mon abandon, écrit : « Poulet thaï au gingembre, beau film et douce insomnie »... Ça sonne mieux, c'est vrai.

Question suivante, « Un voyage idéal »... Lili propose : « Celui que nous ferons... » À nouveau, je proteste :

— C'est tarte ! Tant que tu y es, écris : « S'aimer, c'est regarder dans la même direction » !

— OK..., s'incline Lili. Quel voyage alors ? Attention, c'est une question piège, si tu cites une région de France ou même un pays limitrophe, ça fait routine, plan-plan, et si tu mentionnes un pays lointain, on peut penser que tu cherches un homme friqué... Faudrait entre les deux, tu n'as pas un atlas ?

— Non mais quel cirque ! Je suis épuisée avant même d'avoir commencé ! Je commence à craquer ; « la planète Mars » ! Ça te va comme réponse ?! Ou « Un week-end chez ta mère ». C'est pas mal, ça ?! Attends, j'ai mieux encore... « Mon voyage idéal ? L'amour ! » C'est tarte ?

— Tu dis beaucoup « tarte », ma Charlotte, tu es vraiment intoxiquée, même ton langage est sucré. Oui, c'est super tarte !

— Mais vas-y ! Dis que je suis tarte !

Sensible à la tension comme au gaz, mon canari sonne l'alarme, Grisou se met à hurler.

— Mais cet oiseau est insupportable ! s'esclaffe Lili. Tu sais que les Balinais les dégustent en brochettes, avec les plumes rôties et une salade de mangue ?!

— T'es un monstre ! Et « l'amour », ce n'est pas une réponse tarte !

— Écoute, on ne va quand même pas s'engueuler ! S'il faut choisir entre amitié et amour, c'est tout vu…

Lili prend exprès un ton équivoque, affichant une moue grave.

— Vu comment ? demandé-je.

— Je te choisis, toi !!! crie Lili en faisant voler quelques miettes de pâte feuilletée.

J'écris donc « un voyage idéal : l'amour ! » et finalise mon portrait dans la sérénité, seule, pendant que Lili achève les pâtisseries, affalée sur le canapé. Je choisis une photo où j'apparais camouflée sous un béret angora avec un pull à col roulé, puis un pseudo, Charly007, et je valide ! L'aventure peut commencer.

Alors que j'attends déjà les premiers messages, je lis avec surprise que ma candidature va être examinée par d'autres membres du club et éventuellement agréée dans un délai de quelques jours… C'est maintenant au tour de Lili. Occupée à caresser mes chats, elle marmonne qu'elle s'inscrira plus tard, à tête reposée, chez elle. Maintenant qu'elle connaît les questions, elle peut affiner ses réponses.

— J'étais donc ton cobaye ?! protesté-je.

— Tu es plus « cash » que moi ! Plus directe ! Dans l'instant… Moi, j'ai besoin de réfléchir… À propos, c'est quand déjà ta grosse télévision en direct ?

— Après-demain… Je stresse, l'éditeur dit que c'est essentiel pour le livre…

— Tu ne vas quand même pas te mettre la rate au court-bouillon pour une émission de télévision !

Aymeric et Natacha s'aimaient d'amour tendre

Lili a raison. Pourtant, la pression monte *crescendo*…

Mon éditeur m'a téléphoné plusieurs fois pour me rappeler l'enjeu de ma participation à *On n'est pas couchés.*

La veille de l'émission, mon cousin, Jano le coach, arrive exprès du Sud de la France pour m'entraîner. Nous nous installons en face à face dans mon salon et je lui dis : « Vas-y, cogne ! Dis-moi tout ce qui te passe par la tête et qui peut faire mal. » Et Jano se lâche avec un certain plaisir, enchaînant les affirmations péremptoires, désagréables, agressives : « Votre livre est nul ! Vide ! Quelles sont vos compétences pour écrire de tels conseils ? Tout est faux ! C'est votre vie ou un roman ? N'est-ce pas impudique ?! Exhibitionniste ? Un truc pour faire du fric ? »

Tout y passe. Au bout d'une heure de maltraitance, je crie grâce !

— Arrête !!! Ou je vais faire une crise de nerfs ! Je te propose un break ! Je déclare une pause verveine-millefeuille ! Par amour ou par pitié… Pourquoi seraient-ils aussi féroces ? Il est bien notre livre, non ?

— Si tu sais parer au pire, tu ne peux être qu'agréablement surprise…

Tara assiste à nos échanges et s'inquiète pour moi, elle sent ma fébrilité. Je la rassure. C'est juste un entraînement pour défendre mon livre, ma Louloute…

Après le dîner, Tara l'exploratrice enquête sur Internet, elle veut savoir qui sont ces deux chroniqueurs que je redoute d'affronter. Elle lit que Natacha Polony est une « intellectuelle »… Tara est perplexe car elle se souvient parfaitement de ma définition et doute que nous soyons compatibles. Elle reprend confiance en découvrant que la journaliste est aussi diplômée de poésie.

— Tu devrais lui lire le poème que t'as écrit pour moi, il est beau… Elle est « agrégée », ça veut dire quoi ?

— C'est un diplôme de haut niveau.

— T'es pas agrégée, toi ? dit ma fille timidement.

— Non… Enfin si !

Je refuse que Tara doute de mes capacités à me défendre et dis en serrant le poing :

— Agrégée de vie !

Tara reprend des couleurs… et ses recherches. Elle enquête maintenant sur l'autre chroniqueur, Aymeric Caron.

— Il a habité en Chine ! Tu en parles dans ton livre, ça peut vous faire un point commun… Il est grand reporter… C'est où le Kosovo ? Grand reporter, c'est comme Médecin sans frontières ? Il est végétarien, maman ! Ils sont gentils les végétariens…

Tara a trouvé le mot qui la rassure : « gentil ». Je lis derrière son épaule, gratte le haut de sa tête, renifle sa nuque et lui propose d'éteindre l'écran maintenant. Il est tard. « Merci, ma Louloute. » Tara souffle un peu et va se coucher.

Ma fille me touche profondément. À tel point qu'il m'est difficile d'en parler. Elle ressent tout en moi, malgré la comédie que je joue parfois pour la préserver. Chacune de mes humeurs, chaque variation, même légère, de mes états, le poids de nos silences, les vibrations de ma voix, même d'une pièce à l'autre, au téléphone, à distance… Je me demande parfois si l'inverse est vrai. Si je fais autant attention à Tara qu'elle à moi. Quand j'étais malade, je ressentais avec culpabilité qu'elle me protégeait plus que je ne le faisais, que les rôles s'inversaient. C'est lourd à porter pour une enfant.

Mais ce soir, je vais bien ! La forte, c'est moi. La pression autour de cette émission réveille progressivement ma nature guerrière. Dans la famille Rambo, je demande la mère ! Je rejoins ma fille dans sa chambre pour l'embrasser. Elle vient d'éteindre, s'est plongée exprès sous les draps. Dans l'obscurité, je m'assois sur le bord du lit pour lui confier un secret : « Écoute-moi bien, ma Louloute… (je prends une voix mystérieuse) dans le monde entier… personne n'a encore réussi à me mettre à terre… Même pas toi avec tous tes cours de taekwondo !!! » Tara éclate de rire, fait voler les draps en se dressant d'un bond. Elle me surprend en m'attrapant aux épaules avec vigueur et me renverse sur le lit, je la chatouille de toutes mes forces, elle hurle « C'est pas du jeu ! » en grimpant sur moi, j'appelle à l'aide ! Jano vient me sauver.

Jour J. J'ai fait un rêve érotique, rare de ma part, dont l'agréable puissance a effacé mon stress. Les chroniqueurs Natacha Polony et Aymeric Caron s'aimaient devant moi. Leur corps à corps était intense, long, voilé d'une brume de chaleur que je tentais de dissiper en battant des mains pour mieux voir. L'homme végétarien, le dos luisant, la chevelure mouvante, était animé d'une fougue toute carnivore, et la belle, lorsqu'elle parvenait à ouvrir les yeux, plongeait en moi son regard sombre aux éclats dorés en répétant : « On n'A pas couché… on n'A pas couché… »

Ma psy que je consulte dans l'après-midi décrypte mon rêve. Je redoute la confrontation intellectuelle avec ces personnes, je les imagine donc plus physiques, sensuelles. Je voudrais qu'ils aiment mon livre, alors je rêve qu'ils sont amants !

L'émission est tournée au *Moulin rouge* dans le quartier de Pigalle. Jano m'accompagne. Dans la salle de maquillage, où je salue le chanteur Garou, Michel Drucker et un humoriste dont j'ai oublié le nom, l'ambiance est proche d'une veillée funèbre. Tout le monde est tendu. Même le rigolo fait la tronche. Laurent Ruquier nous réchauffe d'un salut éclair et me lance : « J'ai tenu ma promesse ! Va falloir assurer maintenant ! » Ça sonne comme des encouragements avant l'épreuve… Je reste concentrée et aussi détendue que possible. Enfin prête, je me glisse dans les coulisses. J'ai toujours aimé les ambiances de plateau télé. J'aperçois dans un couloir Aymeric et Natacha, qui ne me voient pas, puis Ruquier. Ils rentrent tous les trois dans un local réservé aux costumes. C'est là qu'ils doivent échanger rapidement sur le sort qu'ils réservent aux invités. On m'appelle en plateau. L'assistante me prévient que je serai interviewée en avant-dernier, la nuit sera longue.

Jano s'est placé dans le public, juste en face de moi. Il ne me lâche pas du regard, lève le pouce et hurle « Bravo ! » dès que mon nom est prononcé. Pendant l'émission, j'ai une révélation. Quand j'assiste, médusée, à la demande en mariage que Michel Drucker, pape de la télévision française, fait à Natacha Polony en lui expliquant qu'il a relu tous ses livres pendant la nuit, je comprends que mes collègues invités, le pape amoureux, le chanteur populaire et le comique sont inattaquables. Or il faut bien que la foudre tombe… On n'est pas à *L'École des fans*. Ce sera donc pour ma pomme ! C'est mathématique. Bibi va se faire dessouder « façon puzzle » (génial Michel Audiard). J'en suis d'autant plus convaincue que je n'ai aucune intention, malgré les avancées législatives, d'épouser la très convoitée Natacha. Je sens mes paumes devenir moites. Calme-toi, Charlotte… Tu en as vu d'autres… À deux heures du matin, c'est à mon tour de m'asseoir dans le fauteuil bleu. Jano, mon pom-pom boy en alerte maximale, s'époumone. Il est bien le seul, tout le monde est épuisé. Moi aussi, éreintée et stressée. Mais le pire n'est jamais certain. Et la foudre ne tombe pas. Une simple ondée. Mes anges veillent. Natacha évoque Guillaume Musso en s'étonnant « que dans ma vie de roman, on me mente beaucoup », cette observation fine me poursuivra plusieurs jours… Et Aymeric n'a pas goûté mes histoires de cœur et mes recettes de bonheur. Il préfère Boris Cyrulnik. Soit…

À la fin de l'émission, il vient à moi, en s'excusant presque. Tara a raison, il est gentil, mais s'en défend. Quand Natacha nous rejoint pour susurrer à son oreille : « On y va ?… », je retrouve dans sa voix la teneur de mon rêve !

Vole, mon ange…

Mon inscription à Attractive World a été validée. Je suis acceptée dans la « communauté ». Ce mot m'effraie un peu. Mon instinct grégaire n'est pas particulièrement développé, je n'éprouve aucun besoin de faire partie d'un groupe. On me propose de remercier d'un message ceux qui ont voté pour moi. Je le fais par politesse, sans originalité.

Lili m'appelle, furieuse, sa photo a été retoquée. Son décolleté a été jugé trop suggestif, contraire à la charte de déontologie du site. Pourquoi met-elle en avant comme cela ses atouts charnels en courant le risque de fourvoyer ses prétendants ?… Cet incident technique reporte de quelques jours notre premier débriefing. Je l'attends avant de consulter mes premiers messages. Nous avons entrepris cette aventure à deux et en vivrons chaque pas ensemble !

Mes comptes bancaires que je surveille sur le Net me stupéfient. La croisière de l'amour m'a coulée. Sans compter cette liste de petites dépenses qui, toutes additionnées, forment un vrai magot. Étrangement, je ne reconnais pas la moitié des libellés de mes fournisseurs… Je dois cependant constater que mes réserves fondent comme un ice-cream au soleil. Mes revenus à venir s'annonçant maigrichons, je me demande combien de temps je vais pouvoir tenir à ce train-là. Faudrait que je retravaille… Mais comment ? Je n'ai aucune piste malgré mes diverses relances.

Une visite chez mon banquier s'impose !

— Au secours, monsieur ! Aidez-moi, je vous en prie, mon compte a été piraté !

Mon entrée dans la banque, à la façon de Rosy Varte dans *Maguy*, fait son effet. Au théâtre, on m'aurait applaudie. Mon conseiller que je reconnais s'émeut de ma détresse et me propose d'étudier dans le détail chaque ligne de mes dépenses.

— Oh, est-ce bien nécessaire, charmant monsieur… alors qu'une simple rallonge suffirait…

Au bout d'une heure d'épluchage et de remémorations pénibles, oscillant entre culpabilité, surprise et abattement, je dois affronter ma réalité, je suis le seul pirate de mon compte ! Je le renfloue avec mon « assurance vie » vacillante. J'ai toujours aimé le nom de ce placement, j'embrasse mon conseiller pour le temps passé et promets de lui dédicacer mon livre. Puis Rosy s'enfuit en promettant des jours meilleurs…

Aujourd'hui, je pars en Bretagne, toute seule, pour une visite éclair. Je vais me recueillir sur la tombe de ma mère.

Avant de prendre le train, je reçois la suite du mail mystérieux. Une semaine pile après le précédent. Un vendredi. Je remarque même que l'heure est quasiment identique.

Une nouvelle strophe du poème *L'amoureux fou.*

… Je suis né sans armes,
Pour tomber sous ton charme,
Je n'ai pas de raison, tu vois,
Je n'ai plus de maison,
Non, tu ne vois pas,
Cet amour incendiaire qui brûle tout en moi…

Je répète le dernier vers en comptant les syllabes. J'aime la musique des alexandrins, leur boucle pleine, ce rythme binaire qui équilibre les mots. L'amoureux « brûle », mais le vers sonne doucement. C'est encore signé d'un ange, tout reste mystérieux. L'amoureux « n'a pas de raison », je m'en doutais un peu.

Malgré la jolie musique, le mystère m'agace.

Je ne réponds pas, cette fois, et file à la gare Montparnasse.

Il y a quinze ans jour pour jour, ma mère décédait d'un cancer généralisé, quelques années de rémission après une première attaque qui avait condamné un de ses beaux yeux bleus.

Au Val-André, dans les Côtes-d'Armor, sous un ciel encore clair en cette fin d'octobre, j'avance dans le cimetière à deux pas de la mer. J'ai tenu à être seule. Mon père et ma sœur Aude sont venus ce matin déposer quelques fleurs.

La dalle de pierre devant laquelle je m'agenouille est en granit rose. Simple rectangle épais. Le nom de ma mère est gravé. Je le lis puis lève d'instinct le regard vers le ciel. Je te parle, maman…

— Moi aussi, je t'ai apporté des fleurs.

Des roses très pâles presque crème que j'allonge devant moi.

— J'ai apporté ton parfum aussi.

J'appuie sur un flacon sorti de mon sac et fais naître une pluie fine.

— J'aimerais que tu me fasses un signe là, comme tu l'as fait.

Je pose mes mains sur la pierre dont le froid me saisit.

— Je le veux, s'il te plaît, j'en rêve, je t'appelle…

J'appose ma joue sur mes mains et reste à attendre.

— J'ai tout mon temps, maman…

Le vent de la mer pousse les fleurs sur les tombes. Quelques mouettes tournent et crient dans le ciel. Je me lève et cale solidement mon bouquet avec des cailloux. Et je prie. « Je vous salue, Marie… Je te salue, maman, Anne-Marie, je sais que tu m'as protégée, tu as bien travaillé. Je t'espère en paix maintenant, moins inquiète de notre vie sans toi. Ne pars pas, reste autour de moi, de nous, j'ai peur de perdre ta trace. Je trouverai le sens de tes messages. »

Il y a quinze ans, dans l'église, je ne pouvais pas pleurer. C'était au-delà de ça. J'avais chanté « Vole, vole, petite aile » de Jean-Jacques Goldman, je savais déjà que tu volais, mon ange.

Dans le train du retour, j'erre dans mes brumes. Je n'ai pas ressenti la présence de ma mère et cela me trouble. C'est peut-être ridicule, pourtant je l'attendais. J'étais certaine qu'elle trouverait une façon de venir à moi. Mais tout était froid, désert, silencieux. Seuls mes mots résonnaient à l'intérieur de moi. Les anges ne répondent pas aux appels et n'en font qu'à leur tête.

Je repense à tous mes souvenirs avec maman. Je ne veux penser qu'à elle aujourd'hui. Je revis sa présence l'autre matin, le parfum, les mots dans la chapelle, ceux écrits sur mon cahier, sa présence aussi à l'hôpital, au théâtre, dans la rue, un jardin, sa présence si souvent…

Une scène oubliée, vécue avec maman, me revient à l'esprit pour la première fois, comme un hommage.

Elle disposait de quelques économies. Elle s'en servait pour gâter ses filles et pour son plaisir aussi, des bibelots en argent, des timbales dénichées aux puces qui étoffaient sa collection. Un soir, dans la cuisine, quelques mois après le choc de ma contamination, à cette époque où aucun remède n'existait, où nous faisions silence puisqu'il n'y avait rien à faire, ma mère, qui ne quittait jamais Paris sans nous, m'apprit qu'elle revenait de Suisse.

— De Suisse ?!

— Oui, ton père est en congrès, ta sœur chez une amie, ne dis rien, j'ai pris le train de nuit hier, à la gare de Lyon, et je reviens à peine.

— Mais qu'as-tu fait en Suisse ?

Sans répondre, ma mère se retourna vers le frigo et en sortit une boîte en plastique scellée de la taille d'un pavé qui contenait une multitude de petites gélules rouge vif.

— Qu'est-ce que c'est ?

— C'est un nouveau traitement, à base de placenta, unique au monde. J'ai lu que c'était efficace pour toi, ça renforce le sang et ralentit la maladie... Tu peux essayer...

Ma mère me tendit la boîte à bout de bras, et j'hésitai à la prendre. J'étais paralysée par ce que je découvrais dans sa voix, dans ses yeux, ce geste. Cette femme que j'aimais comme on aime une mère, cette présence quotidienne normale depuis toujours, devenait à cet instant exceptionnelle. Je comprenais que ma mère pensait sans cesse à ce que l'on taisait, que j'étais sa tristesse mais aussi son espoir. Ce soir-là, elle rompait ce silence qui m'installait dans l'oubli, pour me crier qu'elle m'aimait, tellement qu'elle était prête à tout, à partir à l'étranger seule, à prendre le train de nuit, à le cacher à mon père, à dépenser tout son argent.

Ces comprimés qu'elle avait achetés à prix d'or n'eurent aucun effet. Mais la puissance de l'amour de ma mère, ses bras tendus vers moi comme une injonction à vivre me remplirent ce soir-là d'une volonté sans bornes.

Il pleut dehors et le train va si vite que la pluie sur les vitres ruisselle à l'horizontale et remonte même sur le côté. Je suis le tracé des gouttes avec mon doigt. On dirait que la pesanteur a changé. Plus rien ne tombe à terre. La pluie fait demi-tour. Tout retourne au ciel.

Madame la directrice

Quelques jours plus tard, chez moi, au réveil, le parfum de maman envahit à nouveau ma chambre. D'une intensité infiniment plus grande que cette eau légère que je porte maintenant. J'écarquille les yeux pour m'assurer que je ne rêve pas. Je décris en silence, calmement, tout ce que je vois autour de moi, le lustre en papier, la photo de maman que j'ai replacée face à moi, la commode, la malle, le placard ouvert et mon chat posé sur l'étagère qui balance sa queue, toutes ces images que je reconnais et qui appartiennent à ma réalité. Je ne rêve pas. Je n'ai plus peur. Je suis troublée, subjuguée. Ma réalité peut se mêler à une autre, qui n'est pas un rêve, pas une hallucination, juste une autre réalité qui m'effleure puis s'enfuit après quelques secondes...

Ce même jour, en cherchant un nom dans mon répertoire, je me trompe en appuyant sur l'écran de mon téléphone. Je joins Philippe Stolz et le prie de m'excuser immédiatement de cette erreur. Philippe est un ami de longue date, producteur de télévision, avec qui j'avais travaillé il y a des années dans *Flash-back*, une émission musicale que je présentais sur la sixième chaîne. La dernière fois que nous nous sommes parlé, Philippe produisait le programme *Pékin Express*. Il est surpris de m'entendre. Moi aussi. Nous discutons quelques instants, amusés de ces retrouvailles inattendues. Philippe parle toujours avec ce ton bouillonnant qu'ont les hommes perpétuellement créatifs. Il est pressé, toujours entre deux rendez-vous, deux idées. Il s'est tenu au courant de mon actualité, de mes livres et, quand je l'interroge sur ses projets, il évoque la reprise d'un programme musical connu pour une chaîne de la TNT sans pouvoir développer davantage car c'est encore secret. Puis il interrompt notre conversation à bâtons rompus et garde le silence un instant. Philippe réfléchit. Je le connais bien. Puis il m'embrasse car il est bien sûr pressé et on se promet de se rappeler. « À très vite ! »

Dans le show business, le monde des médias, cette expression de rapidité est une politesse plus qu'une réalité.

Pas cette fois ! Le lendemain, Philippe me rappelle, enthousiaste, excité. Il lance dans un mois la nouvelle *Star Academy* sur NRJ12 et me fait avant tout promettre d'en garder le secret. Ce programme télévisé initialement diffusé sur TF1 est une école musicale en mode accéléré, un concours, préparé pendant trois mois, dont le but est de faire émerger un talent parmi une sélection de chanteurs en herbe. C'est aussi un spectacle divertissant auquel participent des chanteurs chevronnés pour accompagner les élèves. Philippe cherche encore la « directrice » de l'école et me demande si ce rôle me plairait. J'adore la musique, j'aime chanter, je suis mère d'une adolescente, j'ai des valeurs et une expérience à partager, du temps libre à revendre, alors oui, ce rôle me plaît !

Je rencontre les responsables de la chaîne, l'équipe de production et tombe sous le charme de quelques voix en écoutant les essais des candidats. Mon contrat est signé rapidement. Je commence le 6 décembre prochain…

Rendez-vous avec un fantôme

Lili part en vacances une semaine avec son fils, dans la France profonde et sereine, en Aubrac.

Son inscription à Attractive World a finalement été validée. Elle est un peu vexée de ce retard, un peu moins enthousiaste, moins pressée de passer à notre étape 2. Elle pense à changer de site. C'est moi qui insiste cette fois, car j'ai compté dans mon espace personnalisé une dizaine de messages que je me refuse à lire sans elle. On s'est inscrites, non sans mal, on ira jusqu'au bout ! Lili m'assure timidement que, dès son retour, nous prospecterons ensemble tous les possibles numériques.

Elle se réjouit de mon nouveau rôle dans la *Star Academy* et tient à être mon assistante personnelle bénévole, non pas pour me servir, elle le fait suffisamment comme ça, précise-t-elle, mais pour avoir la chance d'embrasser Madonna ou Patrick Bruel. Et puis « ça fera star et son staff ! » ajoute-t-elle encore en riant. J'accepte sa proposition.

Tara passe la moitié des vacances scolaires avec son papa.

Ce début novembre est particulièrement calme. L'absence de Lili fait une grande différence. Elle aime m'accaparer et j'aime qu'elle le fasse. À moins que ce ne soit l'inverse.

Je profite de mon célibat amical pour voir d'autres amis.

J'emmène au théâtre ma nouvelle copine Annie, ma coiffeuse préférée au sourire immuable malgré les galères, toujours attentive, généreuse, qui lisse les cheveux à la perfection et aime tant la conversation. Son salon de coiffure est à côté de chez moi. J'y passe presque tous les jours même pour un coucou. J'aime discuter avec Annie. Elle me raconte sa vie haut en couleur, son passé faste, son présent délicat. Elle est toujours optimiste. Elle parle, mais elle écoute aussi avec le cœur, elle sait être là.

La meilleure amie de ma mère était une marchande de chaussures du quartier. Après quelques achats et quelques années, un jour ma mère traversa la rue exprès pour lui faire un petit signe à travers la vitrine. La vendeuse le lui retourna avec un sourire joyeux. J'étais là. Ce fut le début de leur amitié. Elles ont commencé par échanger des banalités sur la vie autour d'un café, un rapide déjeuner. Elles ont parlé du quartier, de chaussures et du temps puis des enfants, de leurs pères, de la vie, et la gentille vendeuse est devenue la personne la plus proche de ma mère. Elle était à l'aise avec cette femme simple et chaleureuse sans jugement, sans humeurs. Comme Annie, la vendeuse de chaussures, dont j'ai oublié le nom, avait le talent d'alléger les cœurs. Elle savait tout des petits et des grands malheurs de maman.

La pièce en avant-première plaît beaucoup à Annie. Plus que tout, elle aime le cocktail privé organisé après où elle flâne une coupe à la main entre quelques people.

Cette semaine, je vois aussi mes amis « normaux », Isabelle et Antoine. Son frère, qui ne veut plus me voir, a été un amoureux. Je les aime beaucoup. Ils sont intéressants et bienveillants. Ils n'ont rien à voir avec le show business, ils sont cadres en entreprise et viennent d'avoir un fils, Maxime, si beau, si rose, que je l'adopterais bien. J'aurais adoré avoir un autre enfant. Leur vie est organisée, stable, comme l'était celle de mes parents, à l'opposé de la mienne. J'aime ce contraste reposant.

Je déjeune aussi avec M. Poussin au restaurant indien. Il sait toujours qui est le président de la République mais a oublié Valérie. Il me parle du cosmos et de ses deux Madeleine, sa tendre disparue et son canari. Parfois, je vois qu'il est ailleurs. Il décroche. C'est arrivé deux fois pendant le repas. J'ai dû l'interpeller pour qu'il redescende de ses nuages. Il me semble aussi qu'il parle plus lentement qu'avant. Dans la cour, en rentrant, nous croisons la voisine du sixième de l'immeuble d'en face. Elle fait pousser sur le rebord de ses fenêtres toute une forêt inquiétante qui menace de tomber. Monsieur Poussin la connaît depuis trente ans. « C'est une originale, elle s'appelle Renée, une solitaire, pas méchante, elle a la folie des plantes, la folie tout court, disait Madeleine… »

Le 4 novembre est une date particulière. C'est l'anniversaire de ma greffe, jour de renaissance, mais aussi celui de la mort de mon donneur, Virginie. Cela fait neuf ans, aujourd'hui. J'ai appris l'identité de cette femme par Yann, son mari. Elle était médecin dans l'humanitaire. Elle aimait l'Inde, Paris et la Seine. Alors le 4 novembre, je me rends sur un pont, différent chaque année, pour y lâcher un bouquet que je regarde flotter et s'enfoncer dans l'eau trouble. J'ai pensé me rendre au cimetière du Père-Lachaise où elle est enterrée. Yann m'avait renseignée sur l'emplacement exact. J'y ai renoncé. Je ne veux pas voir son nom gravé ni rencontrer ses proches, sa mère ou Yann qui vient chaque année à Paris pour la retrouver. Ce serait étrange et déplacé de me recueillir sur la tombe de Virginie, dont le cœur bat toujours en moi.

Cette année, j'ai choisi le pont de la Concorde, au cœur de Paris, près de l'obélisque à la pointe dorée de Louxor, cadeau de l'Égypte, un lien entre les peuples. Dans le bus bondé qui m'emmène, j'essaie de préserver de la foule le bouquet d'agapanthes bleues que j'ai choisi. Une dame d'un certain âge, qui se tenait juste derrière moi, susurre en passant que mes fleurs sont belles, puis elle tend la main furtivement pour caresser ma joue et se fraie un chemin jusqu'aux portes. « Continuez… », lance-t-elle en se retournant vers moi avant de descendre… Je reconnais cette femme ! Elle a déjà eu ce geste. C'était aussi dans le bus, dans ma rue. Cela m'avait émue, j'en avais même pleuré. C'était il y a un an à peu près. J'essaie de me rapprocher de la vitre pour la voir, mais le bus s'est déjà éloigné.

Dans la nuit, je repense avec excitation à la *Star Academy*. J'ai un nouveau job. On me fait confiance. Une bouffée d'euphorie me prive de sommeil. Douce insomnie… *La musique, la télévision, la lumière…* Les mots de Pierre résonnent à nouveau en moi. D'un geste précipité, je saisis mon téléphone et retrouve la photo de ses prédictions. Je relis la page et constate, sidérée, que la moitié de ce qui est inscrit s'est déjà produit… Une à une, ces visions deviennent réalité comme si elles existaient déjà dans une autre dimension à laquelle Pierre a accès. Je remarque cependant que l'ordre des événements écrits est différent de leur chronologie dans la réalité. Cette imprécision me soulage. J'espère vraiment que Pierre est faillible et que le *décès annoncé d'un homme âgé, l'hôpital et les amours fantômes* ne surviendront que dans quelques siècles...

Avant d'éteindre mon téléphone, je rêve un instant sur de meilleurs présages : *des diamants symboliques, le plaisir de la chair et le grand Amour...*

Le lendemain, je rappelle mon père, qui se porte toujours bien. À bientôt quatre-vingts ans, il reste un pilier de ma vie.

Je joins aussi mon cardiologue pour qu'il m'examine à nouveau. « Pourquoi ? s'étonne-t-il. Nous nous sommes vus il y a à peine un mois ! » Je sais mais mon médium incroyable m'a vue à l'hôpital... Voilà l'impossible réponse que je garde pour moi en raccrochant.

Pierre a écrit : *L'hôpital, pour elle ?* Qui d'autre que moi ?... Une intuition subite me fait froid dans le dos. J'appelle Lili en vacances et vais droit au but :

— Tu as revu ton médecin depuis l'autre fois ? Ta fatigue, ta gêne dans la gorge, c'en est où ? Pourquoi ne m'en parles-tu pas ?

— Oui, j'ai une échographie à faire... Quelle barbe !... La gêne est toujours là, mais bon... ça passera ! Je suis venue ici justement pour me reposer. Tu t'en fais pour moi, ma belle ? C'est gentil...

— Fais cette échographie ! insisté-je.

— Pourquoi cette urgence, tu as fait un rêve, entendu des voix ?...

— Je ne plaisante pas. Écoute-moi.

Lili reste silencieuse.

— Je la ferai à Paris, reprend-elle, promis, dès mon retour... Ici, c'est compliqué... Je suis dans la pampa française ! On est huit dans le village, l'Aubrac, c'est somptueux mais désertique. La seule voiture que j'ai croisée aujourd'hui, c'est le Kangoo de la poste !

Le vendredi suivant, même heure, je reçois la fin du mystérieux poème. L'épilogue de *L'amoureux fou* :

... Tu es plus grande que moi,
Tu cours vers la lumière,
Un jour, tu partiras,
Et ce sera ma nuit,
Je mourrai quand tu naîtras,
Dans une dernière prière,
Je n'ai pas d'autre choix
Pour rester avec toi.
Qu'as-tu fait de mon amour, Charlotte,
Ce grand amour que j'emporte avec moi ?

Ton ange.

Je suis touchée. Quelque chose dans ces lignes sonne juste et m'intrigue. Il signe « ton » et plus « un ange ». Je fais remonter à l'écran les messages précédents et relis tout le poème. *Tu cours vers la lumière...* Je pense à mon adolescence, à cette période de ma vie où j'allais être connue... *Je mourrai quand tu naîtras...* La naissance pourrait être cette nouvelle carrière que j'épousais... *Je mourrai...* Il n'est pas mort puisqu'il m'écrit ! Ce sont des bêtises ! Je vais tout effacer, cela a assez duré. Pourtant, je n'arrive pas à m'y résoudre, comme on ne peut pas déchirer un mot doux ou un dessin d'enfant. Ce poème me touche, je ressens l'amour de cet homme et sa peine. Je réponds une dernière fois : *Je ne comprends rien ! Pourquoi te caches-tu ?* Sans délai, la réponse surgit cette fois : *Je suis triste que tu ne comprennes pas...* Aussitôt, j'écris : *Arrêtons ces mystères, c'est insupportable. Qui es-tu ? Où es-tu ?* S'ensuit : *Je ne suis plus de ton monde...* Je reste un instant sans voix puis éclate de rire... Quelques secondes plus tard, je ne sais plus quoi penser... Je sonde mon intuition... Étrangement, je ressens que c'est vrai... Que tout est vrai ! Je divague ! Je suis fatiguée, j'éteins l'ordinateur et vais me coucher.

Dans ma chambre, je fixe le cadre photo de maman face à moi pour m'endormir, m'hypnotiser. J'essaie de puiser dans la sérénité de son visage incliné au soleil. Quel âge avais-je au temps de cette photo ? Je n'étais peut-être même pas née... Tout en bas du portrait, sur quelques millimètres, je remarque une ombre courbe. Je m'approche pour regarder de plus près, ce sont des cheveux, le haut d'une petite tête. C'est moi ! Je ne l'avais jamais vu. Je suis sur cette photo.

Au matin, je me réveille dans une position bizarre, la nuit a été mouvementée, j'ai rêvé de Yann. Ma tête touche la table de chevet où sont posés mon téléphone en mode silencieux et cette anthologie de poésie française, immuablement là, que je feuillette parfois le soir pour m'évader et bercer Tara loin des dialectes modernes.

J'ouvre le recueil pour y retrouver ce poème magnifique de Gérard de Nerval qui m'avait fait penser à Yann. « *Je suis le Ténébreux, le Veuf, l'Inconsolé, Le Prince d'Aquitaine à la tour abolie, Ma seule étoile est morte, et mon luth constellé Porte le soleil noir de la mélancolie...* » Quelques lignes sur la vie du poète mentionnent qu'il a sombré dans la folie à quarante et quelques années... Voilà ce qui m'attend si je continue à converser avec des fantômes sur Internet et à relire sans cesse les visions de Pierre !

Puis je relis le premier vers : « *Je suis le Ténébreux, le Veuf, l'Inconsolé...* » Comment mieux décrire Yann ?... Je sais pourquoi j'ai rêvé de lui ! Je me lève d'un bond et allume mon ordinateur. L'amoureux fou m'a envoyé deux nouveaux messages : *Donne-moi rendez-vous et je t'expliquerai...* Un rendez-vous avec un être qui n'est plus de mon monde, cela ne va pas être facile... Puis un autre poème :

Pour me retrouver,
Plonge au bout de l'horizon,
passe les mers, les pierres jusqu'au centre de la Terre.
Laisse-toi consumer dans son cœur en fusion,
Quand tu ne seras plus que cendres et protons,
les volcans te souffleront, tout en haut,
au-dessus des atmosphères,
au début du mystère.
Là, regarde si elle te manque ta planète bleue,
puis suis la Voie lactée en m'imaginant heureux.
Et dérive, sans te presser, quelques millions d'années- lumière,
et tout au bout du vide sidérant,
au cœur du dernier trou noir,
je serai là, incandescent et à l'heure.

C'est Yann, j'en suis certaine ! Le ténébreux, le veuf, l'inconsolé ! Il est à Paris le 4 novembre pour le souvenir de Virginie. Yann, l'intrigant, le magnétique... Ça ne peut être que lui. Il ne change pas, cultive le mystère. Il veut me voir, a peur de mon refus, joue de sa poésie. Peu d'hommes ont exercé sur moi un tel pouvoir. J'ai lutté avec une force insoupçonnée pour lui demander de sortir de ma vie, mais il s'entête et revient comme un ressac. Il a écouté mon annonce à la radio, il me l'a dit. Si je refuse de le voir, il continuera, trouvera d'autres subterfuges. Comme moi, il est obstiné.

J'accepte un rendez-vous. Pour le plaisir et pour réaffirmer ma détermination inchangée à l'homme que j'ai aimé.

Je propose un thé demain, très sage, dépassionné, un thé vert sans sucre, *at five o'clock*, dans un lieu public, où je pourrai crier à la moindre caresse, au coin de ma rue. Le poète me répond : « J'y serai. »

L'amoureux fou

Le lendemain. Je me réveille le ventre noué, obsédée par mon rendez-vous « amoureux » de cet après-midi.

Je recopie dans mon cahier les poèmes de l'« amoureux fou » et tente de joindre Lili dans sa campagne sans succès.

À l'exception de ce rendez-vous, ma journée est totalement libre, c'est rare.

Je lis sans être vraiment concentrée.

En début d'après-midi, je sors de chez moi avec l'envie de marcher pour m'apaiser.

En saluant ma boulangère, je ressens ce lien évident qu'il y a entre excès de gourmandise et anxiété. Mais je parviens à résister à l'appel du millefeuille.

Je vais marcher jusqu'à la Seine et reviendrai pour dix-sept heures.

Près du square de Sèvres-Babylone, j'assiste à une scène qui me sidère. J'observe, en me rapprochant d'eux, le manège d'un couple qui fait rentrer un enfant, de quelques années, dans un de ces containers métalliques pour habits usagés, en le hissant dans une large bascule identique à celle des vide-ordures. Le garçonnet est projeté à l'intérieur dans l'obscurité totale pour récupérer un maximum de vêtements qu'il passe au couple. Je le rejoins en criant : « Mais arrêtez !! Ça ne va pas ?! Vous imaginez la terreur de cet enfant ?! Sauter dans le noir comme ça ?! »

Sans un mot, visiblement habitué à être apostrophé, l'homme se retourne vers moi et me repousse du bras avec force tandis que la femme me fait signe de déguerpir. Je manque de tomber dans l'indifférence de quelques passants. L'homme me fixe d'un regard méchant qui me garde à distance. Le couple tire sur la bascule et l'enfant réapparaît. En quelques secondes, ils plongent tous les effets attrapés dans un grand sac plastique et s'en vont.

Je suis interloquée, désemparée, en colère. Je regarde autour de moi et semble être le seul témoin de cette scène de vie de misère. J'interpelle un gardien en uniforme, que j'aperçois dans le parc, à qui je relate les faits. Il me répond d'un ton désabusé : « Que voulez-vous qu'on y fasse ?... Qu'on place l'enfant à la DASS ? C'est comme ça, c'est la vie... » Je reste sans voix, sans solution. Le gardien me salue et s'éloigne. Je déteste ressentir l'impuissance. Je me suis toujours battue pour que les choses changent. Non, je ne crois pas que la misère soit une fatalité. Que faut-il faire alors ? Déjà en parler, réagir, tout sauf l'indifférence, la résignation, et s'engager de quelque façon que ce soit, chacun à sa manière, à être solidaire pour faire la peau à la misère.

Je reprends ma course et fais une longue marche jusqu'à la Seine. L'immuable beauté de Paris me distrait. J'arrive au pont des Arts où les amoureux viennent accrocher des cadenas qui tapissent ses rambardes d'écailles de cuivre. Sur ce passage en bois réservé aux piétons, Yann m'avait embrassée. Plusieurs fois. C'est un peu cliché, mais dans ce lieu unique où souffle toujours un vent léger, l'absence de voitures et la vue sur Paris procurent la sensation romantique que le temps s'est arrêté. J'avais refusé d'accrocher un cadenas, qui n'est pas pour moi un symbole amoureux. Mais j'avais réclamé d'autres baisers...

Je retourne vers la rue de Sèvres.

Plus j'approche du lieu de rendez-vous, plus je perds la sérénité que quelques heures de marche m'ont apportée.

Yann sera à l'heure comme toujours et je serai légèrement en retard, exprès. Je ne veux pas l'attendre.

17 h 08 sur mon téléphone. J'avance dans le café en regardant tout autour de moi. À l'entrée, une femme assise me sourit. Elle semble me reconnaître. Yann n'est pas là. J'interroge le garçon qui me connaît. Non, pas d'homme brun aux yeux bleus de mon âge patientant quelque part. Je m'installe au fond de la salle et souris en retour à cette femme d'un certain âge qui depuis mon entrée ne me quitte pas des yeux. J'envoie un SMS à Yann – « Où es-tu ? » – sans obtenir de réponse. Je commande un thé et regarde mes doigts qui s'agitent en l'air, puis pianotent sur la table. La dame qui me souriait de l'autre côté de la salle s'est levée, elle marche vers moi. Un signal lumineux éclaire l'écran de mon téléphone. Yann m'a répondu. Je lis estomaquée : « À Londres, et toi ? » Je n'y comprends rien ! Je repose mon téléphone et appuie avec mes mains sur un point de pression que je ressens soudain dans le torse. Je grimace.

— Ça va bien, vous avez mal ? me demande la dame qui se tient devant moi.

— Merci, ça va passer, juste une petite pique au cœur. J'ai beaucoup marché…

— Je peux m'asseoir ? Je vous attendais.

La dame prend place avant que je réponde en me souriant comme le ferait une amie.

— Vous m'attendiez ? dis-je, surprise.

— Oui, c'est avec moi que vous avez rendez-vous.

Mon téléphone se met à sonner. Yann m'appelle. Je ne décroche pas. Je fixe l'écran jusqu'à ce que son nom qui clignote disparaisse. La dame patiente en silence. Je la regarde à nouveau et dis :

— Je ne comprends rien…

— Je suis la maman d'Alexandre, répond-elle en plongeant son regard lumineux dans le mien.

— Alexandre ?…

— Oui.

— Alexandre du lycée Paul-Valéry ?! dis-je.

— Oui…

Je reste sans parler…

— *L'amoureux fou*, reprend la dame, c'est un poème qu'il a composé pour vous quand il avait seize ans… Je l'ai retrouvé dans sa chambre avec d'autres… *Pour me retrouver*, c'est lui aussi qui l'a écrit. C'est joli, non ?

— Oui… Vous êtes la maman d'Alexandre…

De la main, je fais signe à la dame d'arrêter. Je ne peux plus parler, j'essaie de freiner un courant puissant de larmes qui monte en moi et va me submerger. Je pleure. Je craque en fait. Je déverse ce trop-plein d'émotions qui s'est formé depuis hier soir. Je suis fatiguée, un peu déçue, troublée… Un instant, je ne sais même plus où je suis, ce que je fais là, à qui je parle. J'ai envie de rentrer chez moi et de tout oublier. Cette journée biscornue, le gamin dans le container, la Seine, Yann qui n'est pas là et cette dame, ses souvenirs, son fils Alexandre…

Il est un amoureux platonique de mon adolescence. J'ai évoqué notre histoire dans mon livre *L'Amour dans le sang*. C'était quelques mois avant de faire du cinéma. J'étais éprise de lui, mais il a étrangement rompu en disant qu'il m'aimait trop. Un an plus tard, pendant le tournage d'un film, ma mère m'a appelée pour m'apprendre qu'il s'était suicidé le jour de mon anniversaire. Cette femme lui ressemble.

— Ne pleurez plus, me dit la dame doucement, s'il vous plaît, je n'aurais pas dû… Je ne pensais pas que vous seriez bouleversée comme cela… Je voulais juste que vous connaissiez les poèmes d'Alexandre. Je n'ai jamais osé vous les envoyer. Je me disais que s'il l'avait voulu, il l'aurait fait lui-même. Je les ai conservés toutes ces années, je les connais même par cœur. Quand, dans la nuit, pendant une de mes insomnies, j'ai entendu votre annonce sur France Inter, j'ai eu cette idée, c'était incroyable de vous entendre, j'ai d'abord hésité puis je vous ai écrit. Je voulais savoir s'il vous arrivait de penser à Alexandre, si vous pouviez reconnaître ses mots. J'ai aimé ce que vous avez dit de mon fils dans votre livre, cela m'a beaucoup touchée. Alexandre était d'une extrême sensibilité, un être délicat et submergé par je ne sais quelle tristesse. Des gouffres s'ouvraient en lui. Et j'étais impuissante. Vous étiez sa lumière, il vous a aimée. Je revois parfois son sourire quand il pensait à vous. Je ne saurai jamais pourquoi il a rompu. Mon fils était un mystère. Cela va faire trente ans. C'était un vendredi… Chaque 29 novembre, bientôt donc, je pense à mon fils et à vous. J'ai suivi votre parcours et je m'étais promis d'essayer de vous rencontrer… Voilà, je ne vais pas vous importuner plus longtemps. J'espère que vous ne m'en voudrez pas… Je fais encore pour Alexandre des choses qui me surprennent parfois… Je peux vous embrasser ?

La dame me fixe de ses yeux troublés.

— Attendez…, dis-je. Ne partez pas tout de suite. Sachez que je pense à lui… Je ne peux pas tout raconter mais une nuit à l'hôpital j'ai ressenti sa présence et cela m'a fait du bien. J'avais l'impression qu'il était près de moi. Cette rencontre me trouble, me touche profondément, j'écrirai sur ce moment, je montrerai les poèmes d'Alexandre…

Nous sortons dans la rue. Nous nous étreignons longuement et quand nos bras se desserrent, je repense à Clara sur le quai de Barcelone…

Sur le trottoir, en cette fin d'après-midi, j'ai l'impression qu'un projet se dessine en moi, quelque chose de nouveau, comme une direction, un horizon. Je perçois sans totalement le comprendre le sens de ces rencontres aussi surprenantes, bouleversantes que symboliques.

En rentrant chez moi, je m'abrite sous un store d'une pluie fine qui se met à tomber pour lire un message de Yann : « Tu veux me voir ?! Je peux encore prendre le train ce soir… »

Je réponds : « Pardonne-moi, c'était une erreur… Je t'embrasse. »

Lui : « Une erreur ??!! ☹ Je t'embrasse FORT, à bientôt ? ☺ »

Moi : « ☺ »

Lui : « ♥ »

Moi : « ☺ »

Se partager les hommes

Lili est de retour. Impossible d'échapper à cette joyeuse annonce. Elle m'appelle toutes les heures en saluant la qualité du réseau téléphonique de Paris. Les quelques commerçants que je croise me disent : « Votre amie est rentrée, vous savez ? Elle est passée tout à l'heure, elle a demandé de vos nouvelles. » Lili aime bien vérifier auprès de tiers objectifs ce que je fais, l'état réel de ma forme. Cette fois, les rôles sont inversés, je la suis à la trace. Elle est déjà passée chez mon caviste amoureux pour acheter du vin blanc de Chablis, chez le primeur aussi pour son cocktail santé : framboises du Limousin et noisettes fraîches, à la pharmacie pour des savons parfumés, puis elle a commandé un millefeuille pour six personnes bien qu'elle s'en défende au téléphone. Elle voudrait que nous dînions ensemble, mais aujourd'hui Tara revient. J'aimerais être seule avec ma fille. Je déjeunerai avec Lili dès demain.

Ce soir, je voudrais cuisiner une surprise pour Tara malgré mes limites dans ce domaine ménager, qui évoluent peu en dépit de ma volonté. Je retente ma chance régulièrement sans me décourager, convaincue qu'un jour quelque chose de formidablement appétissant sortira de mon four de camping en ravissant ma fille. Comme dit mon amie Annie : « On n'est pas à l'abri d'un coup de bol ! »

Tara adore les nems et les pizzas. Cuisiner des nems m'apparaît tout à fait hors de portée, par contre, la composition d'une pizza Margherita me semble accessible.

Dans les rayons du Carrefour Market, j'opte, après avoir comparé plusieurs offres, pour un kit « spécial pizza Croustipâte » mais sans la sauce tomate que je vais préparer pour une vraie touche personnelle. C'est facile à faire une sauce tomate, pensé-je. Par précaution, je prévois un plan B, et achète une pizza surgelée toute prête dont la photo flatteuse prise à la sortie d'un four à bois d'antan me dissuade presque de tenter mon plan A. Le nez sur la boîte, je me fais la remarque que les actrices ne sont pas seules concernées par les photos retouchées…

Une heure plus tard, dans ma cuisine, que mes chats ont fuie d'urgence, la casserole pleine d'épaisse purée de tomates concassées bouillonne trop fort, si bien que, pendant quelques malheureuses minutes d'absence, des tags rouges ont été projetés un peu partout, sur les murs, le plan de travail, le sol… Rien de grave, il reste une bonne demi-casserole de sauce. Pendant que j'éponge à quatre pattes, le rouge qui recouvre mes mains me fait penser à ce faux sang de cinéma dont les acteurs débutants aiment, entre deux prises, jouer à s'asperger. Je l'avais fait sur le tournage de *Rouge baiser*, un simulacre de *Massacre à la tronçonneuse* qui n'avait pas diverti la réalisatrice dictatrice.

Ma sauce est prête ! Enfin je pense… Comment sait-on qu'une sauce tomate est cuite ? Voilà une vraie question qui contribuera à la portée de ce livre. Une viande, c'est évident, mais une sauce tomate… Au feeling ! Je ne goûte pas, c'est bouillant et j'en ai déjà partout. Il me semble que j'ai fait trop de sauce… Ce ne sera que meilleur ! Dérouler la pâte est un jeu d'enfant, comme ajouter quelques ingrédients bonus choisis dans le frigo au gré de mon humeur inspirée. Chaque fois que j'utilise mon minifour, c'est-à-dire peu souvent, je me jure d'en changer. Puis l'idée en soi peu captivante me sort vite de l'esprit. C'est un four particulier, aux contours de porte irréguliers, qui a de réelles difficultés à chauffer dans un temps raisonnable. Quand au bout d'une bonne heure j'en extrais mon œuvre, avec mes gants amiantés de soudeur et un zeste de fierté, Tara, revenue de l'école, m'interroge avec une pointe d'inquiétude dans la voix : « C'est quoi ?… » Vexée, revivant en un éclair la somme de mes efforts depuis les rayons du Carrefour Market, je réponds : « Un cassoulet ! » Et mon adolescente qui aura bientôt treize ans rejoint prestement sa chambre en silence. J'enclenche alors le plan C. Nous allons dîner, main dans la main, au petit restaurant chinois du boulevard Montparnasse où ma fille va croquer en souriant des nems dorés.

Le lendemain, pendant notre déjeuner spécial retrouvailles, Lili est intarissable sur les vertus de la vie dans l'Aubrac, la splendeur lunaire de ses étendues et le physique captivant du jeune cultivateur bien bâti qui lui a loué à prix d'or sa grange avec des toilettes sèches.

— Je te rassure, il ne s'est rien passé, précise-t-elle.

— Ça ne me rassure pas, tu es libre de ton corps du moment que tu te protèges.

— Je sais, mais il y avait mon fils, ma mère… et j'étais trop fatiguée pour cela…

Je m'enquiers aussitôt de son échographie. Elle a pris rendez-vous pour cette fin de semaine. Bien qu'elle soit manifestement enthousiasmée par ses vacances écolo et nos retrouvailles, Lili m'apparaît moins en forme que d'habitude et sa voix sonne légèrement rauque. Elle l'entend aussi et pense qu'elle a pris froid. Lili reconnaît qu'elle est encore fatiguée et m'avoue même que la gêne au bas de sa gorge n'est pas passée, au contraire. « Touche ! » me dit-elle d'une voix d'enfant. Lili guide mon index jusqu'à un renflement de son cou que je distingue nettement. Je presse alors une grosseur ronde et molle dont l'étrange sensation provoque en moi une onde de frissons. « Qu'est-ce que c'est ?! » Lili s'est renseignée, ce doit être un nodule, c'est de plus en plus courant avec la pollution et tous ces pesticides dans notre nourriture. « D'où l'importance d'un vrai retour à la nature ! » s'emporte Lili. Elle en saura plus vendredi et m'implore maintenant de changer de sujet. Je lui propose de l'accompagner pour son examen et reste songeuse quelques secondes... « Charlotte ?! » fait Lili. Je secoue la tête et reprends notre discussion. Comme moi, Lili a reçu plusieurs messages d'hommes inscrits à Attractive World et propose dès cet après-midi un débriefing de ce début d'étape 2. Nous allons chez moi car Jérémy, le fils de Lili, est rentré plus tôt de l'école et mon amie a pour principe de ne jamais le mêler à sa vie de femme.

Grisou est jaloux de ma Lili. Malgré une nature calme et gazouillante, dès qu'il l'aperçoit, il part dans des vocalises suraiguës qui l'exaspèrent. Lili me demande comment je peux supporter ce calvaire, sans savoir que Grisou ne s'excite qu'en sa présence. « Si tu veux amener un homme ici, sépare-toi de toute urgence de cette chose ! » dit-elle en montrant mon bel oiseau qui redouble d'efforts comme s'il comprenait Lili.

Nous décidons d'aller au Balto, un café sympathique, vaguement tendance à quelques rues d'ici où le wifi est gratuit.

Nous nous installons au fond du bar et je pose au centre de l'unique table ronde ma tablette numérique en l'inclinant vers nous. « À toi l'honneur ! » me lance Lili. Je me connecte avec mes codes identifiants que j'ai notés dans mon agenda.

Pénétrons ensemble dans le monde « attirant » des amours modernes... Exceptionnellement nous commandons deux coupes de champagne glacé pour fêter l'avancement de notre plan d'action.

Sur la première page du site, je retrouve le message d'acceptation de mon inscription qui dit : « Félicitations, sur les trente derniers jours, seul un nombre restreint de profils a été accepté. » Lili, souffrant d'un début de presbytie, mais refusant de porter des lunettes, s'éloigne un peu pour lire et crie :

— J'ai eu le même message ! C'est pour nous faire croire qu'on est privilégiées ! Je me demande sur quoi ils se basent pour évaluer les profils puisque tu peux raconter n'importe quoi et mettre la photo de ta cousine !

Puis je lis en bas de l'écran un encadré surligné, présenté comme une priorité, qui me laisse dubitative : « Gérez vos alertes... »

— Alerte à quoi ? dis-je. À l'amour ? aux pervers ? aux bourreaux des cœurs ?!

— Mais tu viens de quel siècle, ma belle ? C'est pour te prévenir au cas où quelqu'un qui correspond à tes critères s'inscrit ou se connecte à proximité...

— Ah oui, bien sûr... Comme sur les sites pour trouver un appartement... C'est étrange quand même de chercher l'amour comme ça, non ? Comme une marchandise, un bien disponible, là tout de suite, à côté, pile dans tes critères de choix... Ça manque de fantaisie, de poésie, de cette part de hasard que l'on prend comme un signe divin...

— Ne commence pas s'il te plaît à philosopher pour te défiler ! L'avantage des technologies modernes, c'est justement de limiter la part du hasard. D'éviter le temps perdu ! Des années passées à côté d'un homme que tu pensais connaître... À essayer de gommer par amour des différences inconciliables... Au moins, là, si tu rencontres un homme c'est parce que tu partages des goûts, des valeurs avec lui, parce qu'il aime ce que tu aimes ! Parce qu'on a des points communs. C'est essentiel, je ne crois pas aux contraires qui s'attirent. Ce qui nous touche chez l'autre, c'est cette part déguisée de soi-même, comme une variation, une interprétation différente du même thème. Pas le contraire. C'est un écho, une prolongation mystérieuse de soi. Et même quand les couples paraissent différents, ce qui les unit, c'est un lien fort, souvent inconscient, qui échappe aux spectateurs ou au couple lui-même. Et ce lien vient d'une ressemblance, d'une reconnaissance. On est ému par ce qui nous ressemble. Moi aussi, je philosophe ! J'arrête mes digressions, allez, un peu d'action ! Lis tes messages ! Tu es moins curieuse qu'avant, non ? Tu n'aurais jamais pu attendre pour les lire...

— Je suis plus romantique et plus sage...

— Je ne crois pas à la sagesse, je crois à la fatigue ! Les sages sont des êtres épuisés qui n'ont plus la force de rien... Ce sont des boniments sur les avantages de l'âge, mais il n'y en a AUCUN ! À ce propos, faudrait peut-être qu'on fasse quelques retouches ! Une larme de collagène ?

— Ah non ! La dernière fois, j'ai souffert le martyre ! Ça fait un mal de chien, ces piqûres ! Tu ne t'en souviens pas ? J'avais des bleus partout, j'étais rose et mauve avec une lèvre énorme !

— Il y a de nouvelles techniques, ma belle, j'aimerais bien réessayer... On verra plus tard, allez, lis tes messages... Ne perds plus de temps. Concentre ton énergie ! Lis !

Je compte vingt-neuf messages. Sur les avis, le visage des auteurs n'apparaît pas, uniquement le pseudonyme, l'âge et les deux premières lignes du message. Lili me conseille de définir précisément les critères d'une première sélection. Je n'en vois pas l'utilité, je ne suis pas expert en recrutement, ma démarche est émotionnelle, intuitive et, vu la quantité raisonnable de messages reçus, je peux bien répondre à tout le monde.

Après un premier survol, ralenti par les difficultés optiques de mon amie qui s'avère très curieuse, je peux cependant classer les auteurs en deux catégories. Ceux qui ont reconnu ma photo malgré mon visage camouflé – je ne m'y attendais pas –, et ceux qui m'ont vue normalement comme n'importe quelle femme.

De la première catégorie, je reçois quelques messages moqueurs, gentiment hostiles que je n'ai pas envie de contredire comme : « T'es la nouvelle mytho du quartier ? » et d'autres plus sympathiques : « Vous ici ? Quelle surprise !… »

Mais j'ai un faible pour les hommes qui ne me reconnaissent pas. C'était mon intention et l'avantage de cette démarche, comme sur la croisière où j'étais inconnue pour une majorité de passagers étrangers. En amour, j'aimerais être anonyme, séduire par moi-même, Anne-Charlotte Pascal. Sur ce site internet, je veux être celle que je suis vraiment, une mère célibataire en croisade amoureuse parmi d'autres femmes. Je ne voudrais pas séduire par l'image que l'on pourrait avoir de moi sans me connaître. Séduire ou repousser, devrais-je ajouter, car, depuis l'annonce de ma séropositivité, les hommes se sont considérablement éloignés. De ma franchise, j'ai au moins retiré l'avantage de ne plus avoir à affronter ces moments pénibles où il fallait annoncer à mes amoureux ma différence.

Dans la catégorie des prétendants qui ne me reconnaissent pas, je définis facilement deux sous-catégories, à l'instinct, sans trop réfléchir : « Feeling » ou « Pas feeling ».

Les informations étant déjà abondantes, âge, pseudo, photo, quelques mots, cela va assez vite. Pour l'âge, je constate que mon feeling s'accommode naturellement d'une large tranche comprise entre mon âge moins dix ans à plus dix. J'évite les pseudos ridicules ou trop explicites comme Goldorak3001, pourquoi 3001 ?! Et de Roccozif22, là je vois à peu près…

J'ai envie de lui demander si cela signifie qu'il est comme moi originaire du 22, des Côtes-d'Armor ! Mais je préfère passer mon chemin. Je regarde les photos, avec attention, l'image c'est un peu mon métier. J'essaie de plonger dans les regards, ma psy dit qu'on voit tout dans les yeux, le meilleur et le moins bon, elle a raison. Je cherche un regard qui sourit, authentique. Je veux du 100 % vrai. Les photos trop posées avec un brin de dédain, les minets qui minaudent, ceux qui font la tête pour avoir du style ou les faux airs virils m'ennuient.

Lili me met en garde contre les photos trop jolies qui comme les âges annoncés peuvent brutalement contraster avec la réalité. Mais j'ai de l'indulgence pour les tricheurs, on essaie tous d'offrir de soi-même une version embellie. Lili insiste en riant : « Faut toujours demander plusieurs photos ! Et même, si tu doutes, une avec le journal du jour ! Pas celle des vacances de 2005… »

Je remarque rapidement un visage qui m'attire plus que les autres. Je le montre à Lili, un jeune homme, « Éric », qui dit avoir « trente-cinq ans », brun, les cheveux longs, le regard chaleureux voilé d'une ombre de tristesse comme un appel.

— C'est ton côté saint-bernard ! commente Lili en admettant qu'il est très joli… C'est normal qu'il te plaise. Et arrête de dire que tu n'as pas de type d'homme, tu vois très bien à qui il ressemble…

— À Yann ?

— Tiens donc, ça fuse !

— Un peu à Yann et beaucoup à Esteban…

— Tu as eu des nouvelles ?

— Un courriel, une fois, gentil, neutre, avec trois mots de franco-anglo-espagnol, auquel j'ai répondu.

— Et Yann ?

— Mon ex veut me revoir… J'ai même cru que j'avais rendez-vous avec lui…

Lili m'interrompt :

— Il m'a envoyé un SMS quand j'étais dans l'Aubrac, je n'ai pu le lire qu'à mon retour à Paris, il m'a demandé de ne pas t'en parler mais bon… Il sollicite mon aide pour que vous vous rencontriez. Pourquoi dis-tu « mon ex » ?

— Parce qu'il l'est !

— Non. Tu as provoqué cette rupture héroïque pour qu'il devienne père, pourtant tu l'aimes encore, je le sais. Un amoureux devient un « ex » quand on l'a remplacé. Or, depuis Yann, ma chaste Charlotte s'est gardée… et ne fait que des petits bisous dans les croisières pour célibataires… Tu devrais le revoir ! Je vais organiser ça !

— Pas maintenant.

— Quand alors ?

— Un jour… Il a une petite fille et une compagne à l'autre bout du monde… Un jour, peut-être, un vieux jour, vieillir avec lui, oui, pourquoi pas… J'aime cette idée et elle me suffit, ces amours à l'ancienne où parfois on patientait toute une vie pour retrouver l'être aimé…

— C'est bien ce que je dis, tu es d'un autre siècle !

— Je suis une romantique moderne ! Tu le trouves comment ? dis-je en touchant l'écran pour agrandir le portrait d'Éric.

— Beau. Étrangement il n'a pas une tête à s'appeler Éric…

— C'est quoi une tête à s'appeler Éric ? Tu dis de ces choses…

Lili s'adresse soudain à un jeune homme charmant attablé juste à côté, très attentif à notre conversation :

— Excusez-moi, monsieur, comment vous appelez-vous ?

— Guillaume…

— C'est joli, mais Éric ça vous irait très bien aussi, merci ! Tu comprends maintenant ? dit Lili en se retournant vers moi.

Puis elle éloigne son nez de l'écran pour mieux voir.

— Il est jeune, très jeune quand même, Éric… Lis son message en entier…

Je le fais apparaître en plein écran.

— Regarde toutes ces fautes d'orthographe ! s'écrie Lili.

— Je m'en fiche…

Le message d'Éric me plaît, il est simple, spontané, gai, il aimerait prendre un café pour voir mes yeux en vrai. Je m'apprête à lui répondre quand Lili crie :

— Stop ! Arrête tout ! Regarde comment il écrit son prénom.

— Oui, c'est amusant.

— « €ric » avec un € à la place du E, ça t'amuse ?

— Oui, pourquoi ?

— Mais enfin, c'est un code, il veut des euros, c'est un gigolo. C'est pour ça qu'il fait plus jeune et je maintiens qu'il ne s'appelle pas Éric !

— Il veut de l'argent ?! Combien ?

— Le problème, ce n'est pas combien, Charlotte, c'est NIET ! Allô ? Un gigolo !

— Mais il ne m'a rien demandé…

— C'est formellement interdit, tu pourrais même le signaler. Écoute-moi, laisse tomber… Internet comporte quand même quelques pièges… Regarde, il y a d'autres profils très bien !

J'écoute Lili, déçue, incrédule, en renvoyant quand même un smiley ☺ à €ric. Il reste quatre messages qui me plaisent vraiment. Je compose à voix haute des réponses possibles que j'affine avec Lili. Je rédige mon premier texte, le relis, et au moment où mon doigt se lève pour redescendre en piqué sur la touche « Envoyer », Lili s'exclame :

— Stop ! Attends un peu…

— Quoi encore ?

— Je réfléchis… Tu sais, tout ça fonctionne principalement par zone géographique. Tous ces hommes habitent Paris centre, regarde ! À proximité… le loup ne chasse jamais loin…

— Où est le problème ?

— Eh bien, nous habitons à trois rues l'une de l'autre, on a le même âge, à peu près les mêmes goûts, une certaine ressemblance, même si je suis nettement plus grande... (Lili rit) et nous nous sommes inscrites en même temps...

J'interromps Lili :

— Et donc ?!

— On va recevoir les mêmes messages ! Des mêmes hommes ! Donc, avant que tu répondes, je dois lire les miens, puis on choisira, on ne va quand même pas draguer les mêmes mecs ? On peut se les partager, non ?

— Mais comment ?

— On va trouver... Laisse-moi d'abord regarder ma page...

Lili se connecte. Elle a raison. Elle compte une vingtaine de messages venant des mêmes hommes qui m'ont écrit. Elle rit en constatant qu'elle n'a pas reçu celui de Roccozif22 et déclare que mon sex-appeal est supérieur au sien. À mon tour, je lui fais remarquer qu'€ric ne lui a pas écrit, ce qui va dans mon sens, car si €ric était intéressé, il aurait flairé que Lili était bien plus riche que moi. Elle proteste :

— Excuse-moi, mais je n'ai pas mis RIB sur mon profil et ton pull en cachemire sur ta photo avec ton petit béret angora, ça fait cossu !

Trois des quatre hommes, auxquels je m'apprêtais à répondre en espérant une suite, ont aussi écrit à Lili. Cela m'amuse et me plaît que nous soyons à ce point confondues. En même temps, je m'interroge sur l'interchangeabilité de l'objet du désir des hommes... Freud appelle cela la « plasticité de la libido », m'a expliqué ma psy, les hommes peuvent désirer avec intensité un large éventail de femmes alors que nous rêvons toutes de faire naître un désir unique... Lili met un terme à ma réflexion en affirmant d'une voix qui porte à travers le café :

— Mais les femmes aussi ! La plasticité de la libido… Regarde ! Ici même.

Lili désigne, en déployant gracieusement le bras, tous les hommes qui nous entourent dans ce café bondé, le jeune homme à côté, une tablée de représentants, quelques étudiants, un professeur qui corrige des copies, les deux serveurs aux allures de *boys band*…

— Ne me dis pas qu'il n'y a pas, ici et maintenant, deux ou trois hommes que tu trouves désirables !

Les regards se tournent vers nous, je souris, gênée, en posant une main sur le bras de Lili et murmure pour la calmer :

— Oui, oui…

Puis, pour la distraire, je dis :

— Comment va ta chienne au fait ?

Lili déclenche l'hilarité en clamant, heureuse de son effet :

— Ma Libido est en pleine croissance !

Nous commandons deux autres coupes, bien glacées, avant de nous partager les quelques hommes numériques que nous avons en commun, deux d'entre eux par accord amiable, le dernier par un tirage au sort mouvementé qui ravit nos observateurs.

Nos échanges sur Attractive World sont rapidement fructueux. Cela m'étonne et m'excite. Tout va à toute allure sur Internet, y compris la genèse des idylles. On en vient vite au fait. Le soir même, au téléphone avec Lili que j'ai quittée en fin d'après-midi, j'évoque, suite à un appel charmant que je viens d'avoir, un possible rendez-vous avec Christophe, père divorcé, chaleureux, drôle, un brin rebelle. Lili a, elle, rendez-vous avec Julien, un informaticien du Web au sourire craquant, dont j'ai perdu le profil en jouant à la courte paille, lorsque nous étions au Balto.

Nous décidons alors d'une stratégie implacable. L'enjeu est de taille puisqu'il s'agit peut-être d'amour. Rien ne doit être laissé au hasard. Nous proposons ensemble un déjeuner, ce week-end, dans le même restaurant, à la même heure, à des tables légèrement espacées l'une de l'autre, pour se sentir en confiance et échanger nos avis fondés sur l'observation de nos prétendants en situation.

Nous élaborons à cet effet un scénario machiavélique pour tester dès le premier rendez-vous leur loyauté. Pendant le déjeuner, je me lèverai la première pour aller me repoudrer le nez. Lili m'imitera aussitôt et, sur le chemin des toilettes, elle passera à côté de « mon homme » resté seul à table, et tentera de l'aguicher par un sourire, une moue ou même un petit mot adressé discrètement. Nous rejouerons cette mise en scène à tour de rôle et débrieferons sur les réactions respectives de nos prétendants lorsqu'ils sont confrontés à la tentation...

Nous passons du temps à affiner au maximum notre stratégie, à chorégraphier notre scénario car, ça y est, nos deux « amoureux numériques » ont répondu présents au déjeuner ce samedi midi !

Tout va vite et bien dans notre étape 2.

Un nodule bleu

Dans mon précédent livre, j'ai évoqué cette devise ancienne, devenue mienne, l'urgence de vivre pleinement l'instant, la philosophie d'Horace, poète romain à la vie tourmentée : *Carpe diem.* Cueille chaque jour. N'humilie pas le présent, leurré par le futur ou couché dans le passé. Jouis vraiment du moment, car hier est déjà loin et demain incertain...

Vendredi, en début d'après-midi, la veille de notre déjeuner Attractive World, nous nous rendons au centre de radiologie.

Dans la salle d'attente presque pleine, Lili est nerveuse, et porte sans cesse les doigts à la base de son cou.

— Arrête de toucher…, dis-je à son oreille.

Le silence pendant l'examen du docteur est pesant. Lili n'ose pas demander ce qu'il voit à l'écran. Elle garde la tête en arrière en fixant le plafond. Cette sonde grise qui court sur sa gorge lui coupe la voix. Assise sur un tabouret, derrière le docteur, j'ai posé une main sur les jambes de Lili et scrute le moniteur de contrôle. Ces ombres mouvantes sont indéchiffrables. Le docteur grossit l'image puis trace une droite blanche d'un point à l'autre sur l'écran. Il dit :

— Je mesure…

— Quoi ? demandé-je.

— Le nodule thyroïdien.

Lili reste silencieuse, je n'y tiens plus.

— Quel nodule ?! Dites quelque chose !

— Il mesure vingt-trois millimètres, c'est beaucoup, il faut faire des examens complémentaires…

— C'est-à-dire ?

— Prise de sang pour le dosage en hormones, scintigraphie et ponction. Je vais vous adresser à un collègue.

— C'est grave ? Vous pouvez me dire ? demande Lili qui s'est relevée.

— C'est un peu tôt pour se prononcer, mais il faut l'enlever, c'est sûr. Faites les examens au plus vite.

Le docteur a ce comportement que je connais par cœur, ce timbre neutre et cette réserve froide et vaguement gênée qui laissent tout supposer. J'ai les larmes aux yeux, mon esprit se trouble, je ne trouve plus mes mots. Je regarde Lili se rhabiller en vitesse car elle a froid.

Dans la rue, une rafale d'air glacial me réveille. Je prends les choses en main. Action ! En premier, je serre Lili dans mes bras, longuement, en silence, très fort, puis propose de boire un thé. Je ne veux pas qu'elle aille voir ce collègue inconnu qui doit ressembler à ce docteur sinistre. J'appelle *illico* mon réseau médical. Je n'ai certes pas le numéro de Leonardo DiCaprio dans le répertoire de mon téléphone portable, mais une mine de contacts précieux dans ce domaine familier qui me permet de regrouper tous les examens de Lili dès lundi et de prendre rendez-vous mardi matin chez le meilleur endocrinologue de l'hôpital Saint-Paul, avec qui je parviens à échanger quelques mots rassurants. Selon lui, 80 % de ces nodules sont bénins.

Le soir, je dors chez Lili. Avant de s'endormir, elle dit que c'est la première fois qu'elle a un vrai problème de santé. Quand elle était enfant, sa grand-mère, qui l'a en partie élevée, lui donnait chaque matin une tartine de beurre avec de l'ail frais écrasé en lui promettant, pour la convaincre de manger, que ça fortifiait le sang et donnait une santé de fer pour la vie entière... Lili pleure en disant que sa grand-mère s'est trompée.

— Elle a quand même eu raison longtemps..., dis-je, et puis attendons lundi, ma douce, calme-toi, c'est bénin dans 80 % des cas...

— Je ne le sens pas, ma belle..., répète-t-elle.

Nous décidons à contrecœur de reporter le déjeuner Attractive World demain. En deux SMS, je mets notre plan d'action entre parenthèses. Puis je réserve aussitôt sur sncf.com un aller-retour express en Bretagne. On va prendre le large demain dès l'aube.

Le Val-André est froid et désert. La plage immense s'offre à nous seules. La mer est loin, à marée basse. Le ciel lourd est posé sur nos têtes comme un grand chapeau gris. J'ai retrouvé dans le garage un râteau en plastique de Tara pour dessiner sur le sable une marelle géante. Nous y jouons tout l'après-midi jusqu'à ce que tombe la nuit...

Lundi, à l'hôpital Saint-Paul, Lili a de meilleures couleurs. Les examens vont déterminer si le nodule est vascularisé,

« chaud », ou non vascularisé, « froid », cancéreux. La ponction est douloureuse.

— Résultats définitifs dans trois semaines, nous dit l'assistante désolée.

— Combien ?! dis-je.

— Nous ferons au plus vite, c'est promis. Mais ce ne sera qu'une confirmation définitive de la scintigraphie que vous ferez tout à l'heure…

La scintigraphie nécessite l'injection d'un colorant iodé radioactif qui imprègne la thyroïde et permet la captation d'images d'une grande précision. Quand Lili est immobilisée, allongée sous une « gamma-caméra », je demande à rester à côté de l'écran. Le radiologue, collègue de mon professeur en cardiologie, accepte. Les couleurs du cou de ma Lili apparaissent sur l'écran en formant un dessin abstrait et changeant. Des dégradés de rouge, orange et jaune jaillissent le long de courants vert clair. Le docteur observe calmement les images, assis sur un siège roulant. Il se rapproche rapidement de l'écran quand une forme d'une autre couleur apparaît. Une amande bleu électrique qui trouble ma vue. Le docteur oublie ma présence et dit à voix basse :

— Aïe, il est bleu…

— Bleu ? dis-je.

— Froid… Ce n'est pas bon.

Je ne le crois pas, j'ai dû mal entendre… Je me lève aussitôt pour mieux voir, mais une vague de chaleur m'envahit, brûle mon torse et ma tête. Je tombe à terre. Trou noir.

Je me réveille quelques secondes plus tard, tapotée par le docteur, sous les yeux inquiets de Lili, dans un monde différent où ma meilleure amie est devenue mortelle… Lili dont l'excès de vie me faisait oublier que j'étais mortelle aussi.

Les résultats de la ponction confirmeront le diagnostic de la scintigraphie. Cancer de la thyroïde. De stade 2, presque 3, légèrement avancé. Lili a été négligente.

Traitement : thyroïdectomie, curetage de la chaîne des ganglions, injection d'iode radioactif. L'endocrinologue se montre rassurant. C'est un des cancers que l'on guérit le mieux. Le taux de guérison, lorsqu'il est pris à temps, est de 90 %.

— Et dans mon cas ? demande Lili.

— Je suis optimiste, répond le docteur.

Lili s'effondre chez elle, toute une nuit à côté de moi sans dormir. Elle en veut à la Terre entière, ne croit plus rien, ne croit pas que les épreuves rendent plus fort ; « elles abîment ! » hurle-t-elle. Elle maudit ce divorce qu'elle n'a jamais accepté, elle maudit sa vie dorée, son oisiveté sans but. Si son fils n'existait pas, elle... Je résiste au vertige, au plongeon. Je ne pleure pas, ne la contredis pas. Je l'écoute, caresse ses mains, ses cheveux. L'une de nous deux doit rester forte. On a toujours fait comme ça. C'est notre équilibre, notre balançoire à bascule, l'une en bas, l'autre en haut.

Lili se reprend dès le matin. Elle veut faire bonne figure devant son fils à qui elle ne dit rien. Elle pleure le soir, quand la porte de sa chambre se referme. Puis la semaine où Jérémy repart chez son père, elle décide de se mettre au vert. Elle a besoin d'air, de revoir les étendues lunaires d'Aubrac. Elle emmène sa chienne et sourit en disant : « Je vais faire gambader ma Libido... »

Je ne peux pas accompagner Lili car je dois préparer mon nouveau rôle dans la *Star Academy* qui commence dans deux semaines.

Un soir, opprimée par une forte angoisse, j'appelle Pierre. J'ai besoin d'être rassurée. Je lui explique la situation. Il se souvient parfaitement de sa vision et fait ce commentaire qui me bouleverse :

— Oui, je voyais l'hôpital pour vous-même ou une femme tellement proche de vous qu'il m'était impossible de vous dissocier. Une véritable âme sœur.

— Ça va aller ?

— Oui…

À cet instant, je crois Pierre dur comme fer. Je veux le croire !

Je pousse un cri de joie en raccrochant, Grisou me répond.

L'annonce ésotérique de sa guérison fait plaisir à Lili.

Son opération est programmée quelques jours avant le début de la *Star Academy*. J'ai insisté pour qu'elle ait lieu à l'hôpital Saint-Paul alors que Lili préférait une clinique privée de Neuilly, en banlieue chic, pour plus de confort et pour ne pas « déprimer dans un lieu glauque ». J'ai protesté avec virulence : « Tu préfères une belle déco ou le meilleur chirurgien de Paris ? Ce n'est pas une injection de Botox. » Je me suis renseignée sur la renommée de ce spécialiste qui m'a été recommandé par l'adorable Pr Helft, cardiologue émérite à la voix de miel qui me suit depuis des années.

Lorsque Lili quitte Paris pour rejoindre l'Aubrac, j'ai l'impression d'être perdue, au sens figuré comme au sens propre. À un croisement de rues dans ce quartier où j'habite depuis dix ans, il m'arrive de m'arrêter, de regarder autour de moi les gens qui s'affairent et marchent droit, et, pendant une fraction de temps, je ne sais plus dans quelle direction aller. Pendant un instant, plus rien n'a de sens.

Quand je croise dans la rue M. Poussin, qui va faire ses courses comme chaque matin, je ne le reconnais pas tout de suite. Et lui non plus ! Nous faisons la paire. Je suis la nouvelle Mme Poussin. J'ai mes absences. Dès que je m'en rends compte, je le rattrape et cours quelques pas sur le trottoir : « Parrain ! » Pour le distraire un peu, je lui confie mon état. Ça ne l'amuse pas du tout, au contraire, il s'en désole, et dit d'un ton morne et lent : « Vous devriez fréquenter des jeunes gens, mon petit… Parce que moi, ça ne s'arrange pas… »

Le matin, au réveil, quand je me redresse dans mon lit, je ressens des vertiges et dois parfois me recoucher. Ma psy m'affirme que je subis un contrecoup émotionnel.

Marco Antonio

Le cocktail solitude et tristesse mêlé à l'excitation de bientôt retravailler, de ressentir l'adrénaline des plateaux télé, me plongent dans un état second dans lequel je ne suis plus vraiment moi-même. Je fais quelques interviews pour présenter mon rôle de directrice de la *Star Academy* dans une sorte de flou artistique qui a l'air pourtant de convenir aux producteurs. Être comédienne est plus utile qu'on le croit. Le soir, je rentre chez moi, déboussolée comme un automate aux piles usées.

Lili n'est pas joignable au fond de sa pampa sans réseau. Elle en sort de temps en temps pour m'envoyer un texto. Mes chats ressentent mon humeur. À la minute où je m'allonge sur mon lit, ils me rejoignent en une procession gracieuse. Même Grisou est plus silencieux, à tel point que je vérifie parfois qu'il est toujours en vie.

Dans ma boîte mail, je reçois directement à présent, sans aller sur le site, plusieurs messages d'hommes inscrits sur Attractive World. J'ai dû activer une fonction spéciale sans le savoir. À moins que ce ne soit normal, automatique…

Sous mes yeux s'éclaire toute une collection de nouveaux pseudos. J'hésite à lire ce qu'ils racontent. Ces pseudonymes en fait me dérangent, ces noms bizarres, ces codes d'espions, cette façade, cette vie parallèle, fantomatique, où l'on peut tout cacher, où l'amour ressemble à un jeu.

J'efface tous ces messages un à un sans les lire, je me suis fourvoyée sur ce site, ce type moderne de rencontre n'est pas fait pour moi.

Au bout de quelques lignes, je me rends compte que le même homme m'a laissé plusieurs messages, je reconnais ce pseudo. Éric, le présumé gigolo que j'avais écarté en écoutant Lili, s'entête à me relancer. Je lis ses messages qu'il signe à présent Éric et plus €ric. Lili a raison sur un point, il n'est pas français. Trop de mots écorchés, imprécis. Il joint d'autres photos, dont une prise sur le pont des Arts qui me pince le cœur. Il est toujours aussi beau et ses mots sont inhabituels, je n'arrive pas à détruire ses courriels, j'y réponds même avec ce pictogramme que j'aime et dessine toujours quand je dédicace un livre : ☺. Des sourires répétés de ma méthode Coué que j'envoie à Éric. Arrivée à la fin de mes messages, je m'aperçois que Christophe et Julien, les deux prétendants avec qui nous devions déjeuner, ont définitivement disparu de la circulation numérique. « LiliParis » et « Charly007 » ont été vite remplacées. L'offre est abondante et la libido plastique.

Une nuit d'insomnie, devant un nouveau message d'Éric qui me surnomme « le clown automatik », dans lequel il me presse une dernière fois de le rencontrer, je me trompe de touche et réponds par un cœur : ♥. Les messages électroniques ont cette particularité d'être irrécupérables. Ils partent en un simple clic, et quand c'est parti, c'est parti ! Impossible de corriger ses mots, de récupérer la lettre et de la déchirer. Il ne faut pas se tromper. Je ris de mon lapsus qui aussitôt déclenche un déferlement de questions, puis un ordre joyeux : « Appelle-moi 06 xxx *por favor* ☺ ☺ ☺ !!! » Cette note ibérique, empreinte d'Esteban, m'électrise. J'appelle Éric sans réelle conscience de ce que je fais, menée par mon intuition, un courant intime, un besoin. Nous parlons près d'une heure. Je perds la notion du temps. Éric a l'accent d'Esteban mais aussi sa voix. C'en est troublant. J'aime cette sonorité, cet ailleurs qui me réchauffe. C'est essentiel la voix, ce souffle que l'on compose, qui naît, résonne à l'intérieur, comme à la source de soi-même, cet air qui vibre à côté du cœur.

Je raconte ma croisière, mes rencontres, Ibiza, le *Pacha*, la tempête, la crème de jour qui assomma Lili, je le fais rire.

— Tu aimes les Espagnols alors ? s'exclame-t-il.

J'aimerais répondre de façon subtile dans un flou féminin, dire que mes goûts sont indéfinis, imprécis comme une esquisse, que j'aime le charme plus que l'Espagne, mais ma réponse est un « Oui ! » franc et massif qui plaît à Éric.

Il est madrilène, danseur, il vit en France depuis trois ans, depuis la crise. Il parle d'un ton joyeux, spontané et surtout il est drôle. Je ris quand il me raconte son apprentissage du français…

Quand il est arrivé, il ne parlait pas un mot. Son premier professeur fut la gardienne portugaise de son immeuble qui avait beaucoup de temps libre et un faible pour lui. Une veuve à l'accent impossible, la blouse immaculée, qui chantait ou jurait sans demi-mesure dans le vaste escalier qu'elle cirait à l'ancienne. Inconsciente, ou pas, du danger pour les utilisateurs pressés, elle lustrait chaque marche de son large séant toute la sainte journée, « un cul *gigantesco* », précise Éric. Jusqu'au jour où le piège se referma. Elle y fit un méchant roulé-boulé, accéléré par ses formes et sa combinaison synthétique.

— Pauvre femme ! dis-je en riant. Et qui fut le deuxième ?

— Le deuxième quoi ?

— Professeur de français…

— Je ne me rappelle pas… Tout le monde ! Toutes les Françaises ! La rue !

— Et la dame s'est remise ?

— Elle est partie à la retraite, elle n'est pas retournée au pays. J'ai été la voir une fois en banlieue. Elle s'ennuyait beaucoup. Elle est morte vite.

Éric a ce sens tragi-comique latin, comme Lili, cette façon légère de survoler le drame, de le contempler d'une cime où il se hisse pour y échapper. Il a perdu son père très jeune, et sa mère plus récemment.

Éric est danseur de formation classique, sans emploi fixe. Il s'appelle en vrai Marco Antonio. Il dit : « Tu peux m'appeler Tonio ou Marco ! », mais je préfère l'original. Quand je lui demande pourquoi il utilise un prénom français et le symbole de l'euro « € » à la place du « E », il rigole sans répondre. Alors j'insiste. Il avoue avoir plus de succès avec Éric, et le « € », c'est pour… l'Europe ! Il me demande :

— Et toi ? Tu fais quoi dans la vie ?

— Je suis divorcée, mère célibataire, j'ai une fille et suis un peu artiste aussi.

Avant de raccrocher, il voudrait savoir s'il peut me rappeler demain et j'aime sa manière douce. Oui. Avec plaisir. Au milieu de la nuit, je sens mon cœur se couvrir d'un baume léger, mon esprit s'est distrait et chasse par avance tout sentiment de culpabilité qui poindrait. Lili me pardonnerait mon heure d'égarement, ma détente. La voix, les rires de Marco Antonio m'ont apaisée et semblent encore couler en moi. Et quand je vois le jour naître par la fenêtre dans une lumière bleutée qui dilue la nuit, je ne ressens pas le malaise coutumier de l'insomniaque en éveil, je ferme doucement les yeux sur ce jour que je vivrai plus tard et glisse dans une ouate immense et soyeuse qui m'avale lentement.

Lili prolonge son séjour au vert et ne reviendra que la veille de son opération. Elle passe par toutes les étapes du « deuil » selon la théorie de la célèbre psychiatre Elisabeth Kübler-Ross. Ce processus de compréhension et d'acceptation m'a beaucoup aidée dans ma vie. Je l'ai appris de ma psy et l'explique à Lili.

« Faire son deuil », c'est accepter les épreuves, quelles qu'elles soient, celles qui créent un avant, un après. Le docteur décrit cinq étapes normales dans ce processus de reconstruction. D'abord le déni, ensuite la colère, le marchandage, étape pendant laquelle on tente de négocier avec la vie ou Dieu pour trouver un compromis et éviter le deuil, puis la dépression et enfin l'acceptation, qui permet de rester dans la réalité et de continuer de vivre.

Lili fait le deuil de sa vie sans cancer. Elle a perdu sa santé de fer. Je lui promets qu'elle la retrouvera. Seule, volontairement isolée, elle a d'abord tout nié, tenté d'oublier l'évidence, comme si le nodule était resté dans le froid de Paris. Puis elle a crié seule à la face de la Terre, plantée comme un totem dans l'herbe rase, au milieu d'un plateau de l'Aubrac. Elle a appelé Dieu, ses anges, Lili a promis que si elle échappait à sa maladie, elle ne ferait plus d'erreurs, elle changerait. Elle a replongé, pleuré « une dernière fois », insiste-t-elle. De peur. Enfin, un matin, elle a accepté, pour elle, pour son fils, pour sa mère, pour moi aussi. Accepté ce qu'on ne peut changer, la réalité, la brutalité de la vie qui frappe, accepté de se battre. Elle se sent prête, plus forte. « Et quand je serai sur pied, on reprendra notre plan, hein ? Ce n'est qu'une pause, un aléa… Dis-moi qu'on le fera, qu'on ira jusqu'au bout ! »

Marco Antonio m'a rappelée comme il l'avait dit. Chaque fois que nous nous parlons, mon plaisir est accru. Cela me surprend et me plaît. Ce soir, nous nous sommes donné rendez-vous au café Le Balto. Dans quelques heures, l'homme numérique, sa voix tonique aux épices ibériques prendront corps. Cela me réjouit. Vraiment. J'ai besoin de ce moment de légèreté.

J'essaie de me faire belle, Annie lisse mes cheveux et je maquille mes yeux. Pas la bouche, il faut choisir. Juste un gloss rose pâle. J'ai appris en observant la technique des professionnels. Toutes les actrices démodées pourraient se reconvertir en esthéticiennes. Nous devrions bénéficier d'un diplôme par équivalence pour toutes ces années passées en loge de maquillage. Je pourrais réclamer aussi celui d'aide-soignante, je ferais « esthéticienne médicale » pour réveiller la coquetterie des malades.

Dans un regain de lucidité, j'informe Annie de mon programme, du lieu, du nom, du numéro de téléphone de cet homme que je vais rencontrer tout à l'heure. Elle s'inquiète aussitôt, répète en boucle que le « Net » regorge de « mecs pas nets » en s'amusant de sa rime. Mais je ne vais qu'au Balto, tendre Annie, juste au coin de la rue...

Je suis en avance, installée au fond du café comme l'autre jour avec Lili. Cela me permettra de remarquer « €ric » en premier et peut-être de fuir.

Lorsqu'il entre à l'heure dite dans le bar comme en scène, quelques femmes qui bavardaient suivent du regard dans un silence prolongé ce jeune homme au port altier, d'allure détendue, qui tient entre ses mains un bouquet. Après un rapide coup d'œil tout autour de lui, il fond sur moi en souriant, tout simplement. Peut-être est-il habitué à ce genre de rendez-vous.

— J'ai trouvé des fleurs dans le métro ! lance-t-il. Le papier n'est pas joli mais elles sont belles, non ? Tu aimes ?

Il m'embrasse avec fougue et j'aperçois dans ses yeux qui s'agrandissent et luisent un éclat furtif. Il n'est pas déçu. Je remarque immédiatement son parfum. Une fragrance unique de cuir, de fleurs poudrées et de musc que je connais bien. C'était le parfum de mon premier amour, mon rocker vénéneux qui revêtait *Habit rouge*, et celui de Yann, vingt ans plus tard. Chaque fois que je retrouve cette odeur, dans un bus, au théâtre ou lors d'un rendez-vous, je ressens toujours, en une minuscule seconde, la piqûre infime d'un feu immortel qui brûle en moi ou dans l'air, sous les cendres des amours passées.

Marco Antonio est très beau, tel que je l'ai vu, imaginé. Sa grâce cependant me surprend. Je le complimente.

— Je suis danseur, c'est normal, répond-il sans la moindre fierté.

Il me regarde droit dans les yeux, toujours, la tête légèrement inclinée. Il est spontané et parle sans jamais fuir une question ou mon regard. J'aime ça. Par moments, nous nous observons sans prononcer un mot. J'ai le temps de détailler sa beauté, le grain de sa peau, la finesse de ses mains, sa jeunesse, et je me demande ce que je fais là ! Je l'intérroge :

— Quel âge as-tu vraiment ?

Sans répondre, il met sur la table le contenu de ses poches, dont il extrait une carte d'identité qu'il me tend. Il est né le jour de Noël, le 25 décembre 1982, dans une banlieue de Madrid, il aura donc trente ans le mois prochain, mais il en fait cinq de moins. Je m'en étonne, le questionne, il a toujours fait plus jeune que son âge et il veille sur sa forme.

— Mon corps, c'est mon métier, dit-il. Je fais beaucoup de sport, tout Paris à vélo ! La discipline, c'est important. Pas de cigarettes, pas beaucoup d'alcool, quelques mojitos ! Et je ris et je fais l'amour. Tu connais le mot *azul* ?

— Bleu ?

— Presque. Bleu ciel ! En Espagne, il n'y a que du bleu ciel. Ma mère avait les yeux bleus, comme toi, comme le ciel.

— Aïe ! aïe ! aïe !... Je ressemble à ta mère ?

— Un peu... C'est un compliment. C'est la seule femme espagnole qui avait les yeux bleus ! Je suis venu en France pour ça ! Pour trouver une femme avec les yeux comme le ciel...

Marco Antonio me montre, parmi ses affaires restées sur la table, une petite photo dans un étui en plastique qu'il embrasse et replace dans sa poche.

— Elle était belle, ma maman... On va boire quelque chose, non ? lance-t-il. Ton plaisir, c'est quoi ?

— Mon plaisir ? À boire ?

— Oui !

— Un Coca, s'il te plaît.

— Ah, non ! *Santa Maria !* Tu aimes les mojitos ?

Il prononce le *j* à l'espagnole, la jota comme un *r* guttural.

— C'est fort ?

— Non ! C'est sucré.

Voilà le mot magique qui fait tout passer.

Le mojito aidant, j'entame les grandes questions en commençant par celle à laquelle je n'ai jamais vraiment su répondre :

— Qu'est-ce que tu veux faire ? De ta vie ? En France ?

— *Santa Maria*…

Je l'interromps :

— Tu es religieux ?

— Un peu… Tout le monde en Espagne dit « *Santa Maria* »…

Il rigole.

— Je veux danser ! Mais c'est compliqué. Aimer ! Ça aussi, c'est compliqué. Je voudrais avoir une famille un jour comme tout le monde et une femme avec les yeux bleus. Et arrêter les petits boulots. Toi ?

— Oh, moi, ma vie est déjà bien… dessinée.

J'allais dire « avancée » ! Comme ma grand-tante Babeth.

— Tu fais quoi ? insiste-t-il. Tu as une fille, ça, je sais, tu es divorcée, tout le monde est divorcé, mais la journée, qu'est-ce que tu fais ? Tu surfes sur Internet ?

Je dis alors à Marco Antonio toute la vérité sur ma vie, mon parcours d'actrice, ma santé, mon amie Lili en Aubrac, mes livres, mon métier, sans parler de la *Star Academy*.

— Tu es actrice… Ma mère aimait beaucoup le cinéma… Son film préféré, c'était *Cleopatra*. C'est pour ça que je m'appelle Marco Antonio, l'empereur, l'amoureux ! Mon père était fan de *Star Wars*… J'aurais pu m'appeler R2D2 ! (Il prononce « R dos D dos ».) Tu sais, le robot !

J'éclate de rire. Il commande deux autres mojitos.

— Tu es connue alors ? poursuit-il.

— Un peu... Mais tu vois, je peux boire un mojito au Balto, faire mes courses au Carrefour Market sans être assaillie par une horde de fans en délire !

Je fais aussi rire Marco Antonio. Puis il devient songeur, tout à coup, son visage se fige, son air est plus grave. Il avale une grande gorgée de mojito et déclare :

— Faut que je te dise la vérité...

— Oui... Bien sûr...

Marco Antonio me révèle qu'il gagne aussi sa vie en allant avec des femmes qu'il rencontre sur le Net. Que « € » dans Éric, ce n'est pas pour « Europe ». Il regrette d'avoir menti, mais il a aimé que je le croie. Il a commencé en livrant des pizzas, par hasard. Un soir, une femme nue lui a ouvert sa porte, elle s'est offerte à lui tout en glissant 50 € de pourboire dans sa poche. Il l'a revue plusieurs fois. C'était agréable. Puis il a cherché d'autres femmes et a arrêté de livrer des pizzas. Il vit principalement de ça. Il dispose de temps libre et a pu reprendre la danse. Il dépense peu, habite dans une chambre de bonne près des Quais et envoie de l'argent régulièrement en Espagne où vivent ses frères et sœurs et sa grand-mère. Elle a vendu ses bijoux à ces marchands d'or qui poussent comme le chiendent dans son pays. Je les avais remarqués lors d'un séjour à Madrid l'an dernier avec mon éditeur. Marco Antonio danse aussi dans quelques cabarets et passe régulièrement des auditions. « Danser, c'est ma passion ! » Il devait devenir danseur classique professionnel, être embauché dans un ballet national, mais les coupes sombres de la crise ont changé la donne. Il a arrêté la danse plusieurs années, a travaillé dans le commerce, occupé toutes sortes d'emplois, puis il est venu en France.

Quand il finit de parler, il guette ma réaction. Je souris et avale d'un trait le reste de mon mojito. Ma double paille renifle au fond du verre. J'essaie de prendre l'air neutre et doux de ma psy. Surtout ne pas juger...

— Et tu en penses quoi ? dis-je.

— Rien... C'est juste pour le moment, tu sais...

Puis il ajoute en riant :

— Il paraît que je suis fait pour ça !

— Pour quoi exactement ?

— Pour l'amour... le plaisir des femmes !

— « DES » femmes ? répété-je un peu triste.

Ma question touche Marco Antonio, mais il ne veut pas réfléchir ce soir. Il ne s'attendait pas à ça, ne pensait même pas en parler. Dans un tour de passe-passe, un changement d'humeur dont les enfants ont le secret, il reprend sa voix gaie et me dit qu'il connaît toutes les expressions synonymes de plaisir, précisant immédiatement avec un accent et une drôlerie irrésistibles : « de plaisir sexuel... »

— Je peux aller dans le 7e ciel ! clame-t-il.

— « Emmener *au* 7e ciel », on n'y va pas seul, dis-je, sentant un sang brûlant colorer mes joues.

— Faire prendre mon pied !

— « *Son* » pied, pas le tien !

— Grimper les rideaux !

Et là, j'éclate de rire.

— Grimper *aux* rideaux ! Faut faire attention chez moi parce que les tringles ne sont pas très solides...

— Tringler ? Chez toi ?

— Non !! Quel horrible mot ! Mais qui t'apprend ça ? Toutes ces expressions ?!

— Tout le monde. Et ça m'intéresse, ce sont des mots très utiles !

— Il y en a d'autres.

— Je sais, je plaisante ! Je connais aussi les mots que les femmes aiment...

— Ah bon ? Intéressant... Un exemple ?

— Il faut les dire avec le cœur, sinon ça marche pas. Et avec la main aussi, donne-moi ta main, s'il te plaît.

Je pose la main sur sa paume ouverte.

— Tu es *unique*, Charlotte…, murmure-t-il en approchant son front.

— C'est vrai que c'est bon de l'entendre ! Mais on est toutes uniques… Autre chose ?… Tu peux continuer, ça part bien !

— Tu es *belle*…

— Ça, ça fait toujours plaisir… Comme les fleurs, un classique, intemporel ! Se voir belle dans le regard de l'autre et l'entendre… Encore !

— Tu es *mystérieuse*…

— Pas assez, je trouve ! C'est même mon problème, on lit en moi comme dans un livre ouvert, tu ne trouves pas ? Je ne suis pas mystérieuse. Je suis limpide. Tu connais ce mot ? Transparente… Là, en ce moment, tu lis quoi ?

— Que tu aimes ce moment… Tu aimes l'Espagne de plus en plus, parce que tu aimes le bleu ciel et pas le gris, et les mojitos ! Pas le Coca-Cola !

— Tu m'amuses ! Tu me touches aussi…, dis-je en apercevant ma main restée docilement dans la sienne.

Marco Antonio se fait silencieux. Il garde la main ouverte et plante son regard sombre et doré en moi. Je sens les muscles vaillants de mon cœur se détendre doucement jusqu'à déclencher mon alerte « Attention : cœur trop mou ! » qui m'injecte instantanément une adrénaline sauveuse. Mon front se plisse, je reprends ma main et prononce distinctement :

— Je vais rentrer maintenant.

— Dommage ! Juste au moment où tu allais me dire des trucs sympas…

— Mais je n'ai dit que ça, il me semble, beau Marco Antonio… Je suis fatiguée et pompette… Merci beaucoup pour les fleurs, elles sont très belles, et pour les mojitos !

— Pompette ?

— Soûle, ivre, vulnérable…

— Je peux te raccompagner ?

— Si tu veux, j'habite à côté...

Sous le porche de mon immeuble, Marco Antonio me serre dans ses bras. Encore sous l'effet de mon alerte, je pense qu'il ne serait pas raisonnable de m'y sentir bien. Pourtant, je laisse mon inconnu prolonger ce moment, et plus il s'étire, plus je me sens bien, profondément bien, à l'abri, plus légère, groggy par ce parfum tenace que je respire encore. Il m'embrasse sur le front, caresse ma joue et me dit avec candeur :

— C'était mon plaisir de te rencontrer, mon honneur.

— « *Un* » plaisir... dis-je à son oreille, c'était « mon » plaisir aussi.

— Tu veux m'apprendre le super français ?

— Je pourrais essayer... « Super », je ne sais pas... Mais pas ce soir...

— À bientôt, alors ?

— Oui.

— Demain ?

— Ma fille revient, je t'appellerai...

Dans le hall, l'applique chancelante diffuse une lumière intermittente. L'ascenseur est hors-service, pourtant cela ne m'énerve pas. Je prends le temps de monter les cinq étages dans un rythme lent et régulier de montagnard un peu usé, sans même éclairer l'escalier que je connais par cœur, pour donner au décor ce flou qui baigne mon esprit. Avant d'arriver à mon étage, je m'arrête au milieu de l'escalier quand j'aperçois l'ombre d'un homme assis en haut des marches, le dos frôlant ma porte.

— Qui est là ?! demandé-je.

L'homme ne répond pas, mais son ombre bouge. J'ai peur, je redescends jusqu'au palier, j'éclaire tout l'escalier et crie encore :

— Qui est là ? Répondez !

Silence… Je remonte lentement vers ma porte et découvre M. Poussin, assoupi, la tête posée contre le mur.

— Parrain ? Parrain !

Je presse son épaule.

— Vous m'avez fait peur, mais qu'est-ce que vous faites là ? Il est tard…

Monsieur Poussin règle d'un geste son appareil à l'oreille et reprend ses esprits :

— Ah, c'est vous, mon petit, je m'inquiétais, j'ai frappé plusieurs fois, vous n'avez pas répondu…

— J'étais sortie.

— Mais ce matin, vous n'êtes pas venue…

— Si !

— Ah bon… J'étais sûr que non… Alors je m'inquiétais.

— Vous voulez rentrer vous reposer chez moi ?

— Non merci, je vais redescendre…

— Vous êtes sûr que ça va ?

— Oui, je me faisais du mouron, c'est tout… Je vais retrouver mon oiseau…

Monsieur Poussin se lève, m'embrasse et commence à descendre les marches, en traînant une main sur la rampe, il bougonne :

— Et cet ascenseur qui ne marche jamais…

— J'appellerai le médecin demain, d'accord, parrain ? Sinon vous n'irez jamais !

— Si vous voulez, mon petit…

Dans ma chambre, je place les fleurs de Marco Antonio face à moi sur la commode, à côté du portrait de maman.

Avant de me coucher, j'ai un geste inhabituel, je vaporise sur mon lit de l'*Eau de Shalimar* qui fait fuir mes chats, et je remarque pour la première fois des similitudes évidentes avec cet autre parfum de Guerlain, *Habit rouge*, ancré dans ma mémoire, que portait ce soir Marco Antonio.

J'ai aimé notre soirée. C'est un peu fou. Quand allongée sur mon lit je ferme les yeux, je revois son sourire, sa démarche élégante dans le café, je sens toujours le musc sucré de son cou. Et je ris, doucement, en me rappelant « le pied, les rideaux et le 7ᵉ ciel »...

Et je m'endors en imaginant ce que cela pourrait être.

Le lendemain, M. Poussin me soutient qu'il n'est jamais malade et n'a donc pas de médecin traitant. Je choisis au hasard sur Internet un docteur du quartier qui vient à domicile.

Il ausculte M. Poussin en fin de journée sans excès de zèle, pressé car il ne fait que débuter sa tournée, répétant chaque minute que tout est normal, la tension, les réflexes, le cœur, les poumons, tout... hormis les oreilles.

— Bonne nouvelle, dit M. Poussin, je le savais...

— Et là-haut ?... dis-je à voix basse au docteur en tapotant discrètement mon front avec l'index.

— Ça a l'air d'aller, il parle bien, les réflexes sont bons, le suivi oculaire aussi...

— Il a des absences ! insisté-je.

— C'est l'âge... Moi aussi, j'ai des absences !

Puis le docteur me fixe et lance, amusé :

— Mais je vous reconnais, vous êtes actrice, non ?

— Pas du tout, je suis la filleule de M. Poussin. Docteur ! dis-je plus fort, moi aussi, j'ai des absences, mais je ne m'endors pas au milieu de la nuit sur le palier de ma voisine !

— Je m'en faisais, mon petit, c'est tout..., s'excuse M. Poussin.

Le docteur m'écoute enfin et lui pose une question pour tester sa mémoire récente :

— Racontez-moi ce que vous avez fait aujourd'hui, depuis le réveil !

— Oh, comme hier..., soupire M. Poussin.

Il amuse le docteur.

— Vous avez de l'humour, cher monsieur !

— De l'humour et des absences ! dis-je.

Depuis que le docteur est arrivé, M. Poussin cabotine, ruse, ponctue chacune de ses phrases par un long souffle las, un sourire innocent... Il assure qu'il va bien et fait tout pour persuader le docteur qu'il n'y a rien d'anormal. J'ai l'impression d'être une pauvre acharnée qui veut à tout prix que la science reconnaisse ce qu'elle pressent.

Le docteur pose une main sur l'épaule du malade imaginaire et conclut en s'adressant à moi :

— Surveillez tout ça, pour l'instant je ne vois rien d'inquiétant... Si les absences s'accentuent, consultez un neurologue qui lui fera faire des tests. Je vais prescrire à votre parrain un anxiolytique léger. Ces troubles sont parfois liés au stress de vieillir et même à la peur de... Vous voyez ce que je veux dire, madame ?!

— Oui...

— Et les pics de stress interviennent la nuit.

— La peur de mourir ? s'exclame M. Poussin à retardement. Mais ça ne me fait pas peur !

Un vrai petit miracle

J'échange avec Marco Antonio toute la semaine, principalement par SMS, en préservant mon téléphone des regards curieux de ma fille qui s'amuse de mon manège.

— T'as un amoureux ? me demande-t-elle.

— Non, c'est Lili. Elle ne veut pas parler pour ne pas rompre le calme autour d'elle et en elle. Elle pratique la méditation, alors on s'envoie des messages, tu la connais, elle a toujours des histoires à raconter...

— Tu me prends pour une stagiaire, maman ?!
— Une quoi ?!
— Une stagiaire, c'est une expression, t'es « pro » ou t'es « stagiaire ».
— Je ne te prends pas du tout pour une stagiaire, ma chérie !
— Alors montre-moi ton téléphone !
— Non…
— C'est le Chinois qui revient ?
— Yann, tu veux dire ! Non, ce n'est pas lui, c'est Lili je te dis…

Tara lâche prise. J'éteins mon téléphone et saisis l'opportunité de cette conversation pour lui poser quelques questions sur sa vie sentimentale, ses amis… Mais je me heurte vite à la pudeur profonde de ma fille, aux limites de notre lien exclusif que Tara, fille unique de mère célibataire, veut préserver.

Je ne promets aucun autre rendez-vous à Marco Antonio. J'espère même, dans quelques sages pensées qui me traversent parfois, qu'il se lassera de nos échanges.

Vendredi, Tara repartira chez son papa et Lili reviendra d'Aubrac, dès le matin, pour entrer à l'hôpital l'après-midi même. Je ne pense plus qu'à ça.

La semaine prochaine sera active, accaparée par la promotion et les derniers préparatifs de la *Star Academy*.

Mon cousin Jano est à Paris pour son travail, il dort chez moi quelques nuits.

J'ai une invitation ce soir pour deux personnes au dîner de gala de l'association Aides qui se bat contre le sida et apporte aux malades un soutien multiple et essentiel. En l'absence de Lili, j'invite mon cousin. On s'amuse aussi beaucoup ensemble, ce sera une belle soirée.

Le dîner est précédé d'une visite privée de l'exposition du peintre américain Edward Hopper. Sur les larges marches du Grand Palais, au bas des Champs-Élysées, où a lieu la soirée, les photographes insistent pour prendre un cliché de moi avec Jano. Il en profite pour m'enlacer sous les flashes qui crépitent avant de s'éteindre pour se rallumer un peu plus loin sur Bernadette Chirac. Quand les photographes demandent son nom à Jano, il répond avec malice : « Yann ! »

Nous traversons les longs couloirs de l'exposition dans une semi-obscurité qui fait émerger des murs sombres les couleurs franches et contrastées des toiles du maître, leur lumière si particulière. Hopper a la passion des fenêtres, des vitrines qui séparent les mondes intérieurs et extérieurs, le rêve de la réalité. Ces parois de verre, fines, fragiles, translucides, donnent l'impression que ces univers se confondent, que le rêve se mêle à la vie et que rien n'est vraiment à l'extérieur de nous-mêmes. Nous formons un tout, un seul et même monde aux frontières illusoires. Je demeure quelques minutes devant le portrait d'une jeune femme assise sur un lit et fixant, au-dehors, un ailleurs qui l'appelle.

Nous sommes placés à la table d'honneur. À ma droite, le Dr Françoise Barré-Sinoussi se présente. Jano glisse à mon oreille que cette femme charmante a codécouvert le VIH, virus du sida, avec le Pr Montagnier et qu'elle a reçu pour cela le prix Nobel. Elle a été reçue la semaine passée à la Maison Blanche par le couple Obama. J'agrippe alors le bras de ma prestigieuse voisine et clame en souriant :

— Pardonnez-moi, chère madame, mais je dois absolument dire à ma fille que j'ai touché un Prix Nobel !

La dame sourit de façon désarmante, tout en elle est simple, posé, humble. À mon tour, je me présente, elle ne semble pas me connaître.

Jano est tout bouleversé car il est assis pile en face de la première dame de France, que j'ai plaisir à retrouver. Il déplore la présence, sur les vastes tables, de bouquets compliqués et encombrants qui limitent la conversation et dissimulent le visage de Valérie Trierweiler derrière des branchages exotiques.

Le lieu est somptueux. Le Grand Palais a le même âge que la tour Eiffel, ces mêmes armatures métalliques. Un croisement d'arches fines éclairées soutient le plafond de verre immensément haut, et forme au-dessus de nos têtes une voûte céleste scintillante.

La soirée se déroule, agréable, feutrée, rythmée par plusieurs discours officiels et des enchères généreuses au profit de l'association. Pendant le repas, Jano me tend le bristol rose et blanc qui était disposé dans nos assiettes pour s'assurer que je l'ai bien lu. Je l'avais écarté en pensant qu'il s'agissait d'une publicité. Je le lis et découvre qu'il est désormais scientifiquement démontré que les personnes séropositives qui suivent avec succès une trithérapie – c'est mon cas – ne sont plus contaminantes...

J'en suis bouleversée. J'ai l'impression d'un coup que la peste m'a quittée. Mes yeux se troublent et ma voisine, remarquant mon émotion, me confirme la stricte véracité du message que je tiens encore dans les mains. « C'est une superbe avancée, dit-elle, mais il en reste d'autres à atteindre, la prochaine sera de stabiliser définitivement le virus pour pouvoir se passer de traitement... »

Se passer de traitement... Je reste rêveuse. Peut-être verrai-je un jour la fin de cette saloperie de VIH...

Le directeur de l'association se joint à notre discussion sur les avancées scientifiques depuis l'apparition du virus. Quand il évoque tous ses amis disparus, contaminés dans les années 1980, Françoise Barré-Sinoussi confirme que, hélas, les survivants de cette époque sont bien rares... Je l'informe alors que j'ai été contaminée en 1986. Elle affiche sa surprise avec un sourire gêné et se rapproche de moi en posant une main sur mon bras. Puis je vois son regard de médecin observer le haut de mon torse, là où mon décolleté est strié d'une fine et longue cicatrice verticale.

— J'ai aussi été greffée du cœur en 2003, dis-je doucement pour devancer toute question.

La dame, Prix Nobel de médecine et codécouvreur du VIH, me regarde alors droit dans les yeux en pressant la main sur moi et me dit :

— À moi de vous toucher maintenant, car vous êtes, chère madame, un vrai petit miracle !!

Je n'ose rien répondre. Comme moi, Jano reste silencieux. Un ange passe. Je crois effectivement que je suis la seule greffée cardiaque séropositive en France. Puis la conversation reprend son cours doucement animé.

La soirée se termine par quelques poses pour les photographes, des accolades échangées avec quelques connaissances et mes hommages à Bernadette Chirac qui me fait appeler à sa table. Elle m'embrasse spontanément, comme du bon pain. La grande dame, petite femme, bon pied, bon œil, me souhaite pour après-demain un joyeux anniversaire en se souvenant que je suis née le même jour que son tendre époux.

Dans le taxi, Jano me confie qu'il a « craqué » sur la première dame, « l'actuelle, pas Bernadette », précise-t-il. J'avais compris, merci, vu ses regards. Je lui rappelle qu'il est marié à Laure, blonde et jolie tigresse qui aura déjà bien du mal à digérer les quelques photos officielles qui paraîtront avec cette légende qui m'amuse déjà : « Charlotte et son mystérieux compagnon… »

Arrivée en bas de chez moi, je reçois un SMS de Lili que j'avais prévenue de ma belle soirée : « Alors, ta sauterie ? Moi huit sur dix. » Cette note est un nouveau code entre nous. En attendant son retour à Paris, Lili évite de trop parler mais elle m'envoie chaque jour une note sur dix selon l'état de son moral. Je réponds : « Que te manque-t-il pour être à dix ? » Lili écrit : « Ça alors, il t'en faut toujours plus ! Toi ! Il me manque toi ! »

Chez moi, je rentre à pas de chat, suivie par Jano, et vais surveiller dans ma chambre le sommeil de Tara. La baby-sitter m'informe qu'elle dort déjà depuis plusieurs heures.

Je discute avec Jano dans le salon puis il part se coucher dans la chambre de ma fille peuplée de cœurs roses qui vont bien avec son humeur romantique. Je reste à rêvasser sur le canapé en compagnie de mes chats. Je commence mon insomnie.

Depuis cet échange pendant le dîner avec la prestigieuse doctoresse, une phrase progresse en moi comme dans un labyrinthe dont on ne sort pas : « Vous êtes un vrai petit miracle... » Je m'interroge... S'ils existent, pourquoi les miracles se produisent-ils ?... Combien de temps dure un miracle ? N'est-il qu'un éblouissement, un répit avant que reprenne la vraie vie ? Que fait-on d'un miracle ? Si on n'y porte pas attention, je suis sûre qu'il éclate comme une bulle de savon ! Mais je suis attentive... plongée dans une abyssale réflexion ! Plus réceptive que jamais à tous ces signes, ces présences, ces rencontres, ces autres petits miracles... Je n'y vois pas encore parfaitement clair mais tout se précise...

Dans mon cahier d'écriture que j'ouvre chaque jour, je relis les messages de maman, note quelques lignes, puis pose mon stylo.

Une idée entêtante me vient. Je m'étais pourtant juré de ne plus les consulter. Je vais retranscrire dans mon cahier les prédictions de Pierre et surligner d'un trait fluorescent celles qui se sont avérées justes. La blancheur mettra en évidence celles qui restent à venir...

Je le fais ! Avec un soin particulier. Je souligne de deux traits « le grand Amour », le but ultime de mon périple, et trace un point d'interrogation après « le plaisir de la chair ». Ce présage porte désormais un beau visage... Marco Antonio... J'ai ressenti une indéniable volupté à l'écrire, mais j'ai aussi la volonté de ne pas y succomber ! Je tiens là, peut-être, ma seule chance, une des rares actions que je peux maîtriser dans cette liste, de contrer Pierre et de marquer au moins un point sur notre tableau des scores qui pour l'instant m'est très défavorable…

Dans mon lit, une main plongée dans les cheveux de Tara, je la regarde dormir en pensant qu'elle est mon plus joli miracle. Pour m'endormir, je récite mes mantras : « Ma fille va bien, je vais bien, tout va bien se passer, Lili va guérir, le meilleur est à venir… »

Une lumière aveuglante

Lili est rentrée un jour plus tôt d'Aubrac pour fêter mon anniversaire et passer la soirée avec son fils et sa maman à qui elle a menti. Pour eux, elle va passer quelques jours à l'hôpital pour se faire plus belle et préfère ne pas avoir de visites car elle sera invisible sous ses pansements.

Je vais l'attendre au bout du quai, à la gare de Lyon. Elle ne le sait pas. Quand elle m'aperçoit, Lili laisse tomber ses sacs par terre et se jette dans mes bras sans un mot.

Je n'ai pas envie de fêter mon anniversaire. Je ne veux ni gâteau ni bougies, ni rien. Juste dîner avec les enfants, comme si de rien n'était.

Le lendemain, j'accompagne Lili à l'hôpital.

Dans le taxi, elle dit :

— Les pauvres… Tu imagines la tête de mon fils et de maman quand ils vont me revoir dans quelques jours, la mine défaite, vieillie de dix ans sans rien oser dire… J'ai donné le numéro de l'hôpital à maman au cas où, mais impossible de dire la vérité, de les inquiéter… Tu comprends ?… Jérémy est trop jeune et maman trop âgée. Ça servirait à quoi ?… Et puis tout va bien se passer, n'est-ce pas ? Ton voyant l'a dit !… Si tu avais vu le regard de maman… Elle m'a caressé la joue en disant : « Tu es bien sûre de toi, ma chérie ? Tu es tellement jolie comme ça… » Ça m'a touchée ! Tu ne peux pas savoir… Je suis vite partie !

Je serre la main de Lili. Elle a tourné la tête en pressant le coin de ses yeux du bout des doigts. Puis elle cogne la vitre avec son front en s'écriant :

— C'est dingue… Il faut prêcher le faux pour savoir le vrai… Il faut que j'attende quarante-cinq ans et un putain de cancer pour que ma mère me dise que je suis *tellement jolie…*

Dans l'immense hôpital, je me dirige sans consulter de plan, avec assurance.

— Tu m'impressionnes…, dit Lili.

— C'est ma résidence secondaire, ma douce…

Nous commençons par une visite au chirurgien que je connais. J'insiste sur la qualité de la cicatrice. Mon amie étant une bombe atomique, il ne s'agirait pas de la désarmer, l'affliger d'une vilaine entaille. Je dévoile mon décolleté en guise de référence.

— C'est l'œuvre du Dr Leprince ! Mais il n'est plus là…, dis-je.

Le chirurgien nous assure que la cicatrice de Lili sera quasi invisible comme la mienne, plus courte et horizontale. Lili dit que si l'on superposait nos cicatrices, cela formerait une croix.

Lili a obtenu une chambre individuelle qu'elle inspecte comme à l'hôtel, sans dire un mot. Le décor est standard, neutre, plastifié, dans des dégradés de jaune, avec au milieu du mur face au lit un petit tableau, assorti au reste de la pièce, représentant deux canaris.

— Ton oiseau de malheur me poursuit jusqu'ici…, ironise Lili en souriant.

— C'est un symbole de gaieté…

— Alors, ça tombe bien… Au moins, ces deux-là ne me casseront pas la tête !

L'anesthésiste passera dès ce soir pour « shooter » Lili avant son sommeil, la détendre au maximum avant l'opération qui aura lieu demain matin tôt.

— À l'aube ! dit l'infirmière.

— Comme les exécutions…, crie Lili.

— Tais-toi, dis-je.

Quand elle s'assoit sur son lit, Lili s'amuse à relever et à baisser la barrière latérale de sécurité.

— Tu sais que je n'ai dormi que trois nuits à l'hôpital dans toute ma vie, dit-elle. Une pour la naissance de mon fils et je me suis enfuie, les deux autres avec toi, sous ton lit, après ta greffe, tu t'en souviens ? C'était interdit, j'étais remontée par les caves et le monte-charge…

Avant le dîner, une infirmière pimpante, qui remue sa haute queue-de-cheval de pom-pom girl, arrive pour une prise de sang particulière. Elle a apporté une petite dizaine d'éprouvettes qu'elle place dans une écuelle en Inox.

— C'est pour analyser les marqueurs tumoraux, dit la jeune femme.

— C'est-à-dire ? demande Lili.

— Pour contrôler la propagation possible des cellules malignes dans le sang…

— Des métastases ? N'ayez pas peur des mots, mademoiselle, vous n'y êtes pour rien. Sur le nombre de tubes, vous en trouverez bien une qui se balade !

L'infirmière esquisse un sourire, puis commence la prise. Au bout de quelques minutes, Lili s'exclame :

— Vous m'en laissez ?! J'ai la tête qui tourne… J'ai l'impression que la chambre s'est agrandie… Tu m'as réservé une suite, ma belle ! dit-elle en se retournant vers moi.

L'infirmière s'arrête et s'en va. Pendant qu'elle mange un peu, Lili me demande de prendre son recueil de citations dans son sac et de lire au hasard, ça lui rappellera la croisière. Elle aimerait d'ailleurs que l'on refasse un voyage quand tout ira mieux. J'acquiesce. Lili voudrait que je lise en faisant l'actrice. Je n'en ai pas du tout envie mais je fais quand même le clown. J'ouvre l'ouvrage d'un coup, lis au milieu de la page une première fois dans ma tête puis déclame lentement d'un ton shakespearien :

— « Le poisson nage dans la marmite ! »

— Ah, tu vois, c'est un signe ! réplique Lili aussitôt.

— Le signe de quoi ?

— La marmite, ça chauffe, c'est pour la soupe, ça finit mal pour le poisson !... C'est japonais, pour annoncer une catastrophe !

— N'importe quoi ! J'en prends une autre, au hasard, tiens, écoute ! « Les tempêtes donnent aux arbres des racines plus profondes. » Elle est jolie celle-là, non ? C'est bouddhiste, et c'est vrai !

— Ouais... Bof... C'est Nietzsche à la sauce asiatique... Les épreuves rendent plus fort... Les tempêtes renforcent les racines... Bla-bla-bla... Des mots censés donner le moral, mais impossibles à entendre quand on est *dans* l'épreuve... Tu vois, on ne s'en sort pas ! Le poisson bouilli, les tempêtes... C'est dingue, tu n'as lu que des trucs glauques ! Il y en a pourtant des très drôles ! Allez, une dernière, fais un effort ! Mime-la, cette fois, s'il te plaît, ça me fera rire même si la citation est sinistre...

J'ouvre le livre une dernière fois, je prends un instant pour mémoriser la phrase assez longue que je lis :

— « Tu ne peux empêcher les hirondelles du malheur de tourner au-dessus de ta tête, mais il ne tient qu'à toi qu'elles ne fassent pas leur nid dans ton chignon... » Proverbe chinois.

Je commence par l'hirondelle. Ce n'est pas facile de mimer une hirondelle, surtout une hirondelle malheureuse... Je mime en battant des bras un petit oiseau volant très vite et compose une moue excessivement triste. Lili rit déjà. Elle saisit tout de suite la notion de volatile. Mais quand je m'élance en courant de la porte à la fenêtre, en grimaçant et en battant des bras, Lili hurle :

— Un avion ?! Un avion qui va se crasher ?! Le 11 Septembre ! New York !!!

J'abandonne l'oiseau et tente le chignon que Lili trouve vite. Quand l'anesthésiste rentre dans la chambre, je singe une moue bouleversée les bras en l'air et les mains qui gigotent sur ma tête pour faire l'hirondelle triste au-dessus du chignon. Lili éclate de rire et crie qu'elle a trouvé. C'est un de ses proverbes préférés, elle lance aussitôt :

— Pas de souci, je ne fais que des brushings... Ils sont sexistes ces Chinois, pas de chignon pour les hommes... Que du bonheur pour ces messieurs ! N'est-ce pas, docteur ?... dit Lili en se retournant vers lui. Alors, c'est vous le marchand de sable ?...

J'aimerais dormir près de Lili mais je ne peux pas. Un chauffeur de la production de la *Star Academy* passera me chercher demain matin tôt. Je reste avec elle jusqu'à ce qu'elle s'endorme sous l'effet puissant des comprimés que le docteur souriant lui a donnés. Je reviendrai vers midi pour être là à son réveil. Je l'embrasse sur le front en gardant quelques secondes les lèvres posées sur elle. Elle a fermé les yeux, je sors de la chambre.

Chez moi, je me « shoote » aussi pour dormir. Ce soir, je n'ai pas le temps d'être insomniaque. Je m'endors vite, après une courte prière, une prière inutile d'ailleurs car il est impossible, strictement impossible, que Lili ne guérisse pas.

Le chauffeur est très à l'heure. Je me suis levée avec effort. Je suis restée sous la douche plus longtemps que d'habitude, j'ai fait couler à la fin une eau très froide qui m'a fait crier. Je me suis maquillée et j'ai fait le vide dans ma tête. À chaque petit coup de trait noir tracé autour de mes yeux, j'ai pensé : « Faut y aller, on t'attend, au travail, allez... »

La voiture file en direction du « château » en banlieue parisienne, là où se passent la vie des étudiants de la *Star Academy*, les répétitions et les auditions. Je vais rencontrer les professeurs, prendre possession de mon bureau de « directrice » et faire une séance photo en extérieur, devant le fameux château, emblème de l'émission.

À l'arrivée, un assistant m'accompagne pour grimper tout en haut de la bâtisse, dans l'immense grenier, point de rencontre générale, où se cache la production, le centre névralgique où les élèves sont observés par caméra.

Tout se passe pour le mieux dans le meilleur des mondes. Les profs sont sympas et motivés, on se parle comme si on se connaissait depuis des années. C'est la convivialité immédiate des artistes, de ce milieu du show business dans lequel j'ai grandi.

Mon bureau est très coloré, flashy, joliment décoré, design, très éloigné du souvenir que j'avais de celui de la directrice peu commode du lycée Paul-Valéry où j'ai étudié.

Si le bureau fait la directrice comme l'habit fait le moine, je serais donc un chef de bande de nouvelle génération, original, moderne et haut en couleur. J'essaierai de faire respecter mes valeurs, celles que j'essaie non sans mal d'inculquer à ma propre fille : respect, humilité, travail. Je dois avouer qu'à ce jour j'ai essentiellement réussi avec les deux premières valeurs. Je peine avec celle de « travail ». J'ai beau répéter à Tara que rien ne s'obtient durablement sans travail, que l'inventeur Thomas Edison disait que « le génie, c'est un pour cent d'inspiration et quatre-vingt-dix-neuf pour cent de transpiration... », il est difficile de faire travailler un adolescent qui veut garder de l'enfance son activité préférée, jouer !

Assise à mon bureau fluorescent, je me promets d'être plus efficace avec mes élèves qu'avec Tara.

Je serai exigeante et humaine, protectrice. J'ai trouvé mes références, je serai la fille de Mary Poppins, la nounou volante et fantasque, et d'Albus Dumbledore, le directeur strict, professeur de sorcellerie de Harry Potter. Les artistes sont de gentils sorciers, qui enchantent la réalité.

Quand le photographe m'appelle dans le jardin pour le portrait officiel devant le beau château, je scrute le ciel nuageux et doute que la lumière soit bonne. Il fait froid, je porte un long manteau de peau fourrée, le photographe fait quelques essais puis s'absente pour aller chercher un flash. Le gazon est impeccable et sec, comme neuf, je m'agenouille, me retourne vers la haute bâtisse au charme suranné qui surplombe le parc, et je m'allonge sur le dos, à même le sol, les bras en croix, les doigts dans l'herbe. Je fixe le ciel, je ne vois plus que lui. Les nuages vont passer, j'en suis certaine, je souffle sur eux, fort, comme je le faisais enfant en Bretagne où les quatre saisons se bousculent parfois en quelques heures. Au-dessus de ma tête, pile au-dessus, le soleil tente de percer. Un point gris devient plus clair, puis blanc, intensément blanc, incandescent. Une lumière éclatante se propage aux autres nuages, le point grandit, devient un coin de ciel incendié. J'aperçois une tache de bleu, puis un rond de feu blanc, aveuglant. Le soleil perce enfin. Je ferme les yeux. Je sens la chaleur passagère des rayons. Je vois à travers mes paupières une lumière aveuglante qui persiste. Je pense instantanément à une autre lumière similaire. Je porte la main à mon cou où un picotement vient de naître. J'ai déjà vu cet excès de clarté… J'ai eu les yeux clos en dessous des néons… À cet instant, le visage de ma Lili doit être blanchi par les projecteurs surpuissants du bloc opératoire. Des docteurs masqués, gantés, doivent se pencher sur son corps endormi…

Le photographe revient avec un flash devenu inutile qu'il pose à terre.

— Vite ! crie-t-il, levez-vous s'il vous plaît, la lumière est parfaite. Vite ! avant que le ciel ne se couvre…

La photo est réussie. On la croirait retouchée en studio, un rayon divin semble tombé du ciel, traversant mes cheveux d'un trait doré, piquant mes yeux d'un éclat qu'on dirait heureux.

De retour vers Paris, je colle mon front à la vitre de la voiture et regarde défiler la longue ligne blanche discontinue de l'autoroute en glissant dans une légère hypnose. Le ciel a repris son gris. Je retourne voir Lili. Un SMS de Marco Antonio me surprend : « Un mojito, ce soir au Balto ? 22 heures ? *Si ?* » Sans réfléchir, je réponds : « *Si !* », puis fixe à nouveau au-dehors le long trait blanc sur l'asphalte.

L'opération de Lili s'est bien passée. Son large pansement en forme de minerve m'impressionne, mais je ne laisse rien paraître. Je n'ai jamais vu Lili comme ça. Pâle, pansée, ralentie, le regard endormi, ailleurs. Le chirurgien qui passe dans la chambre pour prendre des nouvelles veut me rassurer :

— C'était propre ! Nickel !

— C'est-à-dire ?...

— Ablation de la glande thyroïde et des ganglions, tissus très nets, pas spongieux, je serais étonné qu'il y ait des métastases...

Progressivement, Lili reprend ses esprits. Elle me sourit, dit qu'elle n'a pas mal, me demande comment se sont passées mes répétitions de directrice...

Si tout va bien, elle sortira dès demain. Je viendrai la chercher. L'infirmière me conseille de la laisser se reposer. Quand Lili se rendort, je m'en vais. Dans la rue, je réalise que j'ai été choquée de voir Lili dans cette chambre. Il a fallu que je voie un énorme pansement serrer son cou pour que je prenne réellement conscience de son état. Comme si je n'y croyais pas.

Je passe plusieurs coups de fil et les experts auxquels je parle sont formels, le taux de guérison est excellent... En marchant sans but le long de la Seine, je me concentre sur ces deux mots : guérison, excellent… Je les répète jusqu'à les graver en moi. Puis j'essaie de penser à autre chose… À mon nouveau travail, aux artistes que je vais croiser, au public que je vais retrouver, mais toutes mes pensées me ramènent à Lili. Je me souviens qu'elle voulait être mon assistante personnelle… et la veille du premier show en direct de la *Star Academy*, Lili retournera à l'hôpital pour recevoir ce nouveau protocole curatif à base d'iode radioactif.

Serre-moi

En fin d'après-midi, je rends visite à la maman de Lili, la tendre Bernadette. Elle garde son petit-fils et surtout la turbulente Libido qui pose quelques problèmes à cette grand-mère aux forces limitées. Lili m'a donc demandé ce service tout à l'heure, m'occuper de sa chienne pendant son absence. J'ai naturellement accepté sans mesurer la corvée éprouvante qui m'attendait. Dès qu'elle m'aperçoit, Libido se déploie sur moi en bondissant. Elle tente continuellement de happer mon menton d'une langue étonnamment longue, me rappelant ces caméléons qui capturent à distance des mouches oisives. Libido n'a que cinq mois et semble avoir doublé de volume depuis que je l'ai vue. Bernadette me montre rapidement un vilain bleu sur son bras qu'elle s'est fait en tombant sous la force de traction de l'animal… Je compatis et commence à frémir en observant Libido qui ne cesse de s'agiter. Avant de rentrer chez moi avec elle, je rassure Bernadette sur l'état de santé de Lili en affirmant qu'elle sera très belle et de retour à la maison dès demain.

Dans la rue de Sèvres, au bout d'une laisse en permanence tendue, sur les trottoirs humides de cette fin de journée d'hiver, pénalisée par la semelle lisse de mes bottines fourrées, j'ai cette désagréable impression de faire du ski nautique. Je hurle régulièrement : « Libido, stop ! », « Libido, non ! » Les passants me prennent pour une foldingue et s'écartent vite, je fends la foule tel Moïse et continue mon ski. Je vais rejoindre mon immeuble en un temps record, si et seulement si je parviens à rester debout !

Devant le Bon Marché, un agent de sécurité au physique de gaillard, remarquant ma détresse, se saisit avec virilité de ma laisse et fait asseoir Libido à ses pieds. Je l'inonde de remerciements et lui dis en le pensant qu'il m'a sauvé la vie. L'homme se penche pour caresser Libido. Il aime cette race de chien, très affectueuse, il en possède deux :

— Deux ?! Adultes ?! m'écrié-je.

— Oui, c'est un terre-neuve. Celui-ci doit avoir au moins six mois…

— C'est une femelle de cinq mois… Libido…, soupiré-je, c'est ce nom qui doit l'électriser !

— C'est une race formidable, mais il faut s'imposer, autrement sous ses airs de nounours, Libido vous bouffera !

— Non !

— C'est bizarre comme nom quand même…

L'agent serviable me montre en quelques gestes comment tenir la laisse très courte, parler d'une voix ferme, la plus grave possible, s'arrêter et tapoter les fesses au moindre faux pas… Après un gros bisou à mon sauveur, j'arrive chez moi, épuisée mais vivante. J'enferme Libido dans la chambre de Tara. Elle a eu sur mes chats et Grisou un effet dévastateur.

Dans le calme retrouvé de mon salon, je réalise par téléphone deux brèves interviews au sujet de mon nouveau rôle à la télévision. « Est-ce de la télé-réalité ? » me demande-t-on. Non, c'est une école de chant et un joli spectacle…

J'entends Libido japper et gratter au fond du couloir. Je dois mettre un terme à ce raffut. J'ouvre toutes les portes, y compris celle de l'entrée, mais Libido reste collée à mes pieds en me fixant d'un regard de velours. Miracle ? Non ! Elle a juste faim. Je compose une belle pâtée avec mes boîtes pour chats et y glisse, sans excès de culpabilité, deux beaux Xanax, calmant très efficace spécial crise d'angoisse. La nuit devrait être tranquille.

Sur mon canapé, je m'octroie une mini-sieste, très efficace pour obtenir un regain d'énergie à court terme, vingt minutes, pas plus, je m'autogère bien, sans réveil. Malgré les turbulences de cet après-midi, je n'ai pas oublié mon mojito, mon délassement, ma parenthèse, mon susucre… je me réveille en forme bien qu'un peu tard, à vingt-deux heures tapantes !

Mon téléphone retentit, Marco Antonio s'inquiète, il est déjà au rendez-vous. Je promets d'être là au plus vite.

— Je te commande un mojito ? demande-t-il avant de raccrocher.

— Un double, s'il te plaît, ce fut une rude journée.

— Olé ! Je t'attends, ça me fait super plaisir !

— Moi aussi, j'arrive !

Marco Antonio est assis à la même place que l'autre fois. À nouveau, il m'offre un bouquet, quelques roses, simplement tenues par un sarment de lierre qu'il a enroulé autour des tiges.

— Elles sont sauvages, je les ai cueillies dans le jardin du Luxembourg.

— Mais c'est interdit…

— Les autres roses n'ont pas de parfum… Ce n'est pas un crime… Je suis *libre*… C'est le même mot en français et en espagnol… J'ai vu des photos de toi sur Internet, tu es avec un homme, « son compagnon… », tu as un copain ?

— Non, c'est mon cousin. Et toi, tu as une copine ?

— Non…

— Tu continues ton job ?

— Un peu.

— Tu te sens vraiment libre ?

— Un peu… Tu as des questions sérieuses…

— Oui, parce que je t'aime bien.

— Moi aussi.

— Je crois qu'il faut gagner sa liberté et j'ai le sentiment que tu ne fais pas assez d'efforts.

— Peut-être…

— Alors, j'aimerais deux choses de toi, si tu veux qu'on se revoie…

— *Santa Maria…*

— Que tu travailles ton talent avec acharnement et, quoi que tu fasses, que tu le fasses par désir.

— Quel talent tu veux que je travaille ?… répond-il en riant.

— Je suis sérieuse.

— Trop sérieuse ! Reprends un mojito !

— Écoute-moi bien, Marco Antonio de la banlieue de Madrid, je suis bretonne et vosgienne, je viens du pays du chouchen et de la mirabelle, si tu crois me soûler avec ta limonade, tu fais erreur ! J'aimerais que tu me répondes, que tu dises « oui » et tiennes ta promesse, pour que cette rencontre ait un sens.

— OK.

— Dis oui, « *si* » dans ta langue.

— *Si…*

— Très bien ! Maintenant, je veux bien un autre mojito… En vérité, ils sont très forts… Beaucoup plus que le chouchen ! Mais je m'en fiche ! J'en ai besoin. Je ne bois jamais, tu sais ?

— Journée difficile ?…

— Oui.

— Elle se finit mieux, non ?…

Nous parlons longtemps, nous rions, tout est naturel, facile. J'ai l'impression que je pourrais tout lui dire. Marco Antonio me parle de son pays, de ses idoles, Noureev, Fred Astaire,

Antonio Marquez, un grand danseur de flamenco..., de cette audition importante qu'il a passée hier, de ses frères et sœurs qui en bavent en Espagne, de son goût immodéré du voyage et des femmes aux yeux bleu ciel. De temps en temps, il pose la main sur la mienne. Sa présence est légère, aérienne. J'aime ce courant de séduction, de bienveillance qui passe entre nous. Puis vient le moment où je me force à penser qu'il est temps de rentrer dans mon carrosse en citrouille, le plaisir a une fin, il faut être raisonnable. Demain matin, je dois aller chercher Lili. Merci, Marco Antonio, pour cette oasis, ces fleurs et cette ivresse sucrée. Merci pour cette jolie bulle... J'aimerais la voir grandir encore comme celles que je soufflais gamine au bout d'une tige savonneuse... Mais la raison doit parfois l'emporter sur le cœur.

— Je vais rentrer, Marco Antonio, il est tard, j'ai passé un moment formidable.

— Je peux te raccompagner ?

— Oui, bien sûr...

Sous mon porche, j'entends :

— Je peux dormir chez toi ? Juste dans tes bras ? Je ne veux pas le sexe.

— Pourquoi ? dis-je surprise.

— Parce que TU veux pas, répond-il.

— C'est vrai, pas ce soir... Juste dans mes bras, alors ? demandé-je.

— Oui. *Si !*

— Je peux te faire confiance ?

— *Si !* Comme tu veux...

— Fais attention, je suis bien gardée ! Mes chats sont dressés à l'attaque, j'ai un canari d'alarme et un terre-neuve hystérique !

— *Santa Maria...*

Il règne chez moi un silence d'église surprenant. Je vérifie que Libido est toujours vivante. Elle l'est, profondément endormie. Vive le Xanax ! J'invite Marco Antonio, debout dans le couloir, à rentrer dans ma chambre. Je n'allume pas la lumière, mais une petite bougie ronde qui s'éteindra toute seule. Nous nous allongeons sur le lit, doucement, sans dire un mot, tout habillés. Je me serre contre lui. Il m'entoure de ses bras comme on protège un enfant. Je ressens sa force contenue. J'entends les battements de son cœur. Nous restons comme cela un moment. Puis il se lève, défait ses vêtements, j'entrevois son torse, ses cuisses qui se meuvent dans la lueur de la bougie. Puis je plonge la tête dans les draps. Il me rejoint, commence à me déshabiller, ses mains s'aventurent, je les saisis, les ralentis et les immobilise. Je dis : « Non... ». Puis j'embrasse son cou, respire son parfum et ferme les yeux. Mon pouls résonne en moi. Il caresse mes cheveux, je me blottis au creux de lui en murmurant : « Serre-moi. » Il m'étreint, je me mets à pleurer. Il me serre plus fort encore, dégage mon visage pour me regarder, lèche quelques larmes, parle en espagnol à voix si basse... Il effleure furtivement mes lèvres immobiles et me caresse encore, je m'endors.

Quand je me réveille dans la matinée, Marco Antonio est parti. Il a écrit au dos d'une enveloppe laissée sur la commode : « Tu dors... Je t'appelle... » et « encore... » plusieurs fois.

Je bois un thé en silence en sondant le ciel indécis par la fenêtre. J'ai peu de temps pour rêvasser. Je dois aller à l'hôpital. Libido s'est réveillée. Dès que j'ouvre la porte de la chambre de Tara, elle bondit sur moi, puis fonce à travers le couloir et jappe devant l'entrée. Je dois la sortir d'urgence. Je me rue dans la salle de bains et gémis en retrouvant tous mes esprits sous une douche fraîche imposée par mon chauffe-eau défaillant. Je m'habille chaudement et pars. Libido a changé de technique aujourd'hui, elle ne me traîne plus, elle tournoie autour de moi en manquant de me ligoter. Je dois défaire les cercles qu'elle dessine avec la laisse en dansant une sorte de rock and roll canin. Elle geint joyeusement, on dirait qu'elle sait que l'on va chercher sa maîtresse. Les animaux ont ce sens-là. Sent-elle aussi que mon équilibre est précaire et mon col du fémur en alerte rouge ?

À l'entrée de l'hôpital, je la confie quelques instants à un jeune homme costaud assis sur un banc.

Les douze coups de midi retentissent au loin dans d'invisibles cloches. Ma Lili a retrouvé quelques couleurs. Elle m'attend à l'accueil, son sac sur les genoux, en guettant au-dehors comme une pensionnaire en fin de semaine. Elle a camouflé son pansement avec une écharpe mauve et m'accueille dans un éclat sonore qui fait tourner les têtes. Ma Lili est de retour.

— Emmène-moi déjeuner s'il te plaît, j'ai envie d'une andouillette grillée avec des frites et un baba au vieux rhum. La déco ici, c'est moyen, mais le pompon, c'est quand même les repas ! Toi, tu as bonne mine ! Tu sors d'un Spa ?

— J'ai bien dormi. J'ai une surprise pour toi !

Quand Libido aperçoit Lili, elle s'arrache avec force des mains du garçon qui la tenait et vient fêter sa maîtresse allègrement. En la regardant, j'ai l'impression que je pourrais sautiller avec elle. Lili me demande comment je m'en sors avec son « adorable chienne ». Je réponds : « Tout va bien… »

À table, en entamant nerveusement un baba nappé d'une crème fouettée maison, Lili me supplie soudain de lui rendre un service dont l'énoncé me paralyse. Elle aura demain les résultats de son analyse des marqueurs tumoraux et ne se sent pas le courage d'aller les chercher. Elle a dû oublier que j'avais appris ma séropositivité comme cela, en ouvrant une enveloppe de laboratoire. Je garde une vraie phobie des courriers administratifs qui souvent s'empilent intacts sur mon bureau, particulièrement les comptes rendus médicaux avec tous ces pourcentages, ces abréviations complexes, ces fourchettes hautes et basses, ces nombres abscons… Mais je perçois dans la voix de Lili que cette démarche est une montagne à franchir, qu'elle manque de force. J'accepte en hochant la tête. Elle crie : « Merci ! », et me dit :

— Tu sais, si c'est bon, je serai guérie ! J'en suis certaine, le vrai risque, c'est les métastases. Si c'est bon, on fera un grand voyage et un truc fou !

— Je suis sûre que ce sera bon…

— On ira à Las Vegas ! Cette ville est une fête. Il y fait toujours beau. Je n'y ai jamais été. J'ai pourtant essayé, mais chaque fois c'était annulé… Et que nous deux ! Aucun amoureux, même potentiel !

— Et le truc fou ?

— J'ai ma petite idée… Ce sera ma surprise… Le clou de l'aventure !

— Pas trop fou quand même…

— « Celui qui vit sans folie n'est pas si sage qu'il croit… », conclut Lili.

Marco Antonio ne m'appelle pas, il me « textote ». Beaucoup. Son forfait SMS est illimité, comme son allant. Je ne comprends pas la fougue qu'il a pour moi. C'est un très beau garçon de trente ans, courtois, tendre, amusant, artiste, qui pourrait charmer la majorité des femmes de France et de Navarre, et des plus jeunes, et pourtant il s'entiche de cette pauvre de moi ! Si j'avouais à Lili mes doutes et mon possible début de romance, elle me dirait que je manque de confiance dans l'intimité et que Marco Antonio est intéressé… Je constitue pourtant un piètre parti.

Par prudence, connaissant le pouvoir d'attraction des paillettes, je n'ai jamais évoqué avec lui mon nouveau rôle dans la *Star Academy* qui débutera dans quelques jours. Je serais très déçue de découvrir chez Marco Antonio le moindre opportunisme. Pourtant il ne m'a jamais rien demandé. Peut-être est-ce à venir ? Je ne manque pas réellement de confiance en moi, je n'en déborde pas non plus, je suis juste réaliste, surtout en amour, j'ai eu plusieurs déconvenues... J'ai connu de rares passions dans ma vie et chacune d'elles m'a consumée. J'étais de nature entière, je faisais tout dans l'excès, l'urgence. Je courais vite d'un mot, d'un regard, des bribes d'un début vers une passion totale. D'où ma prudence aujourd'hui, mon recul nécessaire et ces gouttes de sang-froid qui coulent dans mes veines.

Quelque chose m'échappe dans cette relation, dans l'attirance de Marco Antonio. Ma psy m'éclairerait sûrement d'une explication freudienne, elle mettrait en exergue ma maturité maternelle, mon ventre rond qui plairait à l'enfant en lui et la ressemblance de mes yeux... Pas moi. Je ne réfléchis pas davantage et laisse mes interrogations dans un agréable mystère. Et dans le doute je ne m'abstiens pas. Pierre, outre ses visions bluffantes, a raison sur un point. Mon intuition avec le temps est devenue une force qui me guide. J'ai confiance en Marco Antonio. Cela peut paraître risqué, précipité, mais c'est pour moi une évidence.

Je lui donne rendez-vous au bar du Lutetia, pas très loin de chez moi, dans trois jours, le soir où Lili rentrera de nouveau à l'hôpital. En fixant cette échéance, je libère mon esprit de ses hésitations. Je reverrai Marco Antonio, j'aurai ce plaisir. En envoyant mon SMS, je ressens une excitation douce et piquante. Je me réjouis de ce moment à venir, de cette autre bulle que Marco Antonio soufflera autour de nous, heureuse de bientôt l'enlacer Marco Antonio, de dormir à ses côtés, quoi qu'il advienne. Il est probable qu'il ne sera jamais l'homme aux « diamants symboliques » ou même mon « grand Amour », mais qu'en sais-je au fond ?... Sur ces grands espoirs, Marco Antonio jouit d'un avantage certain, il existe vraiment, le plaisir de son étreinte n'est pas hypothétique mais réel. Marco Antonio n'est pas un fantôme, il est une part vive de mon présent, dont la pensée froisse mon ventre, un point de lumière dans mon futur à trois jours.

Quand je me suis endormie sous ses caresses, effleurée par le voile de ses lèvres, dans cet instant, je ne rêvais d'aucun diamant et de rien de plus grand.

Un cauchemar m'a hantée cette nuit. J'étais vêtue de blanc, d'une aube infiniment longue, mes yeux étaient noirs, vides, ma bouche béante formait un cri inaudible, et j'avais dans les mains une enveloppe d'où s'échappaient des flots de sang. Je me suis réveillée en hurlant. J'ai pensé aussitôt à la frayeur de Tara si elle avait été près de moi. J'ai retrouvé le calme en aspergeant mon visage d'eau froide dans la salle de bains. Je regardais sans cesse mes mains, cherchant le sang de mon rêve.

Les images de cette nuit me reviennent confusément alors que je marche vers le laboratoire d'analyses central de l'hôpital Saint-Paul. J'ai appelé ce matin. « Les résultats seront prêts à midi. »

J'ai la carte Vitale de Lili, sa pièce d'identité et le ventre noué. Je convoque mon intuition, mais je vois des images sombres que je tente de chasser en me forçant à fredonner. Je me souviens de Lili, il y a seulement quelques semaines, à l'aéroport sous son sombrero.

Comme dans les films, le ciel anthracite et bas est raccord avec l'émotion de la scène. J'arrive au laboratoire. Derrière le comptoir, une femme vêtue d'une blouse blanche s'affaire sans me remarquer. Quand elle lève la tête vers moi, ses yeux sombres jaillissent comme dans mon rêve. Je donne le nom de Lili et fais un pas en arrière pendant qu'elle fouille un bac classé par ordre alphabétique. Après quelques secondes, elle me tend une enveloppe.

— Pourriez-vous l'ouvrir pour moi, s'il vous plaît ? demandé-je.

En un flash, je revois la scène de mon cauchemar, la femme en blanc, c'est elle ! Je me reprends et dis subitement :

— Non, pardon ! Donnez-la-moi... Je vais la lire moi-même... Pardonnez-moi...

Je saisis l'enveloppe, l'ouvre vite, des images, des sensations surgissent, mais le passé est passé, pensé-je. Ce sont les résultats de Lili. Je lis et ne comprends rien. La feuille tremble, je la retourne, mais son dos est blanc. Je la rends à la dame restée devant moi en criant :

— Dites-moi si c'est bon ! S'il vous plaît !

La femme prend la feuille, lit, je tourne la tête en attendant qu'elle parle :

— C'est bon. Tout est normal. Soyez rassurée.

Je reste inerte quelques secondes, reprends le document, vérifie le nom inscrit et remercie la dame. Dehors, je m'assois sur un banc, je prends quelques inspirations profondes et appelle Lili. Elle décroche à la seconde et prononce « Alors ? » avec calme, et je crie : « On part à Las Vegas !!! Et on fera un truc totalement, mais totalement barré !!! »

Au 1001e ciel

Demain soir sur la chaîne NRJ12 aura lieu en *prime time* la première émission en direct de la nouvelle *Star Academy* dans les studios de la Plaine Saint-Denis, au nord de Paris. J'ai bien travaillé, préparé quelques lignes que je dois dire au début, relu le règlement de l'émission, visionné les essais des candidats, appris leurs prénoms, choisi ma tenue. Je suis prête.

Lili a un moral d'acier. Je l'accompagne cet après-midi à l'hôpital. Elle débute son traitement de cinq jours à l'iode radioactif, puis ce sera fini.

Cette fois, bien qu'elle ait réservé une « single », Lili est logée dans une chambre double qu'elle occupe seule pour l'instant. Elle s'en fiche, elle s'est attachée au professionnalisme et à la gentillesse du personnel. Je lui loue la télévision pour qu'elle puisse me suivre demain. Je me sentirai plus confiante si elle me regarde. Elle me dira comment j'étais avec ses mots qui fusent, sans concession.

Lili est immédiatement prise en charge. Je la quitte quand l'infirmière vient la chercher pour une première séance.

— La thalasso commence ! lance-t-elle. Embrasse-moi et file, ma belle, t'as intérêt à assurer demain ou je zappe !

— Tu regardes, promis ?! C'est sur la douze. Je te ferai un signe...

La nuit est tombée, je suis chez moi. De retour dans sa chambre, Lili m'a envoyé un SMS : « Tout OK baisers merci !... » Alanguie sur mon lit, je profite d'un répit. Il y a des moments comme ça dans la vie où dans les grands tourments le calme renaît. On lâche prise comme si le corps et l'esprit faisaient : « Stop ! »

Dans quelques petites heures je verrai Marco Antonio. Aura-t-il encore un bouquet lorsqu'il avancera dans le salon pourpre de l'hôtel Lutetia ?... Quand s'arrêtent les bouquets ? Que va-t-on faire après ? Et s'il me demande à nouveau de dormir avec moi ? Où cela va-t-il mener ?...

Le signal d'un SMS retentit. Je ris en le découvrant. Il a des antennes... C'est Yann ! Lui aussi m'avait apporté des bouquets... de violettes... Amusante coïncidence, Yann ne veut pas devenir « mon ex » au sens de Lili, il ne veut pas être remplacé et effectue pour s'en assurer des contrôles réguliers de son effet sur moi. Aucune nouvelle depuis un mois, depuis ce quiproquo, et il réapparaît, selon son bon plaisir, certain que c'est aussi le mien. Yann est à Paris pour quelques jours, à l'hôtel pas très loin de chez moi. Pas au Lutetia quand même ?! pensé-je. Il aime descendre dans cet hôtel où nous avons des souvenirs. Je réponds : « Bonsoir, Yann, je ne suis pas disponible, je travaille beaucoup, c'est nouveau. Au printemps, j'aurai plus de temps et surtout l'énergie nécessaire pour revoir mon bel ami ! Profite de ton séjour, je t'embrasse, Charlotte. » Le message est envoyé. J'ai cette manie ridicule de relire après. Pas avant pour rester spontanée. Pourquoi cet effet de style « mon bel ami » ? Ma psy m'a appris à être attentive aux mots que l'on choisit, à leurs sens multiples. « Bel ami… » Cela doit venir de ce livre de Maupassant que j'ai relu récemment, l'ascension d'un séducteur ambitieux… L'association avec Yann a du sens. Mais il est plus que cela. Et le livre finit mal, or j'aime les fins heureuses. « Bel ami… » J'ai toujours besoin d'y voir clair. Le flou m'exaspère en toute chose et particulièrement dans les sentiments. Ami veut dire ami, pas amant. Est-ce plus clair, Yann ? Si cela était aussi évident, aurais-je besoin de le rappeler ?… Ce « bel ami » en fait me trahit et réjouira Yann !

Mes antennes à moi me disent que Yann est au Lutetia… J'hésite à changer le lieu de rendez-vous avec Marco Antonio, puis décide de poursuivre le cours des choses comme prévu. Ce qui doit arriver arrivera.

Marco Antonio porte un costume noir sur un tee-shirt blanc décolleté en V qui colle à la peau. Il est assis avec distinction dans un de ces larges fauteuils club en velours de style Art déco. Il a posé sur le guéridon devant lui une orchidée blanche avec des points de poudre fuchsia que je distingue en m'approchant. Il scrute le vaste hall alors que je pénètre toujours par l'autre côté, l'entrée des artistes, le petit bar sombre du fond.

— Bonsoir, monsieur, dis-je, debout derrière lui. Où avez-vous cueilli votre fleur cette fois ?

— Chez le marchand, répond-il en se retournant.

— Vous offrez toujours des fleurs aux dames ?

— Non. Je peux vous embrasser ? dit-il en se levant.

Dans une humeur d'antan, je tends ma main que Marco Antonio baise d'un frôlement de lèvres et j'admire l'inclinaison parfaite de son dos. Puis il se relève et m'embrasse avec force dans le cou.

— Un mojito ?! propose-t-il.

— Non ! Varions les plaisirs... Deux coupes de champagne, s'il vous plaît, monsieur ! demandé-je au garçon qui passe sans nous regarder. Ou plutôt deux piscines ! Tu connais ? C'est servi dans une forme de calice, à ras bord, avec des glaçons. Un sacrilège pour les puristes, mais c'est plus copieux et joyeux !

Marco Antonio adore les piscines et cet hôtel qui l'impressionne. Il ne va jamais dans de si beaux endroits. Il semble heureux. Seule une ombre trouble son humeur quand il m'annonce qu'il n'a pas été retenu suite à son audition. C'était pour un spectacle important qui devait commencer par une tournée dans des pays francophones avant de revenir à Paris dans une grande salle. On l'a rappelé, il a dansé lors d'un deuxième essai, il a même cru que cette fois était la bonne, mais non. À part cela, il pense à moi, il attendait ce soir.

Nous dînons à la brasserie de l'hôtel. La table est près d'une vitre qui donne sur le boulevard qu'un fin rideau blanc, plissé à hauteur d'homme, dissimule. Au-dessus, j'aperçois les larges étoiles illuminées suspendues dans les rues pour Noël.

— C'est bientôt ton anniversaire, dis-je.

— Tu seras à Paris le 25 décembre ?

— Oui.

— Avec moi ?

— Je ne sais pas... Le 24 au soir, je le passe toujours en famille avec Tara, mais le 25 quand elle ira chez son papa...

Je m'arrête dans ma phrase et dis en changeant de ton :

— Qu'attends-tu de moi, Marco Antonio ?

— Et toi ?

— J'ai posé la question en premier.

— Je t'attends, toi, répond-il. Ton sourire, ta tristesse aussi, ton regard. J'attends que tu sois là. J'attends ton cou, tes mains, tes seins…

— Arrête… s'il te plaît.

— Pourquoi ?

— Parce que ce n'est pas l'endroit pour parler de ça. Moi aussi je pense à toi et je me connais, je peux m'emporter, imaginer, attendre et j'aurais mal si j'étais déçue… J'ai besoin de savoir ce que tu cherches… Besoin que ce soit clair…

— *Carpe diem*, tu connais ?

— Très bien, c'est une de mes devises, mais j'ai parfois du mal à faire ce que je dis.

— Fais-le ! Moi, je le fais. *Carpe diem.* Je ne sais pas où je serai dans quelques mois, j'ai envie de changer, ça peut pas continuer, faut que je sois danseur à Paris ou ailleurs, mais je sais que ce moment, le temps avec toi, sera toujours avec moi.

— Oui… Tu as raison. Et si tu es à Paris le 25, j'aimerais fêter ton anniversaire avec toi.

Nous sortons de l'hôtel en repassant par le lobby majestueux en marbre blanc et noir, dont j'aime pousser à l'entrée le tourniquet vitré et saluer les grooms costumés qui me connaissent. Marco Antonio me tient par la main. Je le suis. Nous dépassons la banquette ronde qui trône au milieu, surmontée d'un immense bouquet en cascade, puis, juste avant la sortie, je tourne la tête vers la gauche, dans un réflexe surprenant, en direction de l'ascenseur de cuivre et de verre qui monte aux chambres. Yann est là ! Debout, à quelques mètres. Je le vois de profil, puis de dos. Je m'arrête, lâche la main de Marco Antonio, recule et me dissimule derrière le bouquet. Les portes de l'ascenseur s'ouvrent, il fait signe à la femme blonde à ses côtés de rentrer la première, lui succède, se retourne et regarde droit dans ma direction au moment où les portes se referment. Marco Antonio qui a observé la scène me questionne :

— Tu les connais ?

J'invente :

— Oui... C'était... mon ex-mari...

— Il va à l'hôtel à Paris ?!

— Pourquoi pas, on peut aller à l'hôtel dans la ville où on habite...

— Tu veux ?

— Non..., dis-je en riant.

À nouveau, je serre la main que Marco Antonio me tend et nous quittons l'hôtel.

Dans la rue, je revois dans un flash la chevelure de la femme blonde et trébuche sur le trottoir. Marco Antonio me retient.

— Tu es dans le ciel ? Tu rêves ? demande-t-il.

— Je... regarde les décorations de Noël, ça me fait toujours rêver...

Lorsque nous arrivons devant ma porte, Marco Antonio m'interroge en murmurant :

— Je dors avec toi ?

— Oui ! dis-je spontanément, mais en tout bien tout honneur...

— *No comprendo !*

Je regarde nos mains toujours enlacées et dis :

— Viens...

Pour la première fois, je me réjouis que mon ascenseur dans lequel on tient juste à deux soit si étroit. Marco Antonio s'en amuse.

— C'est pratique pour draguer les voisines..., dit-il en me prenant par la taille.

— Il n'y a pas de voisines ici, que moi, un vieux monsieur et quelques bureaux, réponds-je.

— C'est parfait...

Marco Antonio avance alors ses lèvres que j'évite en posant la tête sur son épaule.

Dans ma chambre, nous nous allongeons calmement côte à côte. Il a défait sa chemise et je me suis glissée sous un tee-shirt d'homme XXL. D'un coup je me blottis contre lui et plonge la tête dans son cou. Il enroule son bras autour de moi en caressant mes cheveux, mon visage. Dans ses mains brûle un feu léger qui glisse sur ma peau comme une onde magnétique. Je suis son parcours hypnotique en fermant les yeux. La patience de ses caresses m'apaise. Je demeure immobile, prisonnière volontaire, et me laisse bercer au creux de lui. Une main posée sur son torse, je m'endors, je m'enfuis, j'oublie tout, ma vie depuis son commencement, mon cœur et ses battements, la femme blonde et le profil de Yann, le bonheur et son contraire. Je tombe dans un sommeil qui m'était inconnu, celui que l'on trouve quand l'esprit est serein et le corps à l'abri, un repos voluptueux qui me mène par de beaux et profonds abîmes jusqu'au matin.

Charlotte au bois dormant a passé une nuit de cent ans.

Quand j'ouvre les yeux, Marco Antonio forme une ombre sur moi, un ciel mouvant. Il embrasse mon front, descend en pointillés sur le bout de mon nez, s'attarde sur ma bouche, quitte mes lèvres tendues, repousse mes mains qui le retiennent puis descend encore, presse ses lèvres sur mon cou, pique ma peau de sa langue. Dans une fougue soudaine, il relève mon tee-shirt, découvre mon ventre et mes seins, qu'il respire, caresse, embrasse lentement… Je cambre mon torse quand il glisse encore. Je le laisse, je me rends, je ferme les yeux, je m'ouvre à sa bouche aimante qui me prend, me tourmente, m'épouse jusqu'à la jouissance.

Combien de ciels ai-je gravis ce matin ?

Des diamants symboliques

Marco Antonio est parti doucement, après un baiser dans le clair-obscur de ma chambre où je rêve encore, les rideaux fermés, les draps remontés sur mon corps nu.

La sonnerie brutale de mon téléphone me fait sursauter. J'ai demandé au chauffeur de la production de passer plus tôt pour arriver au studio en fin de matinée. J'aurai ainsi le temps de déjeuner avec l'équipe, de me présenter aux techniciens, à la régie, de découvrir le plateau de l'émission, d'assister aux répétitions, d'accueillir les artistes invités et enfin de me pomponner dans ma loge. Heureusement, le chauffeur m'appelle pour me prévenir qu'il sera en retard, la circulation est infernale… Tant mieux !

Je m'apprête en un temps record. En sortant de mon placard ma tenue pour ce soir, j'ai envie de changer de sac à main, de porter ce nouveau modèle de cuir doré que je me suis offert le jour où j'ai signé mon contrat de « directrice ». Je renverse sur mon canapé le contenu du cabas en toile avec des strass que je portais à l'épaule et regarde tout mon fatras se répandre sur mes coussins blancs. Je n'imaginais pas que mon sac puisse contenir tout cela… Un à un je choisis les objets que je vais transposer. Parmi une multitude de petits riens, une enveloppe pliée, un rouge à lèvres que je ne porte plus depuis l'été, je distingue une chaîne très fine qui forme un tas gros comme une amande, dont s'échappent quelques points scintillants. D'un pincement de doigts, je soulève doucement la chaînette d'argent, ou d'or blanc, et découvre à son bout, oscillant comme un pendule, une croix chrétienne incrustée de brillants… J'apporte l'objet sous la lampe de mon bureau et fais miroiter tous ses petits diamants. À moins que ce ne soient des cristaux. Je ne suis pas experte, pourtant l'objet me paraît précieux. La croix est très finement ciselée en un double rang et j'aperçois des poinçons. À qui est ce bijou ? Pas à moi, je ne le connais pas, je suis formelle, je ne l'ai jamais vu… Comment a-t-il pu arriver au fond de mon sac ?… Depuis combien de temps y est-il ? Je réfléchis en faisant le tour des personnes à qui il pourrait appartenir, je tente de me souvenir encore, mais non, je n'ai jamais vu cette croix au cou d'une femme de mon entourage…

Dans un réflexe de coquetterie, je l'attache autour de mon cou et regarde son effet dans la glace. Au moment où la croix glisse sur mon décolleté, j'éprouve une sensation diffuse de chaleur. Une onde rayonne autour du bijou jusque dans mon torse. Je suis troublée, mon cœur s'emballe, mais j'aime cette sensation. Je plaque une main sur ma croix, la sensation s'estompe. Que faire ? Aller signaler cette croix aux autorités ? Non, cet objet n'est pas perdu. Quelqu'un l'a intentionnellement placé dans mon sac. En observant mon cabas, largement ouvert, je comprends qu'il est facile pour n'importe qui près de moi d'y laisser tomber cette petite croix. Serait-ce un cadeau de Marco Antonio qui dit « *Santa Maria* » comme on dit « bonjour » ?… Je ne pense pas. Quand sur l'écran de mon téléphone le numéro du chauffeur se met à clignoter, j'essaie de retirer la chaîne sans y parvenir dans la précipitation. Je l'ai accrochée facilement, mais il est plus difficile de la défaire. Je n'ai plus le temps. Mon décolleté était nu, il ne l'est plus, cette croix a peut-être trouvé sa place sur moi…

Quand j'arrive au studio, je ressens brusquement une vraie pression. La santé de Lili et la présence de Marco Antonio m'ont distraite de l'importance de ce soir dont je prends pleinement conscience. Je fais le tour des coulisses, salue toute l'équipe, les élèves, la production et les invités. À la cantine, j'embrasse le parrain de l'émission, le chanteur Matt Pokora, caché sous un bonnet rasta, toujours simple et enthousiaste au milieu de ses musiciens.

J'assiste aux répétitions avec le plaisir vif de retrouver le monde du spectacle, ses sons, ses lumières. Lors du premier tableau, quand les élèves, encore apprentis artistes, avancent tous ensemble main dans la main, vers les feux de la rampe, je vois la joie qui irradie leurs visages encore inconnus. Je ne peux alors m'empêcher de penser aux dangers des gloires éphémères. Ce fut ma première préoccupation lorsque j'ai signé mon contrat. J'avais demandé si un suivi psychologique était prévu pour préparer ces jeunes à la lumière, mais aussi, hélas, pour une majorité d'entre eux, au retour à l'anonymat une fois l'émission finie. La production m'avait rassurée.

Là, dans les gradins, devant leurs yeux éblouis, je me promets, en tant que chef de bande et artiste moi-même depuis près de trente ans, de leur dire que la gloire pour la gloire est vaine, qu'il faut veiller à bien s'entourer, qu'il est essentiel de rester humble, que la vie de saltimbanque est rude car les hauts y sont plus rares que les bas, qu'elle se déroule sur un fil, toujours en équilibre, la tête dans les nuages et les pieds posés sur terre. Mais leur dirai-je vraiment tout ça ? Cela fait rabat-joie et ne me ressemble pas… Que valent vraiment les conseils ? Ils me semblent réunis dans un livre immense qui grossit chaque jour et que personne ne lit. Peut-être est-ce bien ainsi. Que chacun mène sa vie car les échecs n'existent pas, il n'y a que des expériences, alors faites au mieux, jeunes gens remplis de vie, devenez qui vous êtes, offrez le meilleur de vous-mêmes et que la fête commence !

Une heure avant le début du show, j'éprouve tous les symptômes du trac. J'ai les jambes molles, je mords mes lèvres sans cesse, je n'entends plus rien et mes mots s'envolent. C'est une première de théâtre et mon texte s'efface ! Quand on me demandera devant les projecteurs, en direct, face à la caméra : « Alors, madame la directrice, qu'attendez-vous des élèves cette année ? », je vais répondre : « Rien du tout… » Dans ma loge, je m'assois dans un fauteuil profond, je ferme les yeux et fais le vide. Je respire lentement et retrouve progressivement ma concentration, je sais ce que je veux dire et partager. Je connais l'enjeu de ce soir. Ces retrouvailles avec le public et les médias m'excitent et me touchent. C'est important. Je ne suis pas réapparue en tant que comédienne ou animatrice depuis longtemps. C'est mon come-back ! Le Phénix renaît de ses cendres, Line Renaud remet ses plumes !

Je vais réapparaître, en forme, brushée, curieuse, et mes sourires diront : « Je suis toujours là ! Et quel plaisir je prends ! » Je reste concentrée jusqu'au dernier moment, dans ma loge, pour échapper à la pression qui monte partout dans ce studio comme une marée.

Direct dans trois minutes ! Direct dans une minute ! Charlotte, c'est à toi, vas-y ! J'entre en scène, la lumière m'éblouit, le public est là, quel plaisir de l'entendre vibrer, il applaudit, ce crépitement de mains est la vraie drogue des artistes. J'avance, en cherchant la caméra que je ne vois pas tout de suite, et je pense à Lili devant son écran, à ma fille qui me regarde chez son papa et à tous ces gens qui m'ont supportée, aimée, depuis tant d'années. Je souris et je tends les bras en dessinant un cœur avec mes doigts.

Après l'émission, Lili m'envoie un SMS : « T'as assuré ! C'était pour moi le cœur ? Tu viens demain ? »

Chaud cacao !

Les allers-retours que je fais entre l'hôpital où est soignée Lili et les lumières des plateaux télé me rappellent ces moments, pendant le tournage des *Cordier*, où je basculais, en secret, d'un univers à l'autre, passant directement des salles d'examen aux loges de maquillage. On me reprochait parfois d'être de mauvaise humeur et je ne pouvais pas expliquer pourquoi. Mais ce passage obligé, répété, de la réalité de ma vie à un monde de fiction, la violence de ce contraste et du silence qui m'était imposé, tout cela me glaçait, me durcissait. Je ne me suis véritablement ouverte aux autres qu'après avoir écrit mon premier livre.

Je suis surprise en rentrant dans la chambre de Lili de voir qu'elle n'est plus seule. Une dame d'un certain âge, assoupie, portant un masque à oxygène dont s'échappent quelques râles, est allongée dans le premier lit à droite. Elle tient sous son bras un appareil à musique dont la prise est débranchée. Lili aussi est bien calme, ses yeux sont clos, elle paraît en bonne forme, je m'attendais à la voir fatiguée. Je m'assois à côté d'elle sans un mot et je jette un coup d'œil à la dame en face qui respire avec difficulté. Je me lève pour m'approcher d'elle, serre sa main, elle amorce un sourire sans ouvrir les yeux et tourne la tête. Je me rassois. Lili se réveille.

— Bienvenue en soins palliatifs ! s'exclame-t-elle. Tu as vu ma surprise ? Elle s'appelle Paulette, elle est très gentille, mais, selon moi, en fin de vie. J'ai appelé plusieurs fois, ils ne veulent rien entendre. Avant d'installer cette pauvre femme à côté de moi, ils m'ont demandé si j'étais d'accord. Comment veux-tu que je refuse ! Non merci ! Je tiens à mon confort et surtout à mon moral, laissez Paulette expirer dans le couloir… Le pompon, tiens-toi bien, c'est que Paulette entend mal et, quand elle est éveillée, elle passe en boucle, au volume maximal, ce CD que son neveu lui a apporté, un best of d'Annie Cordy ! Je lui ai demandé de baisser un peu mais elle crie que ça lui fait du bien… *Tata Yoyo* et *Chaud chocolat*, j'en peux plus ! J'ai pris un somnifère…

Je laisse éclater un rire. La dame ouvre un œil.

— Bonjour madame, dis-je.

Paulette ne répond pas et se rendort.

— Tu ris, mais j'ai craqué tout à l'heure, reprend Lili, j'ai tout débranché. Je ne peux rien dire, tu es d'accord, elle est tellement mal... Plus que trois jours. Je t'assure, je compte les heures !

— Qu'est-ce qu'elle a ?

— La même chose que moi en plus grave ! Asthme sévère et ils viennent de lui découvrir des métastases... Pauvre femme... Elle n'a qu'un neveu qui est resté trois minutes... Remarque, moi, je n'ai que toi ! On va boire un thé ? Tu connais la cafétéria centrale ? Elle est mieux que celle d'en bas, non ?

— Oui.

Nous quittons la chambre, Lili me donne le bras.

— J'ai passé des heures dans la cafétéria centrale... Il y a un distributeur de bonbons que j'ai dévalisé plusieurs fois et ils dorent eux-mêmes des croissants surgelés très bons... J'y ai même fait de jolies rencontres. On se lie facilement ici. C'est l'étape 3 de notre plan ! La surprise ! La cafétéria centrale de l'hôpital Saint-Paul.

— Et l'étape 4, c'est quand ? Fais-moi rêver !

— Au printemps, avec les fleurs et jeunes pousses, mais si l'étape 3 est concluante, notre plan peut s'arrêter aujourd'hui !

Quelques minutes plus tard, nous pénétrons dans la cafétéria.

— Pas sûr, pour l'étape 3 ! dit Lili en découvrant autour de nous quelques personnes âgées en fauteuil.

Je suis heureuse de voir Lili aussi alerte. Elle supporte très bien le traitement, elle trouve seulement que sa voix a changé, qu'elle est un peu plus rauque. C'est un effet secondaire passager de l'iode. Lili me remercie pour le cœur hier soir à la télé. Elle me trouve en pleine forme.

Quand dans ce lieu surchauffé je retire mon écharpe, Lili remarque immédiatement ma croix en diamants.

— Qu'est-ce que c'est que cette merveille ?

— Je l'ai trouvée au fond de mon sac.

— Mais oui, tu la portais hier soir, je pensais qu'on te l'avait prêtée. Au fond de ton sac ? Ce sont de vrais diamants tu sais ? dit-elle en s'approchant. Regarde, elle est signée sur le côté. Mince ! Je n'arrive pas à lire.

Lili se lève, emprunte à une dame ses lunettes loupe, puis se penche sur mon cou.

— Harry Winston ! Tu imagines ?! Cela vaut cher ! Et ne me raconte pas de sornettes, qui t'a offert ce bijou ? C'est ça ta bonne mine et tes grands sourires, hein ? Tu oses cacher du croustillant à ta Lili qui se meurt d'ennui ?!

— Je te promets que je l'ai trouvée dans mon sac…

— Incroyable, enlève-la s'il te plaît, que je regarde de près.

— Je ne peux pas l'enlever.

— Comment ça ?

— Je suis convaincue que je dois la garder sur moi…

— Tu deviens très intrigante, j'adore ! Je te laisse seule quarante-huit heures et tu me reviens pleine de mystères…

Lili alias Miss Marple devient songeuse puis reprend :

— Il faut la toucher le moins possible, il doit y avoir des traces ADN !

J'éclate de rire. Lili insiste :

— Il faut retrouver le propriétaire de ce bijou. Il est extrêmement romantique ! Et friqué ! Le voilà ton prince… Ce sera facile, il y a forcément un numéro de série. On la fera expertiser. Ce doit être un modèle ancien…

— Un prince n'offrirait pas une croix.

— Mais si ! Pour une bague il faut connaître la taille… Un cœur, c'est un peu commun, une croix, c'est symbolique, une union future, la passion, le paradis…

— C'est toi ! Oui, c'est toi ! dis-je soudainement éclairée. Tu m'as dit que nos deux cicatrices superposées formaient une croix…

— J'aurais adoré avoir cette idée ! Mais c'est légèrement hors budget et surtout, connaissant le bazar dans ton sac, jamais je n'y aurais glissé un tel présent, tu l'aurais perdu dix fois ! La croix de ton prince par contre, tu l'as bien trouvée…

Quand elle sortira, Lili passera la semaine avec son fils Jérémy. Puis elle repartira dans l'Aubrac avec Libido qu'elle a confiée pour l'instant à une cousine. Lili est tombée amoureuse de cette région.

En nous quittant, nous nous disons « à demain », comme chaque jour depuis vingt ans. Quand elle m'embrasse, Lili me demande :

— S'il te plaît, tu peux m'acheter une belle boîte de chocolats pour Paulette ? Elle adore ça.

Marco Antonio m'a vue à la télévision. Il aime regarder tous ces programmes qui promeuvent de jeunes talents. Il en est tout remué. Pourquoi ne lui ai-je pas dit ? Parce que ! Je lui propose de l'emmener prochainement, il hurle de joie comme un gamin.

Le samedi matin est réservé aux évaluations par les professeurs des prestations des élèves. Il faut noter, choisir, « nominer » puisque, à la fin du programme, il ne restera qu'un seul gagnant.

L'après-midi je retourne voir Lili qui se porte de mieux en mieux, contrairement à sa voisine, et la quitte en fin de journée pour aller au cinéma avec Marco Antonio voir le film *Amour* de Michael Haneke. Je sais que l'histoire est triste, mais c'est paraît-il sublime. Je m'étais dit à sa sortie que j'irais le voir accompagnée d'un homme.

Dès la seconde moitié du film, je ne fais que pleurer. La vie de ce couple âgé dont la femme sombre dans la sénilité me bouleverse car il s'agit d'abord d'amour, de toute une vie à deux, des étreintes fougueuses jusqu'aux fauteuils roulants, il s'agit de la seule façon dont le grand amour devrait se terminer, par la mort.

Où sont ces amoureux qui vieillissent ensemble maintenant ?

Lorsque, dans cette scène d'anthologie, Jean-Louis Trintignant, éblouissant, revoit dans un flash-back sa belle épouse, pianiste virtuose, interpréter face à lui, dans la lumière dorée de leur salon, cet impromptu de Schubert que ma mère aimait jouer, je dois quitter la salle. Je ne verrai pas la fin du film. Marco Antonio me suit et me serre dans ses bras sur le trottoir, désemparé. C'était beau, mais trop triste. Mon alerte intérieure « *good bye* tristesse ! » a retenti.

Nous finissons la soirée dans un karaoké du quartier Montparnasse où je me défoule en buvant un mojito et les lèvres de Marco Antonio. Mon répertoire est toujours français. Ce soir : Sanson, Zazie, Roch Voisine et au moins une chanson de Piaf. Je crie : « Non ! Rien de rien... »

Lundi, je vais chercher Lili. Pour de bon cette fois. Pour toujours.

À l'accueil, je la trouve en larmes. Elle a passé une partie de la nuit aux côtés de Paulette. On a placé sa voisine sous hautes doses de morphine car elle souffre des os. Ce matin, Lili a fait jouer très fort la musique d'Annie Cordy mais Paulette ne s'est pas réveillée. L'infirmière lui a confié qu'elle ne passerait pas la semaine.

— Tu te rends compte, je serai la seule femme à pleurer sur *Tata Yoyo* ! dit Lili entre rires et larmes. Et puis écoute cette voix de mec que j'ai ! On dirait Amanda Lear...

Je remarque en effet son timbre nettement plus grave. Ce n'est rien, une paralysie passagère d'une corde vocale, a dit le docteur.

— En fait, reprend Lili, j'ai commencé ma transformation, je prends des pilules aussi pour avoir le torse poilu, tu aimes bien les poils ! Bientôt, tu pourras m'appeler Lulu et on se mariera, ma Lolotte. C'était l'étape 10 de notre plan, mais il y a des cas de force majeure !

Depuis ce lundi 10 décembre 2012, je n'ai jamais entendu Lili évoquer sa maladie, se plaindre, parler de ses contrôles, de son traitement de substitution à vie, elle m'a simplement dit, ce lundi : « Tout va bien maintenant, merci. » Parfois, en marchant dans la rue, le regard ailleurs, elle fredonne : « *Tata Yoyo, qu'est-ce qu'il y a sous ton grand chapeau ?...* »

Zéro libido

Avant que Lili ne reparte dans l'Aubrac, nous déjeunons ensemble. Dans la brasserie, Lili m'accueille en déclarant qu'elle a une faim de louve. Libido enroulée à ses pieds, tout à sa maîtresse, me salue avec un calme qui me surprend. Lili caresse sa chienne, puis la hisse sur ses genoux en effrayant nos voisins, et me dit :

— Ah, ma libido, ma libido chérie, je t'adore ! Pourquoi es-tu partie ?...

— Ta chienne s'est enfuie ?

— Non...

La chienne retourne sous la table. Lili s'approche de moi et me dit tout bas :

— Ma libido n'est plus là, elle a disparu...

— De quoi parles-tu ?

— Mais de moi enfin ! Finie... Walou... Envolée... Étrange sensation...

Lili m'avoue comme un péché qu'elle n'a plus de libido. Pour la rassurer, j'évoque mon expérience et ces longues périodes de convalescence pendant lesquelles le seul désir qui m'animait était de vivre sereinement, simplement.

— Ça va te faire de vraies vacances, plaisanté-je.

— Toi par contre, tu as l'air en pleine forme… Et j'en ai ma claque de tes cachotteries ! J'ai la forte intuition que tu as continué notre plan en solo… Je me trompe ?

Je souris et me résous à parler de Marco Antonio.

— Tu te souviens d'Éric d'Attractive World, le profil que tu avais écarté ?

— Bien sûr, le beau garçon brun, sosie d'Esteban et de Yann qui cherchait des euros… Tu t'encanailles, ma belle ? Tu as cassé le Codévi ?!

— Ce n'est pas drôle…

— Pardon… Ma Charlotte est susceptible… Le cœur est touché ?

Je confesse mon idylle, sa progression, mes doutes, mon plaisir et *carpe diem.* Lili s'incline :

— Qui vivra verra… C'était bien cet Attractive World finalement… Et comment va madame la directrice ?

Après notre déjeuner, Lili me traîne place Vendôme. Elle veut faire expertiser ma croix. Chez le joaillier, je consens à la retirer quelques secondes le temps qu'il l'observe avec un œilleton. L'authenticité est confirmée, les diamants sont purs, mais le numéro de série est très ancien, un peu usé. L'objet doit remonter aux années 1960, il faudrait faire des recherches d'archives auprès du siège social. Pour cela, un titre de propriété serait nécessaire.

— Il te suffit d'attendre…, me dit Lili. Il est impossible que le donateur de cette croix ne dévoile pas un jour son identité ou ses intentions, ne serait-ce que pour vérifier que tu l'as bien trouvée ! Un jour, ton prince viendra, c'est sûr…

La suite aux Ours

La *Star Academy* m'accapare totalement, rythme mes semaines. Ce mois de décembre passe comme un éclair. Les audiences de l'émission sont bonnes, nous dépassons toujours le million de téléspectateurs, pourtant il me semble que les producteurs, compte tenu des moyens engagés, souhaiteraient qu'elles soient supérieures.

Nous formons avec les professeurs une joyeuse bande, complémentaire, excentrique mais consciencieuse. J'aime retrouver ce même esprit de troupe qui règne sur les tournages de film. Un soir, un des hommes de la bande dont je tairai le nom, spécialiste des blagues salaces, à qui je demande ce qu'il fabrique à tripoter sans cesse son smartphone, me glisse à l'oreille :

— Je me suis inscrit sur Attractive World. C'est du délire ! J'y figure en célibataire… Elles recherchent toutes l'amour et sont prêtes à tout ! Un clic et tu niques ! L'autre fois, j'ai vu une fille avec un béret qui te ressemblait ! Tu connais ce site ?

— Euh… non…, dis-je en pensant qu'il faudrait que j'efface définitivement mon profil et résilie mon abonnement à ce site.

Un jeudi après-midi, jour du direct, je fais discrètement rentrer Marco Antonio dans le studio de la Plaine Saint-Denis. Je connais les agents de sécurité. Comme chaque jeudi, j'assiste aux répétitions dans ce grand théâtre plongé dans l'obscurité. Camouflée, portant bonnet et longue écharpe, je m'assois en haut des gradins, derrière les fauteuils du jury où je prendrai place dans quelques heures. Je demeure incognito et personne ne remarque le jeune homme qui me tient la main, ébloui par la scène qui vient de s'illuminer. La jeune chanteuse britannique Birdy chante au piano *People Help the People*, une ballade douce-amère qui monte dans les airs. Tout le monde retient son souffle. Magie du talent. Elle n'a que seize ans. Autour d'elle, un ballet de danseurs vêtus de blanc dessine des arabesques. Pur moment de grâce. Je tourne furtivement la tête vers Marco Antonio et vois son regard figé, hypnotisé, désireux. Il est blotti, tel un félin tapi qui d'un bond spectaculaire pourrait assaillir la scène et changer de vie.

Noël approche. Je demande à Marco Antonio ce qui pourrait lui faire plaisir pour son anniversaire. Ma question le gêne. Il répond « rien ». Je lui dis que son plaisir est aussi le mien. Alors il déclare : « J'aimerais retourner au Lutetia avec toi. » Je m'attendais à tout autre chose et ce désir d'intimité dans ce lieu qui m'est cher me touche.

Je connais le responsable de la réception de l'hôtel, c'est un tendre fan. Être connue a quelques avantages. Pour le tarif d'une simple chambre, il me réserve une suite avec vue sur la tour Eiffel et accueil au champagne. Ma surprise du 25 décembre est concoctée.

Je prépare le réveillon du 24 au soir avec Lili fraîchement revenue d'Aubrac. Elle s'occupe du dîner, moi des cadeaux. J'arpente les rues illuminées du quartier avec en main les listes rédigées par les enfants. Les vitrines décorées du Bon Marché me fascinent. Je m'aperçois que ma course ne fait que tracer de larges cercles dans le quartier qui me ramènent toujours devant ce décor enchanteur de paysages enneigés miniaturisés.

Sur la place Saint-Sulpice, je croise Véga, une amie artiste peintre à la vie romanesque que je n'ai plus vue depuis une éternité. La coïncidence est heureuse car, cette année, grâce au bonus imprévu de la *Star Academy*, j'ai envie de m'offrir un tableau pour habiller mon salon. Véga vient de terminer une série d'animaux dont un grand cheval blanc qui plairait à Tara. Nous prenons rendez-vous. Lili m'accompagne car elle connaît bien l'art.

Dans cet hôtel particulier d'une rue très prisée de Saint-Germain-des-Prés, nous pénétrons dans l'immense appartement-atelier de Véga. Elle parle d'une voix très douce et monocorde, nous expliquant qu'elle revient de New York où elle a exposé avec succès, que cette série d'animaux féeriques a germé dans son esprit pendant une visite du zoo de Berlin sous l'emprise de l'alcool. Elle cite Van Gogh, Bacon, Baudelaire, les yeux levés au ciel en chuchotant qu'il n'y a pas de génie sans ivresse… Lili semble atterrée. Quand Véga se retourne pour extraire le tableau qui m'intéresse d'un amas impressionnant de toiles entreposées contre le mur, Lili, silencieuse, me fixe en vissant explicitement son index contre sa tempe. Véga dévoile fièrement son cheval blanc, immense, mesurant deux mètres par deux, sorti d'un nuage de paillettes étonnant. Je le trouve plutôt joli, même si la queue paraît bizarre et les pattes avant trop fines. Lili écarquille les yeux, toujours privée de voix. Quand Véga nous demande : « Alors, émues ? », Lili répond : « Ça fait plus poney quand même ! » Véga reste interdite. J'enchaîne immédiatement : « Double poney… C'est charmant… » Lili s'entête : « La queue, c'est des plumes ? C'est un poney volant ? » Puis elle sort brutalement de la pièce, prétextant un appel urgent à passer. Je sais qu'elle est au bord du fou rire. Je console Véga en répétant que c'est poétique, un peu grand par contre pour mon salon de vingt mètres carrés. Par politesse, je demande son prix. Dix mille euros en galerie, mais Véga consentirait à me céder son œuvre à moitié prix. Lili s'étouffe dans le couloir. Il est temps de remercier Véga. Dans l'escalier, Lili explose d'un rire qui résonne sous les hauts plafonds : « Elle est à l'ouest ta copine ! Véga, c'est le nom d'une étoile d'une autre galaxie ! »

Le réveillon de Noël est joyeux, chaleureux. Comme chaque année, je savoure lentement le regard des enfants qui découvrent leurs cadeaux en pensant qu'on vieillit quand on ne s'émerveille plus. Monsieur Poussin s'est timidement assis à côté de Bernadette, la maman de Lili. Il a préparé plein de petits paquets mais ne sait plus à qui les donner. Quand

Tara me demande pourquoi je n'ai pas acheté le cheval blanc dont je lui avais parlé, Lili répond à ma place : « Parce que c'était un poney, très cher, dans l'espace, avec des plumes dans le derrière ! »

Lili est au meilleur de sa forme, elle m'appelle Madonna toute la soirée. Elle prétend que c'est un clin d'œil à la *Star Academy*, mais je connais la perfidie de mon amie. Elle a en tête le très jeune âge de l'amant français de la star, danseur comme Marco Antonio. Lili se fiche de moi.

— Tu pourrais m'appeler autrement ? dis-je, agacée.

— Demi Moore ? Cher ou Gloria Lasso ?

— Gloria qui ?!

— Ma mère adore cette chanteuse d'opérette qui collectionnait les jeunes amants… Hein, maman ?

Bernadette entonne aussitôt un air espagnol que reconnaît M. Poussin.

— Lasso…, soupire Lili, joli nom pour capturer les hommes.

— Et une Française ?! dis-je.

— Claire Chazal !

— Tu es une peste !

— *Viva España !*

Le lendemain, jour de Noël. J'étreins Tara qui part chez son papa découvrir d'autres cadeaux dans un autre décor.

Ce soir, je fêterai les trente ans de Marco Antonio.

Dans le long couloir de l'hôtel Lutetia qui tourne légèrement, chaque porte de chambre en bois sombre laqué semble renfermer des secrets. Nous sommes seuls à fouler ce parquet moquetté qui craque. Puis le nom apparaît « Suite aux Ours ».

— Une suite…, murmure Marco Antonio.

— J'ai des relations !

Il y a une cheminée dans le salon, des meubles anciens et plusieurs tableaux beige et brun représentant l'animal sauvage, fétiche de l'endroit. Une bouteille de champagne est plongée dans la glace sur une table basse. Nous allons porter un toast sur l'étroit balcon qui surplombe la ville. Au loin, perçant les toits, la flèche de la tour Eiffel scintille comme un bijou et paraît à même hauteur que nous.

— Joyeux anniversaire, Marco Antonio ! Je suis heureuse de t'avoir rencontré, heureuse d'être là…

— *Magnifico*… Merci…

Il m'embrasse infiniment… Une vraie prouesse pour *Guinness Book*. Il me pousse des ailes sur ce perchoir, je me sens plus légère que l'air, je vais décoller de ce balcon, faire le papillon, aller m'aveugler avec lui dans les lumières splendides de la ville… Mais le froid de l'hiver me ramène vite à l'intérieur sur la moquette fleurie.

Marco Antonio me dit alors : « Moi aussi, j'ai un cadeau pour toi », il fait coulisser sur le côté de larges pans de bois en découvrant la chambre, me fait asseoir sur le bord du lit, éteint toutes les lumières sauf une lampe de chevet, retire son pull, sa chemise, ses chaussures puis recule de quelques pas dans le salon. Il fixe son téléphone à un amplificateur de musique installé sur le bureau, se penche un instant le temps que retentisse cet air classique que je reconnais, peut-être le plus beau, *Casta Diva* de l'opéra *Norma* de Vincenzo Bellini, l'incantation pacifique à la lune de la grande prêtresse… Quand Maria Callas commence à chanter, Marco Antonio se met à danser, pieds et torse nus devant moi. Il me fixe de ses yeux noirs, puis suit le tracé sinueux de ses bras, de ses mains nervurées qui montent jusqu'au ciel puis caressent le sol. Ses jambes se redressent, il jaillit à nouveau, tourne sur lui-même. Quelle est cette danse, cette transe ?… Un flamenco, un tango solitaire, une sarabande ?… Marco Antonio se joue des limites de son corps et des styles, des codes et de la pesanteur, il est libre, presque heureux. Il vient à moi, m'effleure et repart, me capture et tournoie, me laisse et danse encore sa propre danse, puis il se tend, s'incline, salue et finit à genoux, les yeux luisants d'un point doré reflétant l'unique lumière de la chambre. J'applaudis, je me lève, marche jusqu'à lui, prend sa tête dans mes mains et la serre contre mon ventre. Il doit entendre son écho en moi. Puis il me fait glisser à terre…

Au matin, Marco Antonio quitte la chambre très tôt, comme cela était prévu, sans bruit, pour rejoindre l'aéroport et embarquer sur un vol charter qui décolle à l'aube. Il va rejoindre sa famille en cette fin d'année. Quand je me réveille seule, je goûte ce manque qui vient en moi. *Carpe diem* ne marchera pas aujourd'hui, mon passé proche me colle trop à la peau, il respire encore dans ces draps, danse dans ma tête.

Dans le train qui m'emmène en Bretagne où je vais avec Tara passer quelques jours auprès de mon père, avant le réveillon, la douceur de ma nuit passée m'obsède, et dans un répit je me fais la promesse d'aider autant que je le peux Marco Antonio à réaliser son rêve, danser. Le spectacle qu'il m'a offert dans la suite aux Ours était d'une rare beauté.

Je lui envoie un message dans ce sens qui reste sans réponse.

Le 31 décembre, je dîne au château avec les élèves et les professeurs. C'est une surprise. Un des jeunes apprentis chanteurs, peut-être le plus joli, s'emploie à me charmer, mais l'apprentie directrice n'est pas tombée de la dernière pluie, je reste droite dans mes bottes et me délecte simplement, comme d'un dessert, de ses sourires, de ses mouvements de cou, du frôlement de ses mains. Les jeunes semblent moins timides qu'autrefois, plus sûrs d'eux, ou bien est-ce un jeu auquel ils sont contraints dans un monde qui se durcit ?

À minuit, mon téléphone s'éclaire de quelques messages. Aucun mot de Marco Antonio, aucune nouvelle depuis son départ. Demain, cela fera une semaine. Il m'avait prévenue que dans la campagne où il se rendait, le réseau était mauvais. J'espérais cependant qu'un petit SMS pourrait me parvenir.

Comme chaque année, Yann me souhaite ses vœux. Les téléphones en Chine fonctionnent mieux qu'en Espagne. Il a dû se lever exprès dans la nuit vu le décalage horaire, à moins qu'il ne fasse encore la fête. Chaque année je retrouve dans ses mots la même fougue empreinte de nostalgie, la même constance romantique sur le thème « Impossible de vivre sans toi et cette nouvelle année nous réunira… ». En lui répondant, je ne peux m'empêcher de conclure par cette question incongrue, cette griffe de femme que je regrette dès qu'apparaît la mention « Message envoyé » ! Trop tard. J'ai écrit : « P.-S. Quelle est la couleur de cheveux de ta compagne ? » Il répond dans la seconde : « Comme toi !!?? » Je m'entête, émoustillée par l'effet que je vais créer : « Qui était donc cette femme blonde au Lutetia ? » Yann, quelques minutes plus tard : « Quelle importance ?… » Je ne réponds rien et trempe mes lèvres dans du champagne trop froid, puis reçois un instant plus tard un autre message qui me stupéfait : « Et toi, Charlotte, qui était ce jeune homme brun à qui tu donnais la main ? » Yann m'a vue au Lutetia avant que je ne le voie ! J'en lâche mon téléphone dont l'écran se brise. Je le laisse à terre pendant quelques secondes d'un léger vertige. Puis je me baisse pour l'éteindre car il fonctionne encore.

Au matin du premier jour de l'année, sous l'écran de plastique zébré, je lis : « Quelle importance ?… J'attends le printemps. Yann. »

Lili m'appelle pour la nouvelle année. Elle est dans une cabine téléphonique de l'Aubrac, elle a fui vers sa « Terre promise », elle a besoin d'une retraite, un bon mois, elle ne l'a jamais fait. Avant de partir, elle s'est plainte de ne plus me voir depuis que je joue les directrices. « Vivement que ton télé-crochet à paillettes se termine ! » Lili me souhaite beaucoup d'amour, si jamais le sien ne suffisait pas, ne parle pas de santé car on n'y peut pas grand-chose, alors que l'amour…

« Que dois-je te souhaiter, ma douce ? » dis-je en retour. Sans hésitation, Lili me répond : « Une libido nouvelle comme le beaujolais ! Du désir, encore du désir ! Un dernier beau tango et j'irai au couvent ! » crie-t-elle d'un ton tragi-comique. Puis elle soupire : « Plus mon adorable Libido grandit, plus la mienne s'éteint... » Ce matin encore, au marché bio du village, en apercevant sous sa cotte de laine vierge et son tablier de cuir le torse viril de son marchand de fromages au lait cru, Lili n'a pas ressenti le moindre frisson... Ma pauvre amie est en panne sèche... La vie et ses cycles... Elle rêve donc d'une libido nouvelle que je lui souhaite en prenant une voix de call-girl. Lili me reparle aussi de Las Vegas et d'un truc fou, notre promesse.

En attendant, elle médite désormais, elle pratique le taï-chi-chuan, plus facilement prononçable dans sa traduction française : gymnastique chinoise. Sur les plateaux déserts de l'Aubrac, devant l'horizon enneigé avec pour seules compagnes quelques brebis émancipées du troupeau, Lili reproduit ces gestes élancés et gracieux que font les Chinois dans les parcs pour éprouver leur souplesse, rassembler leur énergie vitale et se recentrer sur l'essentiel.

— Le plus dur est de rester en équilibre sur un seul pied ! s'exclame Lili.

— En équilibre tout court..., dis-je.

Monsieur Poussin a réveillonné avec Henriette, mon infirmière porte-bonheur en retraite qui a laissé le chevet de sa sœur en rémission pour s'occuper de mon voisin qu'elle aime beaucoup. Elle m'a laissé un message : Henriette a trouvé M. Poussin très diminué depuis l'été et conseille vivement une visite chez un spécialiste.

Le lendemain, avant de partir pour le château, je passe embrasser mon voisin. Monsieur Poussin est effectivement dans ses brumes, mais le voyant tous les jours je ne remarque pas de vrai déclin. Il n'a plus de piles pour son appareil auditif et refuse d'en acheter car elles s'usent trop vite et coûtent trop cher. J'insiste pour qu'il sorte en acheter, il accepte, puis j'évoque la nécessité d'une autre visite médicale, plus poussée cette fois. Il refuse, secoue la tête en silence, puis dit dans un regain de forme : « Ça sert à rien, ça ira mieux demain... »

L'absence de nouvelles de Marco Antonio me pèse. Cela va faire dix jours. J'en viens à douter qu'il soit bien en Espagne dans sa famille. J'appelle son téléphone sans succès et la sonnerie que j'entends est inhabituelle. Il est bien à l'étranger. Mais où ? Peut-être a-t-il passé le réveillon ailleurs avec une autre femme... Peut-être cloisonne-t-il sa vie... Je ne suis qu'un de ses *carpe diem*... L'homme aérien qui ne promet rien reviendra normalement dans moins d'une semaine, mais chaque heure qui passe, chaque jour, atténue davantage ce manque que je ressentais. L'absence et surtout le silence forment une boîte de Pandore dont jaillissent mes fantômes, mon insécurité, mes peurs. Un décalage grandit entre Marco Antonio et moi. Nous sommes en déséquilibre. Il manque pour moi quelques composantes essentielles à notre union, un sens commun du temps et un même besoin de l'autre.

Je me concentre sur mon travail. L'oisiveté est un poison pour les âmes tourmentées. Je m'occupe de ma fille qui est revenue. Je l'emmène plusieurs fois à la *Star Academy*, au château et en plateau. Tara collectionne les autographes sans oser dire que je suis sa mère. Pourtant, je sens que ma notation parentale malgré l'adolescence retrouve son triple A. Quand je demande à Tara si cela lui plaît, elle me répond : « Oui, c'est trop cool... », avec un air vaguement détaché. Mais je connais ma fille secrète qui joue les détectives en prenant des photos et plonge dans sa boîte à secrets ces spectacles, ces rencontres et, pour la première fois, derrière sa moue pudique, je ressens qu'elle est fière.

Ma promesse

Quand Marco Antonio revient à Paris, je prétexte un emploi du temps surchargé pour retarder nos retrouvailles de quelques jours. J'aimerais qu'il attende comme j'ai attendu, qu'il ressente ce que j'ai ressenti. Peut-être est-ce vain s'il est si différent de moi. C'est sûrement le plus difficile dans la vie, les autres. Accepter les différences, surtout celles des êtres qui nous sont chers, réussir à adopter leur regard pour les comprendre. On s'immisce dans les cœurs plus que dans les têtes. Moi la première.

Mais certaines différences, même acceptées ou comprises, restent incompatibles. Voilà ce que je dois réaliser pour me protéger.

Je n'oublie pas pour autant la promesse que j'ai faite à Marco Antonio de l'aider à danser. J'ai passé plusieurs appels à des connaissances pour évoquer son talent, mais sans succès.

La *Star Academy* m'apporte un regain de popularité passager, je reçois de nouvelles invitations à des inaugurations, des premières, des dîners, le courant d'un « people » un peu en vogue.

Un soir, début janvier, je me rends à un cocktail mondain, mais distrayant, je connais le groupe de musiciens qui animera la soirée organisée par une grande marque. J'y retrouve un ami producteur qui me fait part du nouveau projet de spectacle musical qu'il est en train de monter. Un concept original de musiques européennes, mêlant des danses folkloriques irlandaises – ces rangées d'hommes et de femmes vêtus de noir qui scandent un vacarme de leurs pieds – avec des valses apaisantes et des danseurs de flamenco andalous. J'évoque aussitôt le talent de Marco Antonio et montre avec un pincement au cœur une belle photo de lui prise dans la suite aux Ours. Mon ami note son numéro de téléphone.

Dès le lendemain, Marco Antonio m'appelle débordant de joie, il va être auditionné. Il m'accable de remerciements en franco-espagnol sans même demander dans son euphorie quand on se reverra.

Le jour même, souffrant d'un manque affectif patent, je fais deux choses qui me surprennent dans le but de m'ouvrir davantage aux autres et de multiplier les opportunités de rencontres. Je crée une page officielle sur Facebook et je m'inscris à une soirée *blind date*.

Ce nouveau rendez-vous à la mode m'a été recommandé par une assistante très « branchée » de la production avec qui j'ai sympathisé. Il aura lieu la semaine prochaine. C'est paraît-il distrayant et « sérieux », très prisé par des célibataires exigeants…

Quant à Facebook, ma démarche est encouragée par l'enthousiasme de ma collègue Zaïa de la *Star Academy*. Alors que je croyais peu à ces contacts virtuels par Internet qui me paraissaient superficiels, Zaïa, conseillère experte en communication de Matt Pokora, m'avoue que le chanteur trouve beaucoup de plaisir et de motivation personnelle dans les échanges abondants et directs qu'il a avec ses fans par ce nouveau média.

Dans cette page que je crée aux premiers jours de l'année 2013, je décide qu'il y aura mes couleurs, mes mots, mes humeurs. Je veux prendre le temps de tout faire moi-même, m'exprimer en direct et partager, répondre aux messages privés avec mes dix doigts, en retard parfois, mais ce seront mes doigts ! Je me fais aider pour la technique par Laetitia, experte Facebook et tendre fan dont j'aime la discrétion douce et la bienveillance.

Dès mon premier message, je cherche un nom plus approprié, plus personnel que le mot « fans » pour désigner les hommes et les femmes à qui je vais m'adresser. En regardant la statuette ailée qui trône sur mon bureau, je repense au mystère des événements récents de ma vie, à ces présences autour de moi, à cette lumière aveuglante, extraordinairement attirante que j'ai aperçue quand mon cœur a failli, et je baptise naturellement ces fans qui m'aident, m'aiment et veillent sur moi : « mes Anges ».

Les fleurs du mal

Le matin du *prime time* suivant de la *Star Academy*, mon ami producteur m'apprend qu'il va engager Marco Antonio dans son spectacle. Il vient de le prévenir. Une tournée devrait l'emmener bientôt à l'étranger… Au même moment, je vois, grâce au double appel qui clignote sur mon téléphone, que Marco Antonio cherche à me joindre. Je laisse passer quelques minutes avant de le rappeler. Je reçois la belle nouvelle et accepte aussi son incidence sur ma vie. Le bel oiseau va s'envoler, la cage vient de s'ouvrir. J'en ai poussé la porte. C'est bien ainsi.

J'appelle Marco Antonio pour le féliciter de tout mon cœur et lui donne rendez-vous ce soir après l'émission. Il sera tard mais l'effervescence du direct me garde souvent éveillée jusqu'au matin. En raccrochant je sais que ce soir je mettrai un terme à notre histoire dont les couleurs ont passé depuis Noël. C'est le moment. Une autre vie s'offre à lui, un autre horizon, un nouveau décor, un beau métier, assorti à son talent. J'en suis heureuse, je l'ai voulu, c'est formidable pour lui. Et pour nous, c'est bien aussi, c'était inévitable. J'ai adoré nos *carpe diem*… Tout me paraît clair. Pourtant, lorsque l'après-midi je m'assoupis sur mon lit pour reprendre des forces avant de rejoindre le plateau de télévision, je suis frappée par un accès brutal de mélancolie. Les hommes dans ma vie sont toujours partis, et, à l'exception du premier passionné vénéneux, j'ai toujours tramé leur départ. « Fuir le bonheur de peur qu'il ne se sauve », écrit Serge Gainsbourg.

Marco Antonio… Cette fin était-elle vraiment inévitable ? Je n'y pense que depuis Noël et son absence sans nouvelles. J'ai cru à cette histoire, ma lucidité s'est rendue quelques jours, quelques heures, dans ces moments où nous n'étions qu'un, où nous riions ensemble. Je n'ai jamais eu le cynisme de penser à la fin de notre histoire dès son début. Je dois maintenant laisser mourir cet espoir, ce feu fragile qui brûlait en moi quand j'étais avec lui.

Marco Antonio… était-ce du bonheur ou juste du plaisir… le plaisir de rejoindre quelqu'un, de s'unir, d'attendre et d'être attendue, le plaisir de rompre la solitude du soir que je vais retrouver ? Je ne peux pas être triste, pas aujourd'hui, dans quelques heures je devrais rire, fredonner, danser sur ma chaise, encourager les élèves, donner de la joie autant que je le peux, participer au spectacle. Je regarde le portrait de maman qui sourit alors que j'ai les larmes aux yeux. Je le fixe intensément. Aide-moi… Je dis ça dans ma vie quand j'ai peur, quand ça ne va pas. Souffle sur moi… Pousse-moi encore… Je me lève de mon lit, quitte ma chambre et marche vers la cuisine pour prendre dans ma « boîte à bonbons » un anxiolytique léger quand intervient une succession d'interactions étranges. La fenêtre du couloir s'ouvre brutalement devant moi, l'air s'engouffre et fait voler les rideaux. Je referme solidement les deux battants, et je sens un courant d'air froid qui vient du salon. J'y découvre la fenêtre grande ouverte et aperçois la queue de mon chat Hermès qui file dans la gouttière. Puis un bruit de verre qui explose retentit dans la salle de bains. J'accours et découvre mon flacon de parfum jonchant le sol, éparpillé en éclats de verre. Un chat a dû le frôler en fuyant par le vasistas entrouvert… J'appelle mes trois chats, mais ils restent muets, je les cherche, ils sont introuvables, ils se sont enfuis sur les toits, même Grisou demeure silencieux pendant que se propagent dans l'appartement les effluves entêtants de mon parfum répandu sur le sol. Quand je retourne dans la cuisine et vais pour saisir ma boîte de médicaments, je ressens, comme coulés en moi, la chaleur, le rayonnement de ma mère. Si fort que je dois m'asseoir en me tenant à l'évier. J'attends quelques instants dans un trouble silencieux, puis cela passe, s'évapore, je me redresse, quitte la cuisine sans médicaments et vais m'allonger dans la chambre, en ressentant subitement une grande fatigue. Je m'endors profondément apaisée, l'esprit vidé.

L'appel du chauffeur de la production m'extirpe de mon sommeil. Ma sieste se termine en sursaut. Je bondis hors du lit, rassemble mes affaires quatre à quatre, claque la porte, descends l'escalier car l'ascenseur est toujours en panne. Dans le hall d'entrée qui mène à la cour, quand je pose la main sur la poignée de la porte, un instant elle paraît figée, paralysée. Je la regarde immobile dans une hésitation de quelques minuscules secondes. Aurais-je oublié quelque chose chez moi ? Non. J'approche la tête du carreau, regarde dans la cour. Tout y est normal. Je tire sur la poignée, ma main se libère, je sors. J'ai vécu cet instant comme au ralenti. Tout à coup, sous mes yeux, à un pas de moi, s'écrase dans un fracas de bombe une énorme jardinière rectangulaire dont un éclat d'argile se plante dans mon genou. Je crie, j'ai mal, je saigne déjà. Je m'assois sur la margelle du perron, sonnée, incrédule, observe mon pantalon qui se tache puis lève la tête en l'air en entendant des hurlements. J'aperçois la vieille dame du sixième étage de l'immeuble d'en face, celle qui fait pousser sur les rebords de ses fenêtres toutes ces plantes… La vieille connaissance de M. Poussin. Elle est penchée, gesticule et vocifère en ouvrant les bras qu'elle pose par instants sur sa tête. J'ai peur qu'elle ne bascule aussi tant elle se penche, alors je crie, énervée :

« Arrêtez de vous pencher ! Il y a plus de peur que de mal… Et enlevez tous ces pots de vos fenêtres, nom de Dieu ! »

Le chauffeur dans la rue s'impatiente et klaxonne. En quittant la cour, je ramasse dans un geste étonnant quelques branches fleuries qui émergent d'un amas de terre noire. Chez mon pharmacien, je me mets à trembler comme une feuille. Il voit mon genou et s'inquiète, il appelle son épouse qui accourt.

— J'ai failli mourir…, dis-je d'une voix d'outre-tombe.

— Mon Dieu, mais comment ?! demande mon pharmacien.

— Écrasée…

— Par une voiture, là, dans la rue ?

— Non, par un pot… Un gros pot… Énorme !

Je cherche mes mots…

— Mais un pot de quoi ? balbutie son épouse.

— De fleurs ! Pas de miel ! dis-je en m'emportant. Pardonnez-moi, mais je suis sous le choc. Mon cœur bat la chamade…

Mon pharmacien désemparé écarquille les yeux. Sa femme aussi. Et quand, dans un excès d'empathie, elle pose les mains sur le sommet de son crâne, j'éclate de rire. Mes nerfs lâchent. Je les prie de m'excuser et rejoins le chauffeur dans la rue.

Pendant le trajet jusqu'à la Plaine Saint-Denis, j'appelle Lili dans l'Aubrac. Pour une fois, elle répond. Je lui raconte l'attentat auquel je viens d'échapper, elle est friande de ce genre d'anecdotes. Elle me sermonne et rit en même temps : « Tu vis dangereusement. Fais gaffe quand même ! Remarque, ça change des tuiles ! Tout ça pour finir sous une jardinière… Ce serait ballot. »

Passé mes rires et l'onde de choc, je m'allonge sur la banquette arrière de la voiture, je revois ma main figée sur la poignée, cet instant ralenti… Si je n'avais pas attendu ces quelques secondes… ces fleurs coupées plongées dans mon sac auraient fleuri ma tombe !

J'arrive saine et sauve dans le petit Hollywood de la banlieue nord de Paris où est regroupée une kyrielle d'autres studios de télévision. Dans ma loge, la coiffeuse, d'humeur créative, me propose : « Tu n'as pas envie de décorer tes cheveux pour changer ? » Je réponds : « Bonne idée ! Mais avec quoi ? » Elle attrape une fleur qui dépasse de mon sac : « Avec ça ! Un beau crocus, une fleur d'hiver ! Regarde, elle est tellement régulière qu'on la croirait en plastique… » Puis elle la glisse dans mon brushing au-dessus de l'oreille.

Après l'émission, un assistant me montre le commentaire d'un téléspectateur sur Twitter qui me fait éclater de rire : « Valandrey, avec sa croix et ses fleurs, on dirait qu'elle est morte ! » Puis Lili renchérit d'un texto assassin : « C'était quoi cette fleur ridicule ?! La jardinière de la vieille ? *Les Fleurs du mal* ?! Tu joues les Bardot ?! ☺ »

Épuisée par un abus de sensations fortes, après un spectacle particulièrement réussi, je décide de reporter au lendemain ma rupture avec Marco Antonio.

Je suis une conne

Retour au Balto, en fin de journée, sur le lieu même où nous nous sommes rencontrés. Les décors de nos vies changent peu, on y retrouve les mêmes personnes, mais on joue d'autres scènes.

J'arrive en avance, commande un Coca Zéro.

Marco Antonio entre dans le café avec cette grâce intacte qui fait tourner les têtes et un supplément de bonheur qui le rend solaire. Je lui souris quand il me regarde. Il m'embrasse et ses lèvres un peu pressées se défont vite des miennes. Le départ est imminent.

Marco Antonio commande deux mojitos.

Je bois celui qu'il me tend assez vite en l'écoutant décrire dans le détail tout le processus d'obtention de son nouveau rôle, du premier coup de fil au dernier qui l'a transporté de joie. Il n'oublie pas bien sûr mon intervention et m'embrasse à nouveau en se levant d'un bond, de ses lèvres toujours pressées. Il est heureux et j'échappe à la tristesse.

Il a l'enthousiasme débordant et entier des enfants, rien ne peut nuancer son bonheur. Il me fait penser à Tara quand elle part longtemps en vacances faire du cheval ou retrouver une amie l'été dans le Sud de la France, quand elle oublie, dans son euphorie, et c'est bien ainsi, qu'elle va me quitter, me manquer.

Il ne reste qu'un fond de mojito dans mon verre que je garde pour faire des bulles avec ma paille. Puis dans un silence, un répit, quand la joie de Marco Antonio s'essouffle, tandis qu'il regarde rapidement autour de lui les autres tables, je répète que je suis heureuse pour lui, c'est une autre vie, une vraie chance, que notre rencontre avait bien un sens. Je dis aussi plus doucement que j'aurai plaisir à le revoir quand il pourra se libérer entre les répétitions du spectacle ou quand il reviendra de sa tournée. Nous pourrons être de bons amis.

— Amis ? Juste amis ? dit-il, étonné.

— Oui. Mais c'est bien d'être amis.

— Tu ne veux plus ?

— C'est mieux, c'est plus clair et j'ai besoin de clarté. Tu as besoin d'être libre. Tu vas partir, vivre ta passion, faire plein de rencontres ! Tu as trente ans et une nouvelle chance. C'était bien de te rencontrer. Ce fut un plaisir immense… Et maintenant, je voudrais un dernier mojito s'il te plaît !

Dans la rue, Marco Antonio me propose de me raccompagner mais je refuse en prétextant quelques courses à faire pour le dîner. Nous nous embrassons et ses lèvres pour dire adieu semblent moins pressées. Dans son étreinte, j'entends

« merci »... Quand il dit à mon cou « Tu es mon porte-bonheur », je suis en équilibre sur la pointe des pieds, au bord d'un précipice, à deux doigts d'envoyer balader d'un coup tout mon plan de rupture, je pourrais lui dire là que je l'accompagnerais en tournée, je pourrais lui crier que je serais sa première fan, la spectatrice émerveillée de son talent, que l'on se retrouvera quand il le voudra, que je m'adapterai à ses différences, à tout mais je veux continuer notre histoire...

Puis il dit : « À bientôt ? » Et j'entends dans ces mots qu'il a accepté ma proposition. Celle que j'ai faite à table tout à l'heure en torturant la paille de mon mojito... Il dit « À bientôt ? » comme s'il doutait déjà que l'on se revoie, comme s'il était déjà acceptable que l'on ne se revoie pas. C'est fini. Je réponds « À bientôt ! » d'une même voix et nous nous quittons. Je marche quelques pas et me retourne, comme Isabelle Adjani à la fin de *L'Été meurtrier*, pour voir si lui aussi se retourne. Et je le vois marcher encore et encore, pressé dans la rue de Sèvres, je regarde sa silhouette légère s'éloigner.

Chez moi, Tara ressent immédiatement mon humeur que je tente pourtant de cacher. Elle ne pose pas de questions. Mais elle est là, et bien là, déterminée à me distraire. Puis elle éclate de rire et me prend par la main. Tara m'entraîne dans ma chambre où elle montre du doigt mon lit défait et quelques affaires à terre que j'ai oubliées, puis me dit avec autorité : « C'est quoi ce bazar ?! Tu vas me ranger tout ça ! Et vite ! Un peu de discipline, madame la directrice ! » Je ris et la pousse sur le lit car je sais que ma fille a vu ce soir à la télévision cette scène de la *Star Academy* que j'ai tournée avant-hier, dans laquelle j'inspecte toutes les chambres des élèves au château en poussant une gueulante devant le désordre effrayant.

Quelques soirs plus tard, je marche d'un pas hésitant vers le salon d'un grand hôtel pour participer à cette soiré *blind date* à laquelle je me suis inscrite. Je me refuse à l'annuler en suivant toujours ce même principe, cette forme de superstition qui consiste à ne jamais modifier ce qui a été initialement programmé. Je dois aussi admettre qu'il y a toujours dans ma tête obstinée ce plan d'action avec Lili que je veux continuer pour voir peut-être se réaliser la dernière, la plus attendue des prédictions de Pierre…

Dès mon arrivée, un serveur élégant me propose une coupe de champagne que je saisis en me rendant directement aux toilettes. Je dois avant toute chose me grimer. J'ai acheté des lentilles de contact vertes et apporté un petit béret léger, celui que je porte sur la photo d'Attractive World. Je démaquille mes yeux et recouvre mes lèvres d'un gloss rouge vif. Dans le miroir, c'est réussi, je ne me reconnais pas. Je peux déguster maintenant mon champagne légèrement éventé et entrer dans l'arène.

Dans le vaste salon aux lumières tamisées, je porte un badge avec mon vrai prénom, Anne-Charlotte. Le show commence vite. Les va-et-vient, les sourires, les coups de gong, la danse de la séduction. Je passe un bon moment, mais le cœur n'y est pas et ma libido ce soir n'est pas du tout plastique. Je me sens même totalement hermétique. C'était une erreur, tant pis. Alors que j'attends avec impatience la fin du *blind date* qui bientôt sera prononcée par l'animateur, un dernier prétendant s'assoit à ma table en me souriant béatement. Il transpire, il a dû se donner du mal pour séduire d'autres femmes. J'ai envie de partir mais je ne veux pas être impolie. Et je me souviens d'Esteban, c'était aussi à la fin, alors je prends sur moi et souris au jeune homme.

Il est le premier ce soir à me dire :

— Tu ressembles à une actrice !

— Ah bon !… Laquelle ?

— La fille qui joue dans *Les Cordier*…

— Le feuilleton policier ?

— Oui, avec Pierre Mondy…

Le garçon cherche sa réponse en fermant les yeux, le front plissé… En un éclair, je repense à Pierre, je l'embrasse où qu'il soit, mon papa de la télé.

— Charlotte Valandrey ! C'est ça ! Tu vois qui c'est ?

— Oui…

— Tu lui ressembles vraiment !

— C'est un compliment ?

— Physiquement oui, elle était mignonne, mais autrement c'est une conne.

— Ah bon !… Tu la connais ?

— La meilleure amie de ma belle-sœur travaille dans le show-biz, elle l'a maquillée plusieurs fois sur le tournage des *Cordier*. Elle est pas sympa.

— Ça peut arriver d'être de mauvaise humeur… Elle a eu des problèmes, je crois…

— Oui, elle a le sida. C'est pas une excuse.

— Quand même… Et puis la maladie ne s'est jamais déclarée, elle est séropositive en succès thérapeutique.

— Ah bon ?

— Oui, elle est porteuse saine, non contagieuse et elle est très sympa !

— Tu la connais ?!

— C'est moi, trou du cul !

Je me lève d'un bond, salue les deux femmes occupées à côté de moi, avec qui j'ai sympathisé, et vais serrer la main de l'animateur jovial qui m'interpelle d'une métaphore exquise :

— Je vois que madame n'a pas trouvé chaussure à son pied ! Désolé… Vous avez quand même passé une bonne soirée ?

— Excellente…

Je m'enfuis.

Dans la rue, je hurle de rire. Je répète haut et fort que « je suis une conne ! » et je me promets que c'était mon dernier *blind date*. Je vais appeler ma Lili dans sa retraite biologique et lui dire que je mets un terme définitif à notre plan d'action, ça ne marche pas pour moi. Je vais reprendre un mode de rencontre normal, à l'ancienne, le bio amoureux, laisser faire les étoiles et les fléchettes de Cupidon, je vais suivre ma vie où elle me mènera sans jamais plus tenter de forcer mon destin.

La peur d'aimer

Cela fait plusieurs semaines que je n'ai pas vu ma psy. Ma rupture avec Marco Antonio me ramène à elle.

J'ai rendez-vous. Avant de partir, je passe embrasser M. Poussin. Dès qu'il me voit, il allume son appareil d'un doigt porté à l'oreille. Dans son regard, je lis quelques instants d'errance, j'attends en silence qu'il s'adapte à ma présence. Puis il sourit.

— Ah, c'est vous, mon petit… Qui d'autre ?… La police est venue, vous savez ?

— Non, je ne suis pas au courant, je rentre tard en ce moment, je travaille beaucoup…

— Un autre pot est tombé du sixième étage, vous savez, Renée, la dame avec ses plantes, sur le toit d'une voiture, le monsieur était choqué…

— Mon Dieu… Mais cette femme est un danger public !

— Elle a refusé d'ouvrir, ils ont forcé sa porte et ils ont emmené Renée… Elle n'est pas revenue.

Je prends la main de M. Poussin et lui demande :

— Et vous, comment ça va ? Vraiment ?

— Doucement… Ça dépend des moments… Je baisse… Ça s'arrange pas… J'aimerais pas qu'on m'emmène comme Renée…

— Non, bien sûr ! Pourquoi on vous emmènerait ?
— À cause du brouillard dans ma tête…
— Il est comment ce brouillard ?…
— C'est comme un grand vide, plus rien et puis ça revient… Des fois, j'ai peur qu'il reste…

Monsieur Poussin s'arrête de parler, baisse les yeux, je l'appelle :

— Parrain ?!

Il reprend d'un ton forcé :

— Ah ! Regardez, mon petit, je l'ai noté.

Il me montre un Post-it.

— Ce soir, la nuit va être claire, belle, ça fait longtemps, vous pourriez monter avec moi ? J'aimerais vous montrer quelque chose.
— Sur les toits ?
— Une dernière fois.
— Ne dites pas ça. Mais vous êtes en état de monter ?
— Affirmatif. Physiquement, je vais bien.
— Sûr ?!
— Affirmatif…
— Alors d'accord. À quelle heure ?
— Après les informations.
— Très bien… Je dois y aller maintenant, à ce soir !

Claire, ma psy, m'accueille avec le sourire. Elle se félicite de notre absence de rencontres récentes.

— Je vous connais un peu, dit-elle, cela veut dire que ça va. Je vous ai aperçue à la télévision… Bravo… Et j'ai lu votre livre ! J'y figure en bonne place… Quel privilège ! C'est fou, vous notez tout ! Alors, Charlotte… (Claire prend une longue inspiration.) Comment commence cette nouvelle année ?

Je lui raconte mon histoire avec Marco Antonio, j'évoque aussi mon coup de cœur en octobre pour Esteban dont je n'avais pas parlé, mes échanges émouvants avec Yann… et notre plan d'action avec Lili que je viens de clôturer. J'amuse Claire. Je parle aussi de ce « grand Amour » qui est inscrit dans mon cahier d'écriture, je ne lui dis pas que c'est la prédiction d'un médium mais simplement, ce qui est vrai, mon vœu le plus cher qui ne se réalise pas, quoi que je fasse.

— Dois-je me faire une raison, docteur ?

— « Vous faire une raison »..., répète Claire comme un écho. La « raison »... Le mot est intéressant... Quelle est la « raison » pour laquelle toutes ces relations affectives que vous venez d'évoquer se terminent ? Leur point commun, le voyez-vous ?

— Ce n'étaient pas les bonnes personnes...

— Pourquoi ?

— Je ne sais pas.

— Pourquoi se terminent-elles toujours ?

Sans réponse précise, je me mets à fredonner cette chanson que j'aime des Rita Mitsouko, dont le rythme entraînant contraste avec le propos :

— « Les histoires d'amour finissent mal, en général ! »

— Je suis sérieuse, Charlotte.

— Je ne sais pas. C'est amusant, je vous réponds comme ma fille. Elle dit tout le temps « je ne sais pas »...

— Pourquoi parlez-vous de votre fille ? D'une enfant ? Alors que je vous parle de vous, je vous demande de réfléchir à vos relations, à leur point commun. Nous reviendrons sur cette association significative avec votre fille, donc avec l'enfance. Alors, Charlotte... le point commun ?

— Je ne vois pas.

Claire inspire à nouveau profondément.

— Elles sont impossibles ! Voilà le point commun. Pourquoi êtes-vous attirée par des relations impossibles ? Comprenez par « impossibles » vouées dès le début à l'échec... Prenons l'exemple de ce site de rencontre ou même cette croisière, n'y avait-il vraiment personne d'autre que ces deux jeunes Espagnols qui vous plaisaient ?

— Non…

— Vous êtes bien certaine ?… Sur des milliers de personnes inscrites, des centaines de passagers… Pourquoi ne rendez-vous pas l'amour possible ?

— C'est exactement ce que j'ai dit à mon amie Lili…

— Répondez-moi, s'il vous plaît.

— Parce que j'ai peur.

— Quel est le premier homme qui vous ait fait peur ?

— Mon père. Il était très calme, très beau, mais j'avais l'impression qu'il se contenait tout le temps et pouvait exploser à tout moment…

— Un autre homme vous a-t-il fait peur pendant votre enfance ? Vraiment peur… Vous avez fait, en mentionnant votre fille, une association avec l'enfance, car votre peur d'aimer remonte à cette période de votre vie.

— Oui… En colonie de vacances… L'été de mes sept ans… J'ai évoqué ce souvenir dans mon premier livre… Je ne l'avais jamais fait et n'en ai jamais reparlé depuis… C'est le genre de choses qu'on veut oublier… Un homme s'est masturbé à côté de moi sous la douche en caressant mes cheveux. J'étais nue, effrayée.

Claire m'écoute avec un calme impassible, rien ne filtre sur son visage serein, ouvert. Elle a dû entendre cela des centaines de fois. Sa maîtrise a pour effet de neutraliser tout excès dramatique, je contrôle mon émotion, reste dans la réflexion avec elle, « là où se trouvent les solutions ».

— Vous y pensez souvent ?

— Non. Jamais. Mais je déteste le café au lait depuis cet été-là. Nous ne buvions que ça dans la colonie. Rien que l'odeur peut me faire vomir.

Claire me demande alors pourquoi je ne lui en ai jamais parlé. Je n'ai pas de réponse. Claire me propose de revenir une autre fois sur ce souvenir. L'exprimer aujourd'hui est déjà une première étape, l'expression de ma volonté de m'en défaire. Les souvenirs resurgissent quand il le faut, quand on est armé pour les affronter, pas avant, le fonctionnement du cerveau est remarquable. Elle me dit que nous parlerons du pardon, du sentiment de culpabilité, qui souvent emprisonne les enfants abusés dans le silence, et de l'acceptation, des cinq étapes du deuil selon Élisabeth Kübler-Ross que nous avons déjà évoquées ensemble, plusieurs fois. Que de deuils à faire dans ma vie ! Puis Claire revient au sujet premier de notre entretien, la peur d'aimer. Elle me surprend en m'interrogeant sans transition sur ma mère.

— Que vous disait-elle des hommes ?

— Un de perdu, dix de retrouvés !

— Intéressant... Dix de retrouvés... Perdre un homme n'est pas grave, puisqu'on en retrouve dix... Cette expression apparemment anodine et amusante banalise les hommes... On en perd un, on en trouve dix... Perdre l'amour d'un homme n'est pas important et les hommes sont tous les mêmes... Ils sont dix... interchangeables. Connaissez-vous les raisons de ce désamour que votre mère aurait pu avoir vis-à-vis des hommes ?

— Son père l'a abandonnée quand elle était adolescente, il est parti vivre à l'étranger, ma mère en a beaucoup souffert... Elle a rencontré mon père assez tard... Elle était déprimée, papa lui a redonné le sourire... Puis elle est devenue mère...

— Oui... Vous, votre sœur... Puis survient un autre homme de malheur qui contamine sa propre fille... brise à nouveau ses espoirs...

— Oui... Mais ma mère ne parlait jamais des hommes, elle disait juste « un de perdu, dix de retrouvés »...

— Il n'est pas nécessaire de parler à un enfant pour lui transmettre nos peurs. L'enfant perçoit bien au-delà des mots. Nous transmettons nos angoisses, nos craintes, nos doutes, nos joies aussi à nos enfants, par une caresse, un timbre de voix, un regard, une humeur. Rien n'échappe de nous-mêmes à nos enfants. Bien plus que l'inverse d'ailleurs, car au moment où le parent et l'enfant se rencontrent, l'enfant est vierge de tout, il n'a aucun préjugé, aucun filtre, il ressent avec son corps, il est avide de tout, avide de se nourrir, de découvrir, d'aimer et d'être aimé... L'histoire de votre mère n'est pas la vôtre. Vous aimiez votre mère et c'est très bien. Par contre, faites bien la différence. Votre mère avait ses raisons d'avoir peur d'aimer et elle a fait ce qu'elle a pu. Mais vous, pensez-vous que les hommes sont interchangeables ?

— Non...

— Pensez-vous que si l'on perd un homme, on en retrouve dix ?

— Non...

— Pensez-vous qu'il est possible de trouver l'amour ?

— J'espère...

— Le pensez-vous, Charlotte ?

— Oui.

— Très bien... Pensez à tout cela, pensez par vous-même, repensez à ces réponses, ancrez-les en vous... De même, ce souvenir pénible de votre enfance, cet abus, vous parviendrez, si vous le voulez, à l'accepter, à vivre avec. C'est peut-être le seul vrai défi de l'adulte, de l'enfant en nous, de parvenir à se défaire de ce qui nous a fait souffrir et de ce qui a fait souffrir nos parents. On va en rester là pour aujourd'hui.

Avant de quitter Claire, je m'inquiète auprès d'elle de la santé psychique de mon voisin. J'évoque la maladie d'Alzheimer et demande quels en sont les premiers symptômes. Claire déclare en préambule qu'elle n'est pas spécialiste, que cette maladie est complexe, comme tout ce qui a trait au cerveau. Elle comporte quatre stades d'évolution, dont un dernier mortel. Alzheimer est une détérioration irréversible des facultés de la mémoire qui amène à tout oublier, même de manger, à perdre toute autonomie. Les premiers symptômes passent souvent inaperçus, des oublis répétés, des difficultés à effectuer ce qui est habituel, des troubles de l'humeur ; la mémoire vive est atteinte en premier, celle du moment, du passé proche.

Le brouillard

Les informations du soir viennent de se terminer. Je les ai regardées distraitement. Monsieur Poussin frappe à ma porte. Je pensais qu'il aurait peut-être oublié. Il tient entre les doigts un Post-it sur lequel je lis « Charlotte 20 h 30 » et un sachet en plastique au contenu invisible. Je lui demande encore s'il est bien certain de vouloir aller sur les toits. Monsieur Poussin acquiesce en hochant la tête lentement d'un geste accentué. Je change mes chaussures et le suis. Il gravit l'échelle assez facilement. J'ai saisi, pour l'aider, son sachet qui fait un bruit de verre entrechoqué. Pourtant, j'ai presque plus de difficulté que lui. Assis sur le toit, à notre place habituelle, face au dôme éclairé des Invalides, M. Poussin reprend son sac et en retire deux gobelets de fer-blanc et une petite bouteille de champagne qu'il tente d'ouvrir. Le bouchon résiste, M. Poussin s'applique en maugréant :

— Madeleine détestait les demi-bouteilles… Elle disait que ça faisait pingre, mais une bouteille entière, ça ferait trop…

Il arrête de parler, grimace, agrippe le goulot, force et, quand la bouteille s'ouvre enfin, il dit en versant le champagne :

— Parce que vous, mon petit, vous ne buvez presque pas. Et si je buvais tout seul une grande bouteille… je rentrerais chez moi plus vite que je suis monté…

Il montre d'un bras lourd les toits et le vide, puis ajoute :

— Ça vaudrait peut-être mieux…

Il me tend un verre en silence, puis prend lentement plusieurs respirations. Sa bouche s'anime pour parler, mais aucun son ne sort. Il crie soudain un juron, puis s'exprime d'un ton ralenti en fixant les toits :

— Vous avez raison, mon petit, je ne vais pas fort… Le corps ça va, regardez, je grimpe encore, mais c'est la tête qui va pas. J'essaie de le cacher, mais c'est de plus en plus dur. Le brouillard vient presque chaque matin maintenant, aujourd'hui encore et à midi et avant les informations. Heureusement, j'avais écrit le mot. Quand je suis dans le brouillard, je me mets dans un coin et j'attends, je m'abrite comme pendant la guerre. Quand le brouillard s'en va, j'écris ce que j'ai à faire dans la journée. Quand il revient, je lis mes papiers. Hier, ils ont annoncé une nuit claire à la télé, je voulais vous parler, alors j'ai écrit « Charlotte sur les toits ». Eh bien, à midi, quand j'ai regardé le bout de papier, impossible de savoir ce que ça voulait dire… J'en aurais pleuré… Puis ça passe… J'attends et ça revient. Voilà ma vie. Vous voulez que j'aille chez le docteur, mais je sais ce qu'il va dire. Il va parler de la maladie des vieillards… Il va dire qu'il n'y a rien à faire. Je l'ai lu. Alors, à quoi bon retourner chez le docteur ?… Je peux attendre encore. Et si un jour le brouillard ne partait plus, vous le verriez, n'est-ce pas ? Et j'irai à l'hôpital. Mais j'y resterai pas longtemps. Pour quoi faire ? Vivre dans le brouillard ? Ne plus vous reconnaître comme cela m'arrive ? Ne plus me souvenir de ma vie, de Madeleine ? Non… J'attends encore, puis je partirai. Calmement… J'irai la rejoindre. Buvons ! La nuit est claire, n'est-ce pas ? Ils voient juste à la météo maintenant… Avant, c'était moins sûr… Faut que je vous dise, je me répète peut-être… Je vous ai pris des médicaments, mon petit, vous l'avez vu ?… Des somnifères. J'en ai pris quelques-uns chaque fois que je gardais vos chats. Ne m'en veuillez pas. J'en ai beaucoup maintenant… Je les ai mis dans un tube d'aspirine et j'ai collé une étiquette « Attention ! », écrit en rouge pour pas que je me trompe. Un jour, je les prendrai. Pas maintenant, un jour, j'y pense depuis longtemps... Je voulais vous le dire ce soir... Faudra s'occuper de mon oiseau, vous voulez bien ? Rien n'a de valeur chez moi, sauf ma collection de vieux fusils. Certains datent de Napoléon. Ils sont précieux, c'est toutes mes économies ! Je vous les donne, ça me fait plaisir. Je ne veux pas qu'ils aillent chez ce neveu que je ne connais pas. Voilà, j'ai fini... Mais vous pleurez ? Non, mon petit, non... Faut pas. Faut bien une fin. C'est normal et c'est pas tout de suite. Je suis encore là avec vous, avec les étoiles... On peut pas se plaindre...

Monsieur Poussin pose la main sur mon genou, boit du champagne et relève la tête en fixant le ciel.

— Vous vous souvenez où est Vénus, mon petit ? C'est bizarre, j'oublie d'acheter le pain, mais je me souviens toujours de Vénus !

Je ne dors presque pas cette nuit-là. J'ai attrapé froid sur les toits. Au matin, j'appelle Henriette, puis ma psy et un spécialiste qu'elle m'indique. Je lui décris le comportement de M. Poussin aussi précisément que possible, ses absences, ses replis, ses Post-it, ses humeurs, également ses moments lucides. Il ne peut pas se prononcer et demande à le voir. Je réponds que M. Poussin ne veut pas. Le docteur conclut : « Alors attendez... Mais pas trop, et veillez sur lui. Si c'est Alzheimer, ce qui paraît probable, son état peut se détériorer en quelques mois, voire quelques semaines... Il est d'autant plus vulnérable qu'il vit seul, ses sollicitations cognitives sont moindres... Faut s'en occuper. » J'organise alors avec Henriette et Stéphanie, l'étudiante qui aide M. Poussin, un tour de garde, deux visites, matin et soir, même quelques minutes, chaque jour.

Chassez le naturel, il revient au galop

Courant février, ma Lili effectue un come-back fracassant. Elle s'est lassée de l'Aubrac, du lait cru, et du taï-chi-chuan au bon air après s'être foulé la cheville. Quand elle déclare au téléphone : « Ma libido a doublé de volume ! », je l'implore de changer le nom de son chien car je n'y comprends plus rien.

— Je parle de moi ! dit-elle, et de mon chien d'ailleurs, tu verrais comme elle a grandi ! Je ne sais pas comment je vais gérer ce retour à Paris. Ma Libido a une taille insensée ! Je me suis fait rouler par cette vendeuse, mais je l'adore ! Faudrait au moins que j'achète un petit bout de terrain autour de Paris, c'est un chien d'extérieur, ma Libido a de gros besoins !

Lili éclate de rire. Elle quitte la campagne pour rester à Paris. Elle compte les jours jusqu'à la fin de la *Star Academy*, le 28 février prochain, et surtout elle se concentre sur un rendez-vous palpitant qui l'attend dans la capitale tout prochainement… Elle en est tout émoustillée ! Lili a refusé l'abandon de notre plan d'action. Du moins pas avant d'avoir essayé ce qu'elle se prépare à vivre.

— Le meilleur pour la fin, ma belle, le truc fou ! Un *dark date* !

— Hors de question ! dis-je.

— Mais tu me l'as promis à l'hôpital, souviens-toi : « Las Vegas et un truc totalement fou ! »

— Ne me fais pas le coup de la promesse pour me contraindre à faire l'amour dans le noir avec un homme que je n'ai jamais vu ! Je ne sais pas quelle herbe tu as fumée en Aubrac, mais tu m'inquiètes très sérieusement !

— Qui te parle de faire l'amour ? C'est une rencontre sensuelle… On est toutes trop intellectuelles, trop psy… Tu sais ce que disait Buñuel à Catherine Deneuve en filmant ses chefs-d'œuvre ? « Surtout pas de psychologie ! Il faut laisser parler le corps ! » Un *dark date*, ce n'est pas un inconnu, je ne suis pas folle ! C'est une rencontre charnelle dans l'obscurité, une façon unique de découvrir l'autre. Tu échanges quelque temps par Internet avec un homme sans transmettre aucune photo, mais en t'engageant à dire la vérité. Et quand tu as vraiment envie de le rencontrer, tu désignes un proche qui reçoit toutes les infos sur son identité, son nom, son adresse, son métier, sa photo, et peut même enquêter pour en savoir davantage avant de donner son accord pour la rencontre. D'ailleurs, j'ai besoin de toi, ma belle…

Lili a été initiée au *dark date* par une cousine que je connais peu, venue lui rendre visite pendant sa retraite. C'est un réseau presque secret que l'on ne peut intégrer qu'en étant parrainée. Lili m'apprend qu'elle échange depuis plusieurs semaines avec un homme « formidable », je la cite, dont elle ne connaît pas l'apparence. Ils ont très envie maintenant de se rencontrer. Le *dark date* approche. Son organisation est très bien pensée. Si j'accepte, Lili me désignera en « amie » et je recevrai la photo et l'identité officielle de cet inconnu qui la fait fantasmer. Avec ces éléments, je devrais me forger un jugement et donner ou pas mon aval à mon amie sans rien lui révéler sur l'inconnu. Je saurai tout de la rencontre à venir, le lieu, la date et l'heure, et aurai aussi la charge de reconnaître l'inconnu quand il se présentera à l'hôtel. La photo de Lili a déjà été approuvée par la personne proche du *dark date*. De lui, Lili sait qu'il est divorcé avec deux enfants, il a pile son âge, il est sportif, enseignant comme elle l'a été, il aime Paris surtout la nuit, la nature, si possible extrême, les voyages insolites, et considère que la survie de l'amour tient à la préservation de son mystère… J'écoute Lili, médusée… Elle veut donner mes coordonnées pour que je valide la rencontre qui devrait avoir lieu au plus vite. Son intuition est excellente. Elle me supplie d'accepter, elle a besoin de moi, de mon aval. Moi seule peux comprendre sa démarche... Et pourtant... Si elle savait à quel point je pense que c'est un truc vraiment fou ! Je reste silencieuse encore quelques instants, puis je crie : « Mais c'est un truc de malade !!! » Lili proteste, se défend vigoureusement, argumente point par point, on se dispute, elle me supplie... J'accepte. Pour pouvoir la suivre de près, la protéger car je sais qu'elle le fera avec ou sans moi, et aussi, puis-je l'avouer... un peu par goût des choses insolites... Pour autant qu'elles soient sans risque ! Dès le lendemain, je reçois tous les documents par courriel. L'homme a un physique agréable, un regard franc, il porte une barbe légère, se prénomme Luc et son année de naissance est bien celle de Lili. Je tape son nom sur Google, il apparaît enseignant dans une faculté parisienne, certains clichés le montrent entouré d'élèves, photos de classe idéale, tout semble normal... Je dois imprimer les documents reçus, les conserver et juste avant le rendez-vous vérifier qu'ils correspondent bien à la personne qui se présentera à l'hôtel pour rejoindre dans une chambre obscure mon amie Lili...

« Au secours ! Je suis en train de faire un truc de dingue ! répété-je tout haut, dans un duo avec Grisou, en regardant les feuilles sortir de l'imprimante par petites saccades. Cette fille va me rendre chèvre ! Totalement chèvre ! Ça complétera bien ma ménagerie ! » Moi qui rêvais des ailes d'un ange, ce sont des cornes qui me poussent !

Je me calme en promettant au Grand Créateur de ce monde insensé et à ma mère chérie qu'il s'agit bien là de ma dernière folie !

Documents en main, inspectant à nouveau les moindres détails de l'apparence de Luc, toisant son regard apparemment serein, je suis prise d'un effroi soudain : et si cet homme n'était qu'un psychopathe, un énorme barjot, un secoué du bonnet, un pervers ! Sur les photos il paraît normal, mais on est tous normaux avant d'être fous ! Et quelques clichés ne suffisent pas pour cerner le caractère de quelqu'un ! Cette idée ne sort plus de ma tête. Je dois en avoir le cœur net. Je me couvre et vais attraper un bus. Il me conduit au boulevard Saint-Germain. Puis je marche jusqu'au commissariat de la rue Perronet. J'y connais un sergent sympa à qui j'ai déjà eu affaire par le passé pour le vol de mon sac. Lili m'appelle au moment où j'entre dans le bâtiment. « Alors ? Il est comment ? » demande-t-elle d'une voix presque timide. « Je suis en train de vérifier ! Je te rappelle ! »

Je ne veux occuper que quelques secondes du temps précieux du sergent. On m'apprend qu'il est en mission. Je l'attends ! Quand il rentre, je lui demande, sans trop d'explications, de contrôler dans ses fichiers le nom que je lui tends. Tout d'abord, il refuse. Je serre alors sa main en répétant que c'est tellement important… « S'il vous plaît, sergent… » Il consulte son écran et lance rapidement : « Y a rien. C'est bon. Et je ne vous ai rien dit ! OK ?! » Je l'embrasse avec effusion et m'échappe. À peine sortie, Lili me harcèle. En décrochant, il me vient alors l'idée lumineuse de la dissuader, si possible avec subtilité…

— Il est comment physiquement ? Ne me torture pas, s'il te plaît, je suis sûre qu'il est bien ! s'écrie Lili.

— Pourquoi m'interroges-tu alors ?

— Allez, dis-moi ! (Lili s'agace.) Monstre ou pas monstre ?!

— Comme tu es radicale, disons… agréable…

— Je le savais !!! s'emporte-t-elle.

— Ce n'est pas non plus Leonardo DiCaprio…, dis-je posément.

— Je n'aime pas DiCaprio ! rétorque Lili.

— Ça tombe bien alors…

Je laisse filer un silence, puis reprends tout doucement :

— C'est juste dommage cette barre de sourcils… et surtout cette dent…

— Quoi, quelle dent ?! crie Lili.

— La dent en moins devant...

— Arrête ! Tu me charries !

— Non, dis-je le plus sérieusement du monde d'une voix alternant suspicion et dédramatisation... Il a quand même un bel espace noir en haut sur le côté... Mais une dent, ça se remplace...

Lili reste muette, puis lance :

— Et les sourcils, c'est quoi le problème ?

— Il a comme une barre au-dessus du nez, un seul grand trait en fait... Mais ça s'épile..., dis-je d'une voix neutre, imperturbable...

— Non... (Lili s'énerve.) Non ! Et c'est ça pour toi un physique agréable ?!

— Globalement oui ! Ce sont des détails...

— Des détails ?! Un sourire édenté et des sourcils de primate ??!!

— Tu exagères... Ça peut s'arranger...

— Non... Ce sont des détails qui en disent beaucoup !... Et s'il faut se lancer dans les travaux... Oh, je suis déçue... Tu ne peux pas savoir combien... Super déçue..., soupire Lili au bord des larmes.

Et là, bien sûr, j'explose de rire et crie la vérité. Luc est un beau garçon. Mais j'ai peur pour elle et je suis un peu jalouse. Lili hurle qu'elle se vengera puis, après m'avoir estourbie de quelques noms d'oiseaux, elle reprend ses esprits et dit :

— ARRÊTE d'avoir peur de tout... Et continue d'être jalouse !

C'est précisément comme cela que Lili a rencontré Luc, quadragénaire agrégé de biologie, avec qui elle file le parfait amour depuis ce tendre après-midi passé dans un hôtel près des Champs-Élysées où je me suis endormie recroquevillée sur un des larges canapés disposés dans le lobby, mon téléphone portable plaqué à l'oreille, prête à appeler au secours.

« C'était inoubliable… », me dit simplement Lili en me réveillant. À ce commentaire inhabituellement laconique, j'ai compris tout de suite que le moment était important. Un vrai coup de foudre, sensuel, intellectuel, un rêve de rencontre. L'étape la plus extravagante, celle que j'avais tenté à tout prix d'éviter, était celle qui réussit à Lili. À elle seule. Car malgré ce succès foudroyant, je me refuse toujours à de pareilles folies.

Un soir, alors que nous dînons toutes les deux en tête à tête, j'observe un rien agacée ces absences légères dans le regard de Lili, ces rêveries passagères que peuvent avoir les amoureux quand ils sont séparés l'un de l'autre, je m'entends dire :

— Lili et Lulu sont dans un bateau…

— Une croisière avec Luc ? Chouette ! répond Lili en me regardant.

— Lulu tombe à l'eau…

— Poussé par Lolotte ?!

— Gagné. Qui reste-t-il ? dis-je sérieusement.

— Moi ! Lili !

— Non. MA Lili !

— Oh… c'est mignon ! Mais je suis là, ma belle, pour toujours ! Et toi aussi tu vas trouver le *big love*. J'en suis certaine ! La roue tourne, souviens-toi. Je t'aiderai, je ferai tout pour que ça arrive !

— Surtout pas de *dark date* !

Je ne verrai plus notre croix...

Je profite à satiété de mes derniers jours en tant que directrice.

Je participe aux cours, je remotive les derniers élèves en lice qui commencent à ployer sous la pression, à trouver le temps long éloignés des leurs. Je rappelle l'enjeu pour ces artistes en devenir, j'encourage chacun à donner le maximum, car c'est bien cela l'important, non pas être « le » meilleur, mais offrir le meilleur de soi-même.

J'ai assisté pendant ces trois mois à quelques progressions spectaculaires.

Le 28 février, les téléspectateurs couronnent Laurène, l'air angélique de Jean Seberg et la voix de Rickie Lee Jones. Au départ de l'aventure, Laurène était timide, mais elle a éclos, c'est une fleur d'hiver, un crocus qui les a tous croqués ! Sa dauphine Zayra aussi est impressionnante. Je leur souhaite mille belles choses, d'aller au bout de leur rêve, le défi est grand car le métier de chanteur est devenu difficile. Beaucoup de bonheur pour tous ces jeunes artistes rêveurs !

Le 28 février au soir, la *Star Academy* referme ses portes. Après avoir serré Laurène et Zayra dans mes bras, j'attends, comme un gardien de théâtre consciencieux, que les derniers feux du plateau s'éteignent. Devant le grand mur noir dressé tel un écran au fond du studio, je revois l'émotion de la jeune chanteuse Birdy, la belle énergie de Jenifer, le charme entêtant de Patrick Bruel et la grâce de Zayra quand elle chantait *Stay* ! Sublime supplique de Rihanna qui implore à l'homme qu'elle aime de rester… C'est beau le talent, c'est inexplicable, palpitant, troublant, la vraie magie des Hommes.

Les jours qui suivent sont tristes comme un lendemain de fête, dépourvus de rythme, sans effervescence, la boîte à musique est cassée. Je m'y attendais.

La télévision est addictive. Me voilà en sevrage. Ce n'est pas la lumière qui manque, mais l'excitation de créer un lien puissant, immédiat, régulier qui cueille les gens chez eux, s'immisce dans leur vie, dans leur mémoire vive, parfois dans leur cœur, et qui s'affaiblit vite quand les images s'arrêtent. Le public de l'émission était très jeune, beaucoup ne me connaissaient pas. Dans les magasins, j'entendais parfois un enfant crier « Regarde, maman, c'est la directrice ! » avec une forme de surprise, d'émerveillement de me voir émerger dans la vraie vie comme un personnage de fiction. J'avais l'impression d'être Mary Poppins et c'était agréable, léger. J'aimais bien ce rôle.

Luc et Lili ont organisé leur vie assez vite. Ils ont décidé de continuer à vivre chacun dans leur appartement mais passent trois jours par semaine ensemble et la moitié des vacances scolaires avec leurs enfants. Ceux de Luc sont un peu plus âgés que Jérémy, mais ils s'entendent bien. Ils font tous les trois du judo. Chaque jour Lili met en évidence un nouveau point commun entre sa tribu et celle de Luc. Mon amie est apaisée, elle paraît heureuse. Elle a même décidé d'entamer une psychanalyse pour réfléchir aux événements de sa vie et la « stabiliser ». Lili me confie que pour la première fois, elle a envie de garder sa vie telle qu'elle est.

Lili passe ses premières vacances en Aubrac avec Luc et leurs trois enfants. Bien sûr, elle m'a proposé de me joindre à eux avec Tara, mais j'ai préféré les laisser se découvrir, recréer une forme d'équilibre, tenter de recomposer une famille sans compliquer les choses avec l'amitié particulière qui nous lie. Lili l'a compris. Elle s'inquiète pour moi de cet après-*Star Academy*, elle redoute que je ressente une solitude soudaine.

Je la rassure, je suis habituée à ces ruptures de rythme qui caractérisent la vie d'artiste et ma Tara est là !

On annonce de la neige à Paris, le jour où je quitte la ville. Je pars en vacances en rêvant d'être Mary Poppins ! Si seulement je pouvais me déplacer dans les airs avec Tara dans les bras, mes chats sur le dos et Grisou volant de ses propres ailes, je m'épargnerais ce parcours animalier que j'entreprends ce matin, bus, plus train, plus voiture, pour aller me reposer en Bretagne après l'excitation parisienne et réfléchir à mon avenir pendant une semaine avec Tara et ma ménagerie au complet.

Il pleut en Bretagne, cela m'est égal, je n'y viens pas pour trouver le soleil. Ma maison bretonne aux murs épais est un refuge silencieux rempli de bonnes ondes, sans Internet, où je règle mon téléphone sur mode muet.

Au rez-de-chaussée, il y a une cheminée ancienne en pierre que mon père avait achetée, disproportionnée par rapport à la taille du mur, si grande que je pourrais facilement y rôtir.

L'après-midi, Tara va faire du cheval entre les gouttes et moi je lis à côté du feu, Zola, Maupassant et… Camus ! Jano, le coach à qui j'ai réclamé des idées de lecture, m'a conseillé de relire *L'Étranger* qu'il a adoré. Ce petit livre terminé en deux heures m'a laissée de marbre, de granit plus exactement. Je comprends pourquoi je l'ai oublié. Je fais rire Jano au téléphone quand je lui dis à quel point j'ai trouvé le personnage principal « tarte », sans caractère, veule et amorphe. Quel supplice ! Quand sa fiancée lui propose de l'épouser, il refuse alors qu'il aime sa présence, sa beauté… Seul un homme peut écrire de telles aberrations ! Puis le malheureux, aveuglé par le soleil d'Algérie, tue sans le faire exprès un monsieur sur une plage. Dommage ! Il est condamné à mort, accablé car, selon un témoignage, il n'avait pas pleuré aux obsèques de sa mère… Moi non plus, j'ai choisi de chanter. J'aurais pu passer ma vie à pleurer mais les larmes ne prouvent rien.

C'est absurde ! « C'est exact, confirme Jano, Albert Camus dénonce l'absurdité de la vie. » Dans ce cas, c'est réussi. Je sais pourquoi je n'ai pas aimé ce livre, son message. Je suis en total désaccord ! Chaque vie a un sens, va dans un sens qui tôt ou tard se dessine.

Dans mon cahier d'écriture toujours à portée de main, je relis des anecdotes, des idées, mon projet idéal avec Lili, mes jours de croisière, la présence de ma mère, les lignes de Pierre… et j'éprouve le besoin d'écrire, de relier ces mots entre eux, de retrouver mes lecteurs. Je décide alors avec délice de m'atteler dès à présent à un nouveau livre.

Quand Tara rentre du cheval, nous faisons une partie de Mille Bornes qu'elle gagne toujours et cela m'énerve. Pourquoi est-ce que je ne tire jamais la carte de l'hirondelle qui va à deux cents kilomètres par heure ?… Alors on part prendre l'air, qu'il pleuve ou qu'il vente, peu importe, Tara et moi avons du sang breton, on passe des cirés jaunes et on va faire le tour du chemin des Douaniers, un sentier bordé d'herbes hautes, taillé dans la roche au-dessus du port comme le pont d'un navire immobile voguant sur les plages immenses. Certains soirs, glissant derrière le ciel, on aperçoit à l'horizon la lueur du soleil qui tombe dans l'eau.

Il neige à Paris. Je téléphone à M. Poussin pendant les informations car je sais qu'il allume son appareil auditif pour les écouter. Il va « couci-couça », il a ses moments de brouillard, « de neige même, dit-il, comme sur les toits ! ». Henriette et Stéphanie passent chaque jour et il ne sort pas, les trottoirs sont dangereux. Mais il peut tenir un siège ! m'assure-t-il. Il a des réserves de corned-beef comme à l'armée, de poires au sirop et de Fanta orange… Je promets qu'à mon retour, on changera le menu.

Les vacances en Bretagne sont finies. Nous repartons à Paris. Il ne neige plus, mais les parcs et les toits sont encore blancs. Ce décor immaculé a un air de conte, de vie idéale.

Sur ma page Facebook et dans ma messagerie, j'ai une vraie belle surprise. Des dizaines de messages de ceux que j'ai nommés « mes Anges », de personnes qui après la *Star Academy* me disent au revoir, me demandent s'il y aura une autre saison, quels sont mes projets maintenant, comment je vais, comment va Tara... Je suis touchée, ce lien par Facebook me séduit de plus en plus. Il n'a rien de virtuel. Ce que je reçois et tente d'offrir est bien réel. Je remercie chacun et réponds avec le flou qui caractérise mon avenir. D'où l'expression de flou artistique...

Dans ma messagerie, le titre d'un courriel attire immédiatement mon attention : *NOTRE CROIX.*

Je lis :

Ma Charlotte,

Tu as quitté le château et mon écran en couleur, je ne verrai plus NOTRE croix. Cela va me manquer, TU vas me manquer, je viendrai donc à toi,

À bientôt.

J'avais oublié l'origine inconnue de ce bijou que je ne quitte plus. Le message date de quelques jours, bien sûr il n'est pas signé et l'adresse finissant par hotmail.com est impersonnelle. Je n'ai communiqué mon adresse e-mail qu'une seule fois, pendant l'émission de France Inter. Pourquoi est-ce que les gens sur Internet ou sur les réseaux sociaux ont-ils une telle propension à s'exprimer de façon masquée ou anonyme ?

Un peu plus haut, je trouve un autre message plus récent, sans objet, qui m'avait échappé.

Ma Charlotte,

Tu dois te demander pourquoi j'écris NOTRE croix... T'énerver contre mon anonymat ! Eh bien, tout simplement, parce que cette croix était à moi ! Et puis tu as toujours aimé le suspense, n'est-ce pas ? Tu as été très occupée ces derniers mois, maintenant on va pouvoir échanger et se revoir... Si tu le veux ! Quand tu me découvriras. Tu es d'accord ?

Réponds-moi.

Je t'embrasse.

Je cherche d'autres messages mais n'en trouve pas. Je vais enfin savoir qui m'a offert ces diamants ! Je relis. Il s'agirait donc de quelqu'un que je connais puisqu'il veut me « revoir » et qu'il sait que cette croix n'était pas à moi…

Bien sûr, je pense à Yann comme chaque fois, nous avons prévu de nous voir au printemps, dans quelques semaines donc, et il est impossible que Yann m'ait approchée jusqu'à toucher mon sac sans que je le voie, le ressente… Nous nous sommes pourtant croisés à Paris en décembre au Lutetia… Mais quand ai-je trouvé cette croix ?… C'était avant Noël ! Cela ne peut pas être au Lutetia donc… J'ai trouvé cette croix au début de la *Star Academy*. Peut-être l'a-t-il glissée début novembre quand il est venu à Paris pour se recueillir auprès de Virginie. Dois-je l'appeler ?… Encore ?… Il va penser qu'il m'obsède et s'en réjouira… Lili revient demain, je soumettrai cette nouvelle énigme à Miss Marple, qui avait raison d'ailleurs, elle m'avait annoncé que le propriétaire de cette croix se manifesterait forcément un jour.

Tara est entrée sans bruit dans le salon, j'étais tellement subjuguée que je ne l'ai pas entendue. Elle a lu par-dessus mon épaule. Je sursaute quand elle me parle :

— C'est le monsieur qui t'a offert cette croix ! Tu vois que tu as un nouvel amoureux…

Lors de notre dîner spécial « débriefing vacances », Lili m'explique combien son séjour avec Luc et les enfants a été harmonieux et qu'il faut absolument que je vive ce qu'elle vit et… que je m'inscrive pour un *dark date* comme je l'avais promis.

Je lis alors sur mon smartphone les messages trouvés hier à mon retour. Elle sourit sans surprise et s'exclame :

— Ah, enfin ! Le prince à la croix débarque ! Je savais que tu ne me suivrais pas de loin... C'est lui ton *big love* !

Elle s'arrête un instant puis reprend :

— N'allons pas trop vite, assure-toi d'abord que ce n'est pas un de ces mythos qui fleurissent sur le Net... Demande des précisions sur la croix ! S'il est vraiment le propriétaire, alors on avisera...

Chez moi, couchée dans mon lit, je suis les indications de Miss Marple et écris sur ma tablette :

Bonjour,

J'aime le suspense en effet, ça m'amuse et ça me distrait ! Et je trouverai vite qui tu es ! Si on se connaît vraiment...

Avant tout, que peux-tu me dire au sujet de cette croix ?

Charlotte

P.-S. Si on se connaît, tu as peut-être gardé mon numéro de téléphone !

Le lendemain matin, je lis en frissonnant :

Harry Winston !

P.-S. Te parler au téléphone serait trop direct, émouvant, rapide, il nous faut un peu de temps... Tu aimes le suspense et les manières romantiques...

L'inconnu me connaît bien... Mais Lili que je joins me dit que cela ne suffit pas, tout le monde aime le suspense et le romantisme. La croix est un modèle classique de la marque que mon « prince », comme elle le nomme, a peut-être reconnu ou identifié. « Demande-lui la façon dont il te l'a offerte... Ça, il ne pourra pas l'inventer ! »

J'obéis à Lili et pose la question à l'inconnu en ajoutant :

Un peu de temps pour quoi ?

Quelques heures plus tard, je lis en frissonnant davantage :
J'ai glissé notre croix dans ton sac. Convaincue ?
Un peu de temps... pour nous retrouver...

— Formidable ! s'écrie Lili au téléphone, j'adore tes histoires… Faut mettre celle-là dans ton bouquin, c'est du pain bénit, ma belle ! Maintenant, réfléchis… Ce n'est quand même pas sorcier ! Qui des quelques hommes de ta vie pourrait t'offrir ce bijou ? Une croix en diamants Harry Winston !!! Il n'y en a pas trente-six ! Et demande-lui ce qu'il veut maintenant, le suspense, ça va un temps, mais il faudrait un peu d'action ! Ça irait bien plus vite avec un *dark date*… D'ailleurs, j'ai l'intuition que ton « prince » ne serait pas contre un petit rendez-vous à l'aveugle dans un hôtel cosy que je vous choisirais… Si tu sèches, tu peux toujours enquêter sur l'adresse e-mail, tu vas à la police et tu portes plainte. Ça prend du temps, mais ma cousine l'a fait, elle était harcelée par des messages anonymes, il y en a de plus en plus, et elle a su, c'était un ex aussi !

— Porter plainte pour quoi ? Parce qu'un homme m'a offert une croix en diamants ? Je les ai déjà embêtés avec ton *dark date*, ça va comme ça. D'ailleurs j'ai oublié de te dire, Luc n'est pas fiché.

— Grâce à Dieu ! Oh, tu avais enquêté… Tu t'en faisais pour moi…

— Je m'en fais toujours pour toi !

— Moi aussi. Trouve l'amour maintenant ! Perce ce dernier mystère et je serai rassurée…

Dans mon salon, allongée sur le canapé parmi mes chats, je réfléchis aux hommes de ma vie en massant mon ventre avec une nouvelle lotion bio recommandée par mon pharmacien, composée d'huile essentielle de noyaux d'abricots et de caféine, pour venir à bout de cette disgrâce corporelle qui me stresse… J'ai aussi commandé par téléachat une gaine révolutionnaire qui garantit une taille de guêpe…

Les hommes de ma vie… qui pourraient m'offrir un tel bijou… et surtout vouloir me « retrouver », effectivement, comme dit Lili, il n'y en a pas trente-six ! Ni même dix… Seulement trois ou quatre.

J'ai une pensée furtive pour mon ex-mari qui avait une vraie fantaisie romantique mais il vit en couple désormais, sa compagne attend un enfant, je n'ai pas de contact avec lui et je ne pose jamais de questions à Tara, c'est plus confortable et clair pour elle.

Steven ? Mon cardiologue amoureux, le frère de mon ami Antoine, cet homme parti si brutalement de ma vie sans jamais donner la moindre explication, le moindre signe de vie… Aurait-il des remords ?… Voudrait-il me reconquérir doucement, lentement, mystérieusement ?… J'appelle Antoine. Son frère, dont on ne parle jamais ensemble, va bientôt se marier et ne demande jamais de mes nouvelles… J'abrège notre conversation qui devient pénible.

François ? Mon chef opérateur, fou de cinéma, mon motard cascadeur… dont j'étais tombée enceinte par accident à l'époque où aucune garantie sur la santé de l'enfant ne pouvait nous être donnée… Une chance sur deux… J'avais avorté à contrecœur… François voulait garder l'enfant, il était confiant et se fichait des statistiques… Il a du succès maintenant, il travaille avec Guillaume Canet, je sais qu'il n'est pas marié… Sa mère était adorable et… très croyante ! Il me semble qu'elle portait une jolie croix ! J'appelle immédiatement une amie qui est restée en contact avec lui. François a une copine mais « sans plus… », dit-elle, et « il parle souvent de toi… ». Il revient d'un tournage de plusieurs mois et repart dans quelques semaines. Cela pourrait expliquer pourquoi il ne m'a pas contactée après avoir placé la croix dans mon sac. Maintenant qu'il côtoie des grands noms du cinéma, il pourrait inventer un tel scénario… Mon ventre se plie à l'idée qu'il puisse être l'auteur de ces mails… J'aimais beaucoup François…

Et enfin Yann ! Avec lui, tout reste possible…

L'étau se resserre donc, en résumé c'est Yann ou François ! Voilà selon Pierre « l'amour du passé » qui revient.

Dans la soirée, j'envoie un mail au bluff en me retenant d'appeler au téléphone : *Je sais qui tu es ! Un amour du passé ! Quand veux-tu me retrouver ?*

La réponse surgit rapidement : *Et du présent aussi j'espère... On se retrouvera... Je le veux... Quand tu m'auras découvert !*

Je m'endors un sourire aux lèvres, en songeant que ces jeux, cette correspondance, sont bien agréables, originaux… J'y vois une volonté recherchée, préméditée, romantique de revenir vers moi, cette croix déposée il y a des mois déjà, dans mon sac. J'aime cette attente, cette patience d'un autre temps. Quel que soit l'auteur de ces courriels, je serais heureuse de le revoir, même un instant…

Quelques jours passent sans nouvelles. Lili me questionne quotidiennement, elle s'impatiente et moi aussi.

Domino

Un matin, ma correspondance prend une tournure totalement différente. Je lis : *Tu étais jolie hier avec tes bottes de motard et ton manteau kaki qui cachait notre croix...*

Je bondis sur ma chaise. L'inconnu décrit précisément comment j'étais habillée…

J'écris aussitôt : *??? !!!* et ne reçois aucune réponse.

J'appelle Lili et lui lis le mail. Elle se régale :

— Génial ! Il t'a vue ou suivie… Le loup se rapproche de la bergerie… C'est Yann ! J'en suis certaine. Cet homme est un diable qui cache si bien les choses… Il tente de te revoir depuis longtemps et tu résistes, tu feins l'indifférence. « Oui, je te reverrai au printemps avec plaisir… » (Lili m'imite en prenant une voix distante), alors il échafaude un nouveau plan, de nouvelles ruses, il veut te surprendre… J'adore ! Il était donc à Paris hier ?! Il y est peut-être encore ! Il va débarquer en pleine nuit comme il l'a déjà fait. Il a toujours la clé de chez toi ?

— Oui, j'imagine… S'il ne l'a pas perdue…

Le lendemain, l'inconnu décrit à nouveau ma tenue de la veille ainsi que celle de Lili qui m'accompagnait.

Je craque, j'appelle Yann. Il répond immédiatement en me saluant d'un air surpris. Je suis très directe.

— Tu es à Paris ?

Il hésite avant de répondre :

— À Londres… Je repars à Shanghai demain !

— Tu vas jouer longtemps comme ça ? dis-je, agacée.

— Quel jeu ?!

— Ces mails, mes tenues du jour, la croix !

J'explique à Yann ma correspondance, il me promet d'un calme olympien qu'il n'y est pour rien et m'interroge :

— Pourquoi m'appelles-tu chaque fois que tu reçois un message mystérieux ?!

— Devine !

— Et pourquoi dissimulerais-je mon nom puisqu'on se voit bientôt ?

— Quand exactement ?

— Au printemps, tu es toujours d'accord ?

— C'est quand le printemps pour toi ?

— Très bientôt ! Je viendrai en avril…

Lili me convoque pour un déjeuner de crise. Elle ne comprend plus rien. Pourtant c'est clair, c'est Yann ! Lili attrape mon téléphone et note sur un carnet chaque courriel de l'inconnu.

— On va procéder par élimination, dit-elle d'un ton déterminé, il faut être vraiment sûr pour Yann, surtout ne pas le sous-estimer. Appelle-le sur un téléphone FIXE.

— Il doit être dans l'avion, il repartait en Chine aujourd'hui.

— Dès qu'il atterrit, tu l'appelles avec Facetime, tu connais ?

Lili me montre cette fonction qui permet de voir son interlocuteur en même temps qu'on lui parle. Quelques heures plus tard, après plusieurs appels, je joins Yann. Il est encore dans un taxi et me montre, en tournant son téléphone vers la fenêtre, les buildings illuminés de Shanghai la nuit. « À bientôt, ma Charlotte… », murmure-t-il avant de raccrocher.

Le lendemain, je reçois un nouveau mail et appelle aussitôt Lili. En plus de notre description vestimentaire, l'inconnu mentionne le nom du restaurant où nous avons déjeuné !

Lili déclare, peu convaincue :

— C'est donc François… À moins que…

Lili a relu les mails et développe une autre théorie. Nous avons été trop vite. Nous ne sommes sûres que d'une seule chose : il s'agit bien du propriétaire de la croix mais rien ne prouve que c'est un ancien amoureux ! C'est peut-être un homme qui m'aime en secret, n'ose pas m'aborder parce que je suis connue et a voulu m'impressionner avec un gros cadeau. Chaque jour où il nous a décrites, nous étions rue de Sèvres. Hier, nous n'avons fait que quelques mètres avant d'aller au restaurant et rentrer. Il est impossible que ce soit quelqu'un qui vienne dans notre rue et attende des heures que je sorte de chez moi pour me suivre.

— Tu vois où je veux en venir ?! dit Lili avec assurance.

— Pas du tout...

— Il ne t'attend pas devant chez toi... Il te voit passer ! Soit c'est François, soit c'est quelqu'un que tu as charmé en le croisant depuis des années dans la rue de Sèvres parce qu'il y travaille ! Il te guette et, quand tu passes, il te suit...

— Quelle histoire !

Lili me convainc que nous fassions ensemble dès aujourd'hui une visite « approfondie » de tous mes commerçants préférés de la rue de Sèvres. En mouton amusé, j'accepte.

J'ai reçu ma nouvelle gaine magique commandée par télé-achat, et je l'enfile pour mon défilé rue de Sèvres. Effectivement, ma taille est plus fine, mais je frôle l'asphyxie.

Nous commençons par notre caviste dont j'ai toujours su qu'il était un peu charmé mais quand je l'embrasse en caressant ostensiblement ma croix, avec dans mes yeux un message silencieux qui dit « C'est vous qui m'aimez, n'est-ce pas ? », cela ne lui fait rien de plus que d'habitude. Lili l'observe en mentaliste. « Ce n'est pas lui ! » dit-elle en sortant. Je suis d'accord.

En descendant la rue, par moments je me retourne brusquement en faisant peur aux passants. Lili hurle de rire pendant que je vérifie que François ne nous suit pas.

Dans l'agence immobilière devant laquelle je passe chaque jour, je discute avec ce charmant conseiller commercial à qui j'ai laissé mes coordonnées il y a deux ans quand j'ai cru devoir déménager. « Bonjour... » Je caresse ma croix, mes cheveux, fais le même cinéma, dis vaguement que je cherche un autre appartement, Lili scrute la moindre de ses réactions et dit en sortant : « Ce n'est pas lui non plus ! »

En entrant chez mon pharmacien, je réalise que j'ai un faible pour cet homme de mon âge toujours agréable, rassurant, content de me voir, plutôt beau garçon, et là j'en fais des tonnes. Je souris à m'en distendre les lèvres et papote lentement :

— Bonjour, docteur… Je passe juste comme ça pour faire un coucou…

— Je vous en prie… C'est gentil, vous êtes ici chez vous…

C'est vrai que je passe plus de temps dans cette pharmacie qu'à Carrefour Market… Son épouse n'est pas là, j'en profite, je papillonne dans le rayon parfumerie, Lili m'imite, j'achète un savon parfumé puis dis en me penchant à la caisse :

— Vous aimez ma croix ? C'est un cadeau…

— Oui, elle est très jolie, je l'avais remarquée déjà…

Mon pharmacien est charmant mais désespérément serein. « Pas lui non plus ! » lance Lili dans la rue.

Je commence à me lasser de mon numéro et surtout de cette satanée gaine qui m'enserre comme un boa constricteur ! Lili me convainc de continuer, il ne reste que quelques boutiques…

Nous terminons par mon vétérinaire à côté du Bon Marché qui a fenêtre sur rue, et le responsable de la boutique SFR qui m'adresse toujours des clins d'œil. Si tout le monde est charmant, agréablement surpris par mon comportement très affectueux, personne n'affiche le moindre trouble qui puisse trahir le tendre inconnu qui m'espionne…

Au bout de la rue et au bord de l'embolie pulmonaire, je déclare la fin de mon défilé. Nous rentrons dans un café et je cours aux toilettes pour jeter ma gaine.

Lili déclare : « Pas concluant mais très amusant ! » Elle me conseille maintenant de donner rendez-vous au « prince » tout simplement. « On en a fait assez comme ça ! »

— Tu peux aussi appeler François…, ajoute-t-elle. Tu seras fixée !

— Non… Si ce n'est pas lui, c'est lourd, « super relou » comme dirait Tara !

— Eh bien, demande au moins une preuve que cet homme te connaît… Un détail intime…

Épilogue ! Le soir même, je lis avec délectation la réponse de l'inconnu qui décrit une caractéristique de mon anatomie que seul un amant peut connaître… J'appelle Lili aussitôt.

— Maintenant c'est clair, c'est François ! dit-elle. Mais c'est quoi ce détail intime ? Tu n'es pas tatouée ?

— Un secret que tu découvriras à l'étape 10 !

— Dis-moi, je sais tout de toi !

— Non.

— Tu es bien sûre que seul un amant peut le connaître ?

— Oui ! Je n'ai pas encore diffusé de photo de mes fesses sur Facebook !

— C'est donc là… Intéressant… Qu'est-ce que ça peut bien être ?…

Lili prend une voix suspicieuse, je ris, puis elle lance :

— Si tu ne me dis pas… je te déculotte la prochaine fois !

— Ce ne sera pas la peine… C'est juste trois grains de beauté identiques et alignés qui font rire Tara parce que ça fait « domino »…

Sans dire que je l'ai reconnu, je propose un rendez-vous à François. Mais pas n'importe lequel. C'est l'occasion ou jamais de tenir ma promesse, « le truc fou » sans le moindre risque ! J'évoque un *dark date* dans la continuation de ces échanges mystérieux qui m'ont fait frissonner… Une chambre d'hôtel dans l'obscurité, choisie par Lili… Un tel suspense mérite bien un peu de piquant !

La réponse fuse :

OK, géniale l'idée ! Je ne suis pas disponible en ce moment – je sais qu'il repart en tournage –, *je t'expliquerai, j'ai envie d'être à cent pour cent disponible pour toi, le mois prochain te conviendrait ?*

Le rendez-vous est pris mi-avril…

Nous échangeons quelques courriels, toujours anonymes, toujours agréables, et je commence à compter les jours jusqu'à mon *dark date*.

Une médaille en chocolat

Le 10 avril, une autre surprise me ravit.

Dans les grands salons du ministère de la Culture, Aurélie Filippetti me remet les insignes de chevalier de l'ordre des Arts et des Lettres. La comédienne et chanteuse Lou Doillon est également décorée devant sa maman, Jane Birkin.

J'ai été prévenue par un simple courrier quelques jours avant. Mon ami producteur Dominique Besnehard, qui était mon agent à mes débuts, m'en parlait de temps à autre en répétant que je méritais cette distinction. Mais pour quoi ? « Pour tout, ma chérie ! » répondait-il évasivement. Je sais qu'il a œuvré pour que je l'obtienne car je n'ai rien demandé. Je connaissais à peine cette médaille.

Mon père vient de Bretagne, je sens qu'il est fier sans me le dire. Ma sœur Aude l'accompagne. Elle m'avoue aujourd'hui pour la première fois qu'elle a été blessée que son personnage soit absent de l'adaptation télévisuelle de mon autobiographie. Ma petite sœur a raison, elle est le noyau dur de ces souvenirs. Je réponds que ce sont des manigances de producteur pour couper les budgets et je la serre dans mes bras. Tous mes proches sont là, la famille aussi, mes tantes élégantes et mes cousins aux yeux bleus. Je porte une veste avec des ailes d'ange en strass dessinées dans le dos. La ministre fait un beau discours qui retrace tout mon parcours de comédienne jusqu'à mes livres. Mon cousin Jano est juste dans mon dos, je sais qu'il est heureux pour moi et fier. Quand je dois parler, énoncer quelques mots que j'ai préparés devant cette petite foule d'intimes, j'ai un trac fou, malgré des années de théâtre ! Ma fille se dresse face à moi, pour une fois elle boit mes paroles et je ne vois plus qu'elle. Quand les applaudissements retentissent, dans cette clameur heureuse qui persiste, je vois le film express de ma drôle de vie comme quand on meurt, la plage du « Val », la rue des Meuniers à Paris, maman après le dîner fumant l'unique cigarette de sa journée, une Peter Stuyvesant dont elle soufflait les volutes en silence, mon premier succès *Rouge baiser*, le tourbillon fou, les nuits électriques du *Palace* avec Dominique qui applaudit aujourd'hui devant moi, le carré VIP embrumé où il m'a présenté mon rockeur vénéneux… et la bascule, le grand brouillard, ma Lili, la télévision, ma fille, mes amoureux, ma greffe, Virginie, mon divorce, mon premier livre… Serais-je récompensée si j'étais en bonne santé ? Ma pensée s'enfuit, je n'aime pas les phrases qui commencent par « Si ». Je préfère ce qui existe vraiment, ce moment. Quand la ministre accroche solennellement le ruban brun au revers de ma veste, j'ai ce réflexe d'enfant de serrer fort la médaille entre mes doigts pour m'assurer que je ne rêve pas, qu'elle est bien à moi et pas en chocolat.

J'avais invité François par un SMS timide, persuadée qu'il ne viendrait pas pour ne pas déflorer notre surprise. Il n'est pas venu…

Dark date

Quelques jours après, je marche, fébrile, mais d'un pas alerte, vers cet « hôtel de charme » que Lili a choisi à côté du pont des Arts. Elle a réservé « une grande chambre » à nos deux noms. Mon chaperon me suit.

Il s'agit de ma version simplifiée, rassurante, du *dark date*, celle où l'on sait qui l'on va rencontrer. Je n'ai transmis aucune photo à Lili, c'est inutile, elle sait tout de moi. Elle est tout à fait sereine. Elle se réjouit simplement de mon rendez-vous, mes retrouvailles. Lili me rappelle que cette expérience sensuelle a changé sa vie, je lui rappelle à mon tour que je connais François. Ces retrouvailles à l'aveugle sont un jeu. Nous sommes de vieux amants. Je doute qu'elles soient sensuelles et plus encore sexuelles. Ce sera émouvant, ce sera bien et dans le noir on ne verra pas la trace du temps. On pourra facilement revenir en arrière.

Je n'ai pas de nouvelles de Yann, on devrait pourtant se voir bientôt, j'attends la date et l'heure, l'initiative lui revient.

Devant l'hôtel, Lili reçoit un SMS qu'elle découvre en souriant et déclare aussitôt qu'elle doit me quitter.

— Tu ne restes pas un peu ?! dis-je, surprise.

— Tout se passera bien, crois-moi…

Lili est sûre d'elle. Mon intuition aussi est bonne, mais au fond de moi demeure l'ombre d'un doute, je n'ai pas la moindre preuve formelle de l'identité de celui qui m'attend. Lili m'embrasse et s'en va. À la réception, je donne mon passeport avec mon vrai nom.

— L'autre personne est déjà arrivée…, dit le garçon en me tendant la clé magnétique de la chambre, le même modèle qu'en croisière. Souhaitez-vous que l'on vous accompagne ?

— Non, merci…

Le tempo de mon cœur accélère lentement. Je suis les indications du garçon. Je prends l'ascenseur, sors au dernier étage. Au fond du couloir, sur la porte brune, je plaque l'oreille et n'entends que le silence et mon pouls qui résonne. Je glisse la clé, une diode verte clignote, j'entre à pas de chat dans l'obscurité. Je pose mon sac à terre et tends les bras pour toucher les murs.

Ma gorge se serre, j'espère que François… soudain, je doute… que cet homme sait que mon cœur est fragile car, s'il surgissait du néant en hurlant, je tomberais raide morte. J'avance dans le noir absolu, les yeux encore éblouis de jour, je marche dans un couloir étroit et long. L'air est chauffé, je ressens soudain les tremblements du métro parisien qui passe sous terre. J'avance, le sol semble bouger encore, on dirait qu'il peut se dérober à tout moment. Mon équilibre vacille, je pourrais tomber maintenant, j'ai présumé de mes forces, je ne supporte plus cet aveuglement et la faiblesse de mes jambes, ce silence. Lentement mon regard apprivoise le noir. Au fond, sur un mur, je discerne des lignes plus claires, des traits fins verticaux, ce doit être les fenêtres de la pièce dans laquelle je pénètre. Où est-il ?… Je murmure : « Il y a quelqu'un ? » Je suis prise de peur, une peur délicieuse, un sentiment inconnu, mon esprit veut s'enfuir mais mon corps reste. Je ne sais plus qui est là, ce que je fais là, tout est inconnu.

Un écran minuscule s'éclaire soudain sur une table basse, j'ai vu l'ombre d'une main passer comme un battement d'ailes. J'avance vers elle et une musique s'élève, doucement, un violoncelle lancinant… Ma jambe touche la table au centre de la grande pièce. J'aime les cordes pincées, frémissantes de cette chanson que je reconnais dès les premiers accords, *Madame rêve* d'Alain Bashung, mais je ne me souviens pas de l'homme qui l'aimait. « *Madame rêve… d'un amour qui la flingue, d'une fusée qui l'épingle, au ciel. On est loin des amours de loin… On est loin…* » Je ferme les yeux, debout, bercée, emplie de ces mots, de cet air, sans savoir où aller, où m'asseoir, m'allonger, je tournoie immobile, la musique joue. Mon cœur s'emballe quand je l'entends marcher derrière moi, je reste figée, je reconnais ce parfum… Il souffle dans mon cou que je couvre aussitôt de ma main, il souffle sur ma main, effleure mes doigts, il se dresse dans mon dos et j'aime son parfum. C'est donc lui… Comment est-ce possible ?… Je n'y comprends rien… Mon esprit se trouble… Il m'enserre. Je me laisse prendre, il embrasse mes cheveux, je me retourne, il m'étouffe de sa bouche, nous tombons ensemble, à terre… Yann est dans mes bras pour quelques heures…

Les lignes claires autour des fenêtres ont disparu. La nuit est tombée et l'air de la chambre s'est chargé d'une vapeur légère. Je caresse le dos nu et humide de Yann qui s'est endormi. Je suis électrisée, incapable de repos. Je quitte la chambre sans l'éclairer, sans un bruit, sans qu'il le remarque. Je marche dans la rue jusqu'à la Seine proche. Mon téléphone retentit. Il me cherche déjà. Je lui parle. Je le rejoindrai pour dîner, pour le voir éclairé.

Yann au téléphone me dit tout. La complicité de Lili qui m'abasourdit ! Elle a fait à Yann chaque jour la description de mes tenues, elle lui a raconté la croix trouvée dans mon sac, il en a fait toute une histoire pour me retrouver, sans que je sache qui il était, pour que je vienne à lui sans réfléchir, sans mes peurs inutiles. Il rêvait d'un rendez-vous comme une première rencontre.

Stupéfaite, survoltée, j'appelle Lili. Je crie, je ris, je hurle. Lili avoue tout. Je l'écoute, médusée. Après la *Star Academy*, elle craignait que je déprime, que je me sente délaissée alors qu'elle était heureuse avec Luc. Yann l'avait sollicitée plusieurs fois, elle me l'avait dit. Alors elle a eu cette idée. Ça l'a amusée mais elle l'a fait pour moi, convaincue, ce n'était pas un jeu, c'est « pour mon bien ».

— Il fallait que tu le revoies…, dit-elle. Tu ne m'en veux pas, n'est-ce pas ? C'est lui que tu cherches, que tu t'efforces d'oublier, de retrouver dans un autre homme… Je suis tellement heureuse pour toi !! (Puis elle reprend plus doucement.) Tu sais qu'il te reste un dernier mystère à éclaircir ?… Ce n'est pas Yann qui a placé cette croix dans ton sac, il a juste utilisé cette histoire pour t'écrire…

— Mais quelle comédienne tu fais ! Je te pensais incapable de mentir… Je te découvre après vingt ans ! C'est insensé… Un agent double ! (Les ruses de Lili me reviennent, j'imite sa voix d'ange et ses battements de cils.) « J'adore tes histoires !... Va à la police et tu sauras... Je suis sûre que c'est Yann !... Oh ! J'ai une idée, on va faire toute la rue de Sèvres ensemble ! » Et qui passe pour une allumeuse dans tout le quartier ? Pour une pauvre givrée qui fait les yeux doux à son pharmacien marié en caressant sa croix ??!! C'est bibi ! Mes histoires, c'est toi qui les écris ! Tes *dark dates*, ta croisière, Attractive World...

— Avoue que cette histoire se termine bien ! Tu as passé une bonne journée, sainte Charlotte... Vive notre libido ! Tu pourrais me remercier au lieu de me faire une scène ! Tu es détendue, occupée, passionnée...

— C'est fini maintenant ? Tu te calmes ? Je vais pouvoir passer un été serein ?

— L'été, ce sera plus calme, je te le promets, juste Las Vegas, très soft, rien que nous deux... Lili et Lolotte chez les cow-boys... Pourtant il reste ce mystère... Cette croix n'est quand même pas tombée du ciel !

— Stop ! On va dire que si ! Précisément, elle est tombée du ciel ! J'arrête les mystères et nos plans d'action, j'ai besoin de repos, je l'ai mérité.

— D'accord... Mais n'oublie pas ton dîner... Bon appétit, ma belle...

Yann m'invite dans ce restaurant décoré d'une multitude de bougies, de cristaux, où nous avons déjà dîné plusieurs fois.

Nous nous parlons comme avant, comme si rien n'avait changé. Cela se produit avec les êtres que l'on continue d'aimer.

— Te souviens-tu des premiers mots que je t'ai dits ? La toute première fois ? me demande-t-il.

— Non.

— « Je suis fan de vous, j'ai vu le film *Rouge baiser* tant de fois... » Tu comprends ? Je t'ai aimée dès que je t'ai vue sur un écran, bien avant nous, avant tout, dans le noir comme dans cette chambre…

Yann vit toujours avec sa compagne australienne qu'il évoque à peine, il est fou de sa fille, ils resteront en Chine encore quelques années, mais… il voudrait qu'on invente ensemble quelque chose de nouveau. Je l'avais évoqué dans une lettre qu'il me rappelle. Il n'a rien oublié, il attend, il voudrait quelques rencontres rares, des éclipses amoureuses, des heures infinies à deux, il voudrait que l'on sache toujours, même de l'autre côté de la Terre, qu'on est là l'un pour l'autre, chacun dans nos vies différentes mais prêts à voler s'il le fallait. Il voudrait qu'on se retrouve, toujours, que rien ne s'arrête jamais, rien.

— Quoi ? Comment ? dis-je.

— Comme aujourd'hui… Notre histoire est rare, elle échappe à tout… S'il te plaît…

— Quelques heures par an ?

— Plus…

Je songe, je réfléchis, peu, je n'hésite plus, j'arrête de me forcer à oublier, je n'ai plus de culpabilité, je suis d'accord pour « inventer quelque chose de nouveau », pour un rendez-vous, un écart dans notre liberté, si et seulement si cela reste léger comme aujourd'hui, un bonheur passager, mais uniquement du bonheur.

Je m'entends prononcer, comme parlant d'une autre voix :

— Au printemps et avant l'hiver, juste ça…

Yann sourit.

Nous marchons jusqu'à l'hôtel en longeant la Seine et traversons le pont des Arts.

Yann est parti tôt ce matin, loin. Je ne l'ai pas entendu quitter la chambre. Je ne suis pas triste. Je suis d'accord.

Sur la table basse, Yann a oublié sa petite boîte à musique argentée, j'ouvre les rideaux et, dans la clarté du jour, je rejoue *Madame rêve…*

Le carré des indigents

Avril s'écoule paisiblement. J'échange quelques courriels avec Yann qu'il signe « Vive l'hiver ».

Je vois ma Lili, quelques amis, j'écris.

J'aide Tara qui peine un peu à l'école. Elle a des capacités mais l'esprit ailleurs.

Un jour de mai, je croise M. Poussin dans un rayon du Carrefour Market. Ce matin, quand je l'ai embrassé, il semblait pourtant comme d'habitude, embrumé mais présent, calme.

Il est devant moi, toujours en pyjama, et s'agite pour attraper une conserve trop haute. Je l'interpelle, il ne se retourne pas. Je prends son bras, il me repousse en disant : « Laissez-moi enfin ! » Je reste debout près de lui, il me regarde fixement, absent, puis se hisse encore pour agripper l'étagère. Je reprends son bras. Il se laisse faire, me regarde et dit :

— Ah… vous êtes là…

— Vous êtes en pyjama, parrain…

Monsieur Poussin se regarde longuement sans rien dire.

— Il faut aller chez le docteur…, dis-je. Maintenant, allez, on y va, s'il vous plaît, venez…

Je laisse sur place mes courses et nous montons dans un taxi en direction des urgences de l'hôpital Saint-Paul.

Quelques heures plus tard, après plusieurs tests et entretiens auxquels j'assiste, les résultats d'un scanner en main, le neurologue diagnostique la maladie d'Alzheimer au stade 2, bientôt 3. Monsieur Poussin va perdre toute autonomie. Quand ? Dans quelques semaines, quelques mois. Il ne pourra pas rester seul chez lui, affirme le docteur. Il parle à M. Poussin qui semble comprendre et ne fait qu'acquiescer.

Après l'entretien, on s'assoit tous les deux dans le couloir. Je lui parle aussi. Il acquiesce encore sans rien dire. On se rend à l'accueil, puis dans un autre bureau où on m'explique les démarches à entreprendre pour que M. Poussin puisse être placé dans un lieu spécialisé où il sera soigné. Il est d'accord. En attendant, il va pouvoir bénéficier d'une aide à domicile d'urgence, tous les matins.

Je continue notre système de veille avec Henriette et Stéphanie. Lili me remplace pendant ces quelques jours où j'ai prévu d'emmener Tara en Bretagne. Dans le train du retour, en fin d'après-midi, je reçois un appel des pompiers. Ils ont emmené M. Poussin. Une voisine les a alertés en sentant le gaz dans l'escalier.

Je lui rends visite à l'hôpital dès le lendemain. Il me reconnaît et répète sans cesse que « Madeleine est morte ». L'infirmière me demande qui est Madeleine, car M. Poussin ne veut pas répondre. Je dis que c'est sa femme et son oiseau. Hier soir en arrivant, je suis allée chez lui. J'ai pris quelques affaires à lui apporter et j'ai découvert dans la cage son canari posé sur le côté. Le gaz a dû s'échapper longtemps. Je m'en veux d'être partie.

Après l'hôpital, M. Poussin va être placé sous tutelle et transféré dans un établissement au sud de Paris. Il faut que je rapporte encore d'autres affaires, il n'en a pas assez. L'infirmière me montre le petit sac que M. Poussin a emporté avec lui. Si possible, je devrais marquer son nom sur chaque vêtement, chaque serviette, « avec un ruban thermocollant », précise-t-elle. En partant, j'embrasse M. Poussin sur le front. Il me sourit. Je lui dis : « À demain, parrain. » Et il répond d'une voix normale qui me surprend : « À demain, mon petit. »

Il est mort dans la nuit. Arrêt cardiaque posttraumatique. L'hôpital m'a appelée pour que je vienne récupérer son sac et donner les coordonnées de ses proches et toutes les informations possibles pour faciliter le travail administratif. Le juge des tutelles n'a pas encore été saisi.

Une assistante sociale m'accueille à l'hôpital en me demandant qui je suis pour M. Poussin. Je lui explique. Des proches ? Non... Si, peut-être un neveu que je n'ai jamais vu. Est-ce que je connais le nom de sa banque ? Oui, elle est à côté de la mienne. Elle va se renseigner pour les obsèques, elle me rappellera. « Souhaitez-vous le voir une dernière fois ? — Non. » Je pleure dans le bus, son sac sur mes genoux. Chez moi, je vide son contenu sur mon lit sans savoir vraiment pourquoi. Je trouve un tube d'aspirine, vide, avec une étiquette collée sur laquelle est écrit en rouge : « Attention ! »

Il y a très peu d'argent sur le compte de M. Poussin. L'assistante qui me parle au téléphone paraît débordée, incompétente, peu concernée.

— Il va être enterré dans le carré des indigents, je vous donnerai l'adresse, lance-t-elle.

— Le quoi ?! répliqué-je, stupéfaite.

— C'est là qu'on enterre les gens qui n'ont rien. Vous connaissez sa religion ?

— Catholique. Ce n'est pas possible, le carré des indigents, mademoiselle ! Combien faut-il ?

— Je ne sais pas.

— Je vais m'en occuper, dis-je.

Je regarde dans le dictionnaire. « Indigent : malheureux, misérable, nécessiteux... » « Carré des indigents : anciennement fosse commune. » Sur Internet, je vois des dalles blanches, amassées les unes à côté des autres, sans nom, sans date.

L'assistante me rappelle. L'État paiera l'enterrement de M. Poussin qui était militaire.

Je tiens Lili et Henriette par la main dans le cimetière de Montparnasse. J'embrasse la dalle gris pâle à mes pieds en y déposant un cadre photo en fer de M. Poussin et de Madeleine. C'est un jour de printemps ensoleillé. Cette fois, le ciel n'est pas raccord. Au revoir, parrain.

Je garde un de ses fusils avec une crosse incrustée de nacre. Je l'ai pris chez lui comme il me l'avait dit, avec un cadre photo où il apparaît jeune homme, en uniforme. Et certains soirs plus clairs à l'approche de l'été, je scrute le ciel pour chercher Vénus.

Les Anges de Vegas

L'été est là qui nous réchauffe après un printemps froid, éprouvant. J'ai connu la joie de retrouver Yann et la peine de perdre mon parrain. Monsieur Poussin me manque bien plus que je ne le pensais. Yann aussi mais je le reverrai.

Lili est heureuse. Luc est agréable, attentionné, un peu trop selon moi, envahissant. On dirait qu'il veut rattraper le temps passé sans Lili. Aussi touchant qu'étouffant.

Lili a acheté un bout de terrain au bord d'une forêt derrière Versailles pour faire courir sa chienne. Luc est passionné de botanique, il y fait pousser toutes sortes de plantes. Il a proposé à Lili de changer le nom de Libido. Il en a marre d'être regardé bizarrement par les passants quand Lili appelle sa chienne.

Quand il n'est pas là, j'appelle Luc « Dédé », pour *Dark Date*. Petite vengeance qui amuse Lili. Libido ne répond pas à son nouveau nom : Lilas, choisi par Dédé. Mon vétérinaire dit que c'est trop tard. Avant de partir en vacances, Lili et Dédé trouvent un compromis idéal : Lido. À nouveau, ils me proposent de les accompagner avec Tara, mais je préfère décliner leur invitation.

Je suis invitée à un salon de la gastronomie dans le Var. Les festivals de cinéma m'ont oubliée. J'emmène Annie. La vue sur mer des chambres est magnifique et les menus que nous dégustons exceptionnels. Je rencontre Danielle Évenou qui, comme moi, joue « l'assistante de grand chef ». Danielle me fait mourir de rire. Pendant les pauses, elle me raconte sa participation à l'émission de télévision *Splash* et son saut en direct de cinq mètres dans une piscine illuminée. Elle a rédigé son testament avant de plonger. Elle a mis un certain temps avant de rejoindre le bord. « Ma première tentative de suicide ! » plaisante-t-elle en riant.

Aux côtés du grand chef, je dois cuisiner un « mendiant », spécialité provençale, et oublie la levure. Le chef ne comprend pas pourquoi le gâteau est si plat, je ne bronche pas.

Je poste mes aventures sur Facebook, ça amuse « mes Anges ». Je reçois régulièrement sur ma page des messages bouleversants auxquels je réponds toujours.

En août, j'ai une semaine avec Lili. Je l'attendais, elle aussi.

On part à Las Vegas selon notre promesse. C'est le mois le plus chaud de l'année mais « là-bas, tout est climatisé », m'assure Lili. Les grandes chaleurs me sont strictement interdites.

Les pieds sur le sol américain, après un vol d'une grande douceur, je demande à Lili :

— Pourquoi tenais-tu autant à venir ici ?

— Parce que c'est la ville du péché, *sin city*, et que je ne la connais pas !

— Et quel péché comptes-tu commettre ?

— Les péchés capitaux ! Ne faisons pas les choses à moitié : tous sauf l'avarice ! On peut se les partager. Il reste la colère, la luxure, l'envie, la gourmandise, l'orgueil et il m'en manque un…

— La paresse ! C'est pour moi avec la gourmandise.

— C'est tout ? s'étonne Lili.

— Tu m'as promis une semaine calme, on pourrait discuter, faire le point de notre année, de nos amours…

— J'ai surtout envie de pécher…

Nous descendons au Caesars Palace. Lili a insisté pour payer la chambre. « C'est ma tournée, tu paieras les hamburgers ! » Lili veut absolument se faire servir par les centurions romains body-buildés en jupe de cuir qu'elle a vus sur Internet. Mais au petit déjeuner, le monsieur âgé qui apporte nos toasts en habit noir n'est pas conforme à la publicité. Je suis surprise de l'âge de certaines personnes qui travaillent et semblent avoir soixante-dix ans. « Il y a peu de retraite ici, commente Lili. C'est à la dure ! Un pays très libre, où tout est possible, le meilleur comme le pire, très dur avec les faibles. »

L'hôtel est démesuré, excentrique, à l'image de cette ville née du désert il y a cent cinquante ans. Fidèle à ma promesse, je paresse autour de la piscine et erre dans les galeries marchandes tentaculaires. Lili est plus sage que prévu. Elle a Dédé dans la peau ! Nous nous rendons un soir à un spectacle de rodéo. Dans les couloirs, il y a une machine amusante, un simulateur, un large dos de taureau en plastique sur lequel on peut s'entraîner. Lili me propose d'essayer. Je remarque les épais coussins disposés tout autour et lui laisse l'honneur d'être pionnière. Cinq niveaux de difficulté. Lili m'interroge sur celui à choisir avant de glisser les pièces. Je lui conseille de commencer par le premier. Elle éclate de rire mais fait ce que je lui dis. Péché d'orgueil, elle ne tient la selle que d'une main. Le taureau se met à gigoter. Lili est éjectée en dix secondes. Ils vendent des photos-souvenirs avec le temps tenu sur la bête et l'indice de performance. Je les achète malgré les menaces de Lili.

Nous louons une voiture pour sillonner la vallée de la Mort, ses étendues ocre et désertiques. On s'arrête pour prendre une photo devant un cactus géant de western sur lequel s'est posé un vautour. La chaleur est écrasante. « Tu sais qu'on peut faire cuire un œuf sur les pierres ? » s'amuse Lili. Je regarde l'oiseau qui me fixe sans broncher. Je n'aime pas sa tête et rentre en vitesse dans la voiture.

— Tu sais que si la climatisation tombe en panne, je meurs ! dis-je à Lili, le visage rougi. C'est pour ça que le vautour attend ! Il veut ma carcasse.

Lili rit jaune et fait demi-tour aussi sec en faisant crisser les pneus de la grosse américaine comme dans *Starsky et Hutch*. Nous rentrons à l'hôtel.

Lili joue quelques fois aux machines à sous et perd ses sous. Je m'abstiens, je refuse de voir s'envoler si vite ce que l'on gagne si lentement et le gling-gling incessant des pièces qui tombent me stresse.

La veille du départ, nous jouons les parfaites touristes et survolons le Grand Canyon en hélicoptère. Le spectacle est grandiose. On dirait que la Terre s'est fendue devant je ne sais quel dieu. Tout en bas, à des centaines de mètres en dessous de nous, la rivière est un filet d'eau. Nous sommes dans les entrailles de la Terre et l'hélicoptère stationne dans le soleil couchant comme une libellule.

Le soir, sur la terrasse de l'hôtel qui domine la ville, je sirote un mojito en contemplant tout autour ce large cercle de points scintillants qui s'éteint au loin aux portes obscures du désert.

Lili veut parler d'amour. Elle est amoureuse de Luc.

— Vraiment ! Tu comprends ?

— De Dédé pot de colle ? dis-je en souriant.

— Oui, de Dédé pot de colle…

— C'est formidable… C'est vrai que tu as l'air heureuse…

— Et toi ? Yann…

— Oh… cette histoire nous dépasse. Elle est délicieusement impossible, mais j'aime notre accord secret… Et je reste libre pour le grand Amour, si jamais ce n'était pas lui…

— C'était bien, notre plan d'action, non ?

— Oui, c'était bien…

— On le refera ? Pour nos cinquante ans ! Faut un nouveau titre !

— On a un peu de temps…

— « Dans les griffes des cougars ! »

— Pari tenu !

Dans la nuit, prise d'insomnie, j'écris pendant que Lili dort comme un bébé. Je termine un passage où je revis la présence de ma mère, si puissante, son parfum… Ces impressions me manquent, voilà pourquoi je les écris. J'ai envie de parler de cette autre dimension que j'ai ressentie, vue. De ces âmes qui veillent, cette nuit encore, qui poussent ma plume. Pour écrire, j'ai emporté avec moi une photocopie un peu blanchie du portrait de maman que je regarde de temps en temps.

Je me réveille tard dans la matinée, entêtée par une phrase dont le sens pour l'instant m'échappe : « Va au bout du chemin… » Je la répète à voix basse et Lili me demande : « Qu'est-ce que tu marmonnes ? » Je redis la phrase, Lili me regarde, étonnée, puis s'exclame : « Eh bien, allons-y au bout du chemin ! Le taxi pour l'aéroport va bientôt arriver. »

Dans la voiture, je demande au chauffeur :

— Qu'y a-t-il au bout de la rue ?

— Le Strip, les casinos, la *hot life*.

— Et tout au bout ?

— Le désert…

— Et de l'autre côté ?

— Rien d'intéressant, la banlieue et une chapelle…

— Allons-y, s'il vous plaît.

— Mais l'aéroport est dans l'autre sens, dit le chauffeur, et c'est à une vingtaine de rues…

— Allons-y, nous sommes en avance…

Nous roulons pendant quelques kilomètres, les routes américaines sont infinies. Tout au bout, là où la rue est barrée par une autre rue, le chauffeur tourne à gauche puis à droite et je découvre la chapelle dont il parlait. Nous avançons lentement et je lis son nom avec stupéfaction : « La Cathédrale des anges gardiens… » Lili est surprise, amusée, elle prend une photo. Je sors de la voiture et entre quelques instants. La

« cathédrale » a la taille d'une grosse chapelle, elle est remplie d'anges peints ou sculptés. Devant la plus petite des statues, avec deux grandes ailes déployées, je glisse quelques pièces qu'il me reste et plusieurs bougies électriques s'allument. Je fais une courte prière sans objet particulier et nous partons.

— Incroyable cet endroit…, dis-je.

Dans le taxi, j'appelle Pierre. Il est encore tôt en France, mais il est matinal.

— Bonjour, Pierre, comment allez-vous ? Je vous appelle de Las Vegas ! Je ne vais pas parler trop longtemps. Je viens de visiter la Cathédrale…

— … des anges gardiens ! (Pierre finit ma phrase.) Ce n'est pas de la voyance, c'est la seule cathédrale au monde qui leur soit dédiée !

— J'aimerais vous revoir, Pierre, comme on l'avait prévu. Quand est-ce possible ? Je retourne en France dans quelques heures.

— Bientôt… Patientez jusqu'à votre anniversaire et venez !

Le mystère de la croix

À Paris, je poste quelques photos de mon voyage aux États-Unis sur Facebook, dont une devant la Cathédrale des anges gardiens. Lili refuse toujours d'apparaître. La photo du cactus avec le vautour prise à bout de bras vaut pourtant son pesant d'or. Mais Lili ne veut pas qu'on la voie, pas d'images. Elle n'a pas de page à son nom et surveille de près celle de son fils. Elle préfère rester discrète. Son ex-mari est un entrepreneur de plus en plus connu, ça suffit comme cela. « Je suis comme le muguet, je fleuris à l'ombre ! » dit-elle en pirouette quand j'insiste pour poster la photo du cactus. Puis elle ajoute : « Toi c'est différent, tu es connue, tu l'as voulu, tu appartiens un peu à ton public… »

L'été est vite passé. Ma saison préférée. Il fait chaud, les jours s'allongent, les rythmes ralentissent et j'ai l'impression de vivre plus longtemps.

J'ai passé tout juillet et la moitié d'août en Bretagne où le ciel a rarement été aussi beau. Quel délice ! La Bretagne sous le soleil est un Éden au bord de l'eau.

La rentrée est entièrement consacrée à Tara, car je n'en ai pas. C'est étrange de voir tout le monde reprendre le travail quand on doit rester oisif malgré soi. J'imagine la tristesse des chômeurs, ce sentiment de ne plus servir à rien, d'être à contre-courant, ignorés, à côté du grand flot de la rentrée dont tout le monde parle. Je ne suis pas vraiment au chômage puisque j'ai un projet, j'écris, mais j'aurais pu jouer au théâtre, commencer des répétitions ou avoir quelques jours de tournage, un doublage. Ce serait la rentrée normale d'un acteur. Pas la mienne.

Septembre et octobre sont calmes. J'écris, je lis, je vis. *Carpe diem.* Lili est toujours amoureuse. Marco Antonio m'invite à Prague pour le voir danser. Je trouve une excuse pour ne pas y aller. Et Yann me rappelle l'hiver à venir.

L'appartement de M. Poussin est déjà loué. Ils ont refait les peintures. Cela a pris du temps car elles étaient en très mauvais état. J'ai conservé l'habitude de descendre par l'escalier comme pour aller chez lui. Un jour, peu après son décès, j'avais sursauté en entendant du bruit derrière sa porte. J'étais vite remontée chez moi prendre les clés et j'étais rentrée chez M. Poussin, sans peur, traversée par la pensée folle qu'il était peut-être de retour, que la mort n'était qu'un mauvais rêve. J'étais tombée nez à nez avec un inconnu, un homme grand, d'une quarantaine d'années, qui s'était présenté comme son neveu. Il faisait des cartons et avait rangé à côté de la porte d'entrée, prête à être enlevée, toute la collection de fusils de M. Poussin. Bien qu'il ait deux têtes de plus que moi, je l'avais sommé de déguerpir. J'étais la filleule de M. Poussin, j'habitais ici depuis dix ans et je ne l'avais jamais vu, pas même à son enterrement. L'homme connaissait mon nom. Peut-être l'avait-il lu sur la boîte aux lettres. Il m'avait répondu : « Valandrey, c'est ça ?! N'importe quoi, c'est toi qui dégages ! » J'étais sortie en furie. Dans la rue, j'avais attendu une voiture de police et j'étais revenue chez M. Poussin bien accompagnée. Le neveu répétait qu'il était l'héritier. La police lui avait demandé de sortir et de ne pas revenir, car il y avait une procédure légale à respecter. L'homme m'avait toisée d'un regard mauvais, éructant : « Elle se croit encore dans un feuilleton, la voisine ! »

Les jours d'automne s'écoulent et deviennent plus courts. J'accepte avec joie la proposition de Valérie Trierweiler d'effectuer avec elle un voyage en Inde sur le terrain en janvier prochain pour Action contre la faim. Mon cardiologue n'y est pas franchement favorable et refuse de rédiger un certificat médical. Je passerai outre.

4 novembre 2013. Anniversaire de ma greffe. Cette année, j'ai dix ans ! Comme dans la chanson de Souchon. Je passe un cap important qu'une majorité de greffés cardiaques n'atteint pas. Je me rends sur le pont Mirabeau. Je vais y lire pour Virginie la poésie qui porte ce nom, de Guillaume Apollinaire : « *Sous le pont Mirabeau coule la Seine / Et nos amours / Faut-il qu'il m'en souvienne / La joie venait toujours après la peine / Vienne la nuit sonne l'heure / Les jours s'en vont je demeure.* »

Devant l'arrêt du bus qui va jusqu'à la Seine, à l'intérieur du café, une femme debout m'interpelle en martelant la vitre. Elle sort. Je la reconnais vite, c'est la vieille dame que j'ai croisée plusieurs fois dans le bus. Celle qui me caresse la joue avant de s'enfuir. Elle vient vers moi en me tendant une main tremblante.

— Bonjour, chère Charlotte…

— Bonjour, madame…

Elle prend ma main et la recouvre de son autre main. La dame a les joues rougies par le froid et des larmes dans les yeux. Elle hésite à continuer en s'attardant sur le bouquet de fleurs que je tiens. Puis elle regarde nos mains jointes en les serrant encore et dit ce que je viens de comprendre :

— Je suis la maman de Virginie…

J'écoute la dame parler en ne voyant plus qu'elle, le bruit de la rue, des passants, des voitures, forme un brouhaha lointain.

— Je ne peux pas vous parler trop longtemps, reprend la dame, c'est difficile pour moi. Je sais que vous connaissez Yann. Il m'a donné votre adresse et quelques-unes de vos habitudes. Chaque année, depuis deux ans, le 4 novembre, j'ai besoin de vous voir. Juste vous voir. Je viens ici vers midi, je me renseigne un peu et j'attends dans ce café, devant l'arrêt. Et quand je vous vois sortir avec un bouquet, je vous suis et monte dans le bus. On s'est déjà croisées l'an passé et l'année d'avant aussi. J'étais juste derrière vous, vous vous souvenez ? J'ai déposé une croix dans votre sac. Mon mari me l'avait offerte à la naissance de Virginie. Je ne la portais plus, et j'y tenais beaucoup. Je voulais vous la donner, vous embrasser mais au dernier moment je n'ai pas pu… Votre sac était grand ouvert… C'était plus facile… J'ai vu à la télévision que vous l'aviez trouvée. Je suis heureuse que vous la portiez… Je peux vous prendre dans mes bras ? »

Je serre cette femme sans pouvoir parler. Je l'embrasse plusieurs fois. Elle pleure. Je tente de la retenir mais elle insiste pour que je la laisse partir. Je lui dis : « À l'an prochain ? » Elle répond : « Oui ! », puis répète ce qu'elle m'avait dit dans le bus : « Et surtout continuez… »

Le 29 novembre, je fête mes quarante-cinq ans ! Et contrairement à Lili je suis heureuse de les avoir. Certaines femmes désirent rajeunir, moi je rêve de vieillir. Je n'ai rien prévu de particulier, rien préparé. J'improvise au dernier moment ou me laisse surprendre. Un peu par superstition et parce que, de plus en plus, je n'attends aucun événement, aucune date pour faire la fête, pour célébrer le plaisir d'être vivante ! En fin de journée, chez moi, Lili fait mine de ne pas savoir quoi faire. Puis elle descend chez Picard pour préparer un dîner en tête à tête en me lançant : « Fais-toi belle pour moi, même si on ne sort pas ! »

En direct des caisses, elle m'appelle en urgence. Je dois la rejoindre car sa carte bancaire est refusée. Quand je sors dans la rue, Lili me fait signe de la main à travers la vitre d'un taxi qui clignote devant moi. À l'intérieur, elle jubile : « Comment as-tu pu croire à un repas décongelé ce soir ! » Elle me bande les yeux et m'emmène dans un endroit secret de Paris.

Quand elle dénoue le foulard qui m'aveugle, je découvre toute une bande d'amis hilares et chantants. Valentina est là, seule, superbe dans un fourreau panthère, elle va bien et sourit en baissant les yeux quand je lui demande si elle a quelqu'un dans sa vie.

On danse une bonne partie de la nuit et quand j'embrasse le dernier ami qui s'en va, je suis surprise de penser encore à Pierre, à ses paroles qui se sont gravées en moi... Pourquoi m'a-t-il dit d'attendre jusqu'à mon anniversaire ?...

Je l'appelle le lendemain.

— Bonjour, Pierre, j'ai eu quarante-cinq ans hier, je suis prête !

— Vous êtes très ponctuelle et... obéissante, si je puis dire !

— Particulièrement avec vous. Vous m'impressionnez, Pierre, vos mots ont véritablement marqué mon année... Mais j'ai une réclamation à formuler. Et de taille !

— Je vous attends, « belle âme »...

Le grand Amour

Quelques jours plus tard, je rejoins Pierre à Niort. Lili souhaitait m'accompagner, mais Pierre n'a pas voulu. Il est intransigeant avec ses rendez-vous. Il en fixe les règles et choisit ses hôtes.

Pierre me trouve sur le quai de la gare au même endroit que la dernière fois, sous un ciel assombri, alors que l'horloge ronde au-dessus de ma tête indique seize heures.

En route vers la Venise verte, nous échangeons. Dans ce petit fourgon flambant neuf et silencieux, avant de me confier, j'ai envie d'écouter cet homme dont la voix claire m'apaise. Sa camionnette percée a rendu l'âme cet été près d'un fossé qu'il me montre en passant. L'hiver qui approche est une période calme et précieuse pour Pierre. Il respecte cette saison qui invite au repli, à la solitude, aux cheminements intérieurs. « Il faut savoir rester seul parfois, pour percevoir les battements sourds et lents de son cœur, écouter ce qui vibre en soi et non ce qui remue à l'extérieur, trouver l'essence de soi-même… »

La récolte du miel est terminée depuis l'automne. À cette période de l'année, les abeilles se reposent et se réchauffent dans les ruches pleines.

— C'est un insecte fragile et docile, dit Pierre d'un ton enthousiaste en fixant la route, extrêmement sensible à la qualité de l'environnement. Les abeilles ne vivent que de fleurs. Là où elles disparaissent, l'air est vicié et le pollen rare. La vie de ces insectes ne cesse de me fasciner ! La production du miel est une pure merveille de la nature. Un délice gustatif de grande valeur nutritionnelle mais surtout une curiosité pour l'esprit. Avez-vous déjà observé la perfection géométrique des multiples alvéoles hexagonales de cire qui composent une ruche ?

— Non…

— Fascinant ! Revenez me voir au printemps, vous serez émerveillée… La nature est un miracle que l'on ne voit plus. Les hommes ne sont fascinés que par ce qu'ils créent. Je ne pourrais plus partir d'ici ! J'y vis heureux. Comment se porte Paris ? Je n'y suis pas retourné depuis des années, depuis mon AVC. Et vous, chère Charlotte, comment allez-vous ?

— Je ne sais plus si Paris est la ville de l'amour ou du stress ! Je vais bien, je gère mon anxiété et prends l'amour où je le trouve ! L'année fut éprouvante. Mon amie a été malade, vous le savez. Mon « âme sœur », j'ai aimé votre expression, elle était tellement juste… Lili va bien. Autrement j'ai eu quelques coups de cœur et j'écris…

— Bien… Je m'applique toujours pour tenter d'avoir une parole juste… Les mots sont précieux, chaque mot que l'on dit est important, il a un impact, il nous définit, je suis attentif à ceux que je choisis, je prends toujours le temps d'écrire ce que je vois… J'ai relu votre page dans mon cahier…

— Moi, je la connais par cœur ! (J'interromps Pierre.) Vous êtes extraordinaire… L'« amour aveugle » est bien venu… et reviendra, dans la lumière cette fois ! Par contre…

— Oui, Charlotte… Je sens poindre votre réclamation…

— Oui !

— Vous n'avez pas trouvé l'« Amour avec un grand "A" » ? C'est cela ? demande Pierre.

— Oui ! À moins que ce ne soit l'« amour du passé » ?! Vous pouvez quand même vous tromper !

— Je ne vais pas dire à votre place si cet homme est votre grand Amour ! Vous devez bien le savoir quand même…

— Eh bien, non ! Je suis chamboulée… Comprenez-vous que la totalité des prédictions que j'ai lues dans votre bureau, ce n'est plus un secret, s'est réalisée ?! Une à une ?! C'est tout de même extraordinaire !

— Et savez-vous que je n'ai pas cette précision avec tout le monde ?

— Ah bon ?... J'ai de la chance alors ! Pourtant, la seule prédiction que j'attendais passionnément, celle qui m'a fait faire des choses insensées sur terre comme sur mer, celle-là bien sûr reste en suspens !

— Je comprends... Je vous expliquerai... Pouvons-nous garder cette grande discussion pour plus tard ? Nous arrivons et j'ai aussi des questions à vous poser, vous n'avez pas oublié ?...

Nous rentrons dans l'allée du moulin, Pierre arrête le fourgon dans la cour.

— Prenez garde aux oies ! s'écrie-t-il, le ciel lourd les rend nerveuses. Votre chambre est prête, vous connaissez la maison maintenant, je vous laisse, je dois aller nourrir mes animaux...

La nuit tombe lentement, je me repose sur mon lit.

Pierre rentre juste avant que l'orage qui couvait n'éclate brutalement. Sa puissance m'effraie. Soudain l'électricité est coupée et le restera plusieurs heures. Je me lève aussitôt pour rejoindre Pierre. J'y vois à peine et me déplace à pas de chinoise en tendant les bras pour saisir la rambarde. Le vent se lève par rafales violentes qui pressent les fenêtres et la porte d'entrée comme s'il voulait s'engouffrer à l'intérieur du moulin. La pluie martèle les carreaux. Dans le salon, je distingue à travers les vitres l'ombre agitée d'arbres hauts harcelés par l'orage. Malgré l'intempérie, Pierre demeure d'un calme olympien. Il est habitué à ces quelques coupures et s'est équipé en conséquence. Il me tend une lampe torche à garder près de moi et nous allumons ensemble quelques chandelles posées sur la longue table en bois. Le salon s'éclaire alors d'une belle lueur dorée qui naît aussi du feu dans la cheminée. Je m'assois dans un large fauteuil, Pierre me rejoint quand un coup de tonnerre assourdissant retentit à l'instant où jaillit un éclair.

— Ce temps est épouvantable ! dis-je en forçant mon sourire. C'est la fin du monde !

— Et le début d'un autre, répond Pierre, amusé. La foudre n'est pas loin… Savez-vous que ce fut la première frayeur des hommes bien avant que l'enfer ne soit inventé ?… Et cela reste une fascination, comme le malheur. On regarde la foudre en espérant toujours qu'elle va frapper plus loin !

— Grâce à Dieu ! crié-je. Parlons d'autre chose, Pierre, s'il vous plaît, dans cette obscurité j'ai peur ! Et cet orage n'en finit pas… Avez-vous un paratonnerre ?! À Paris, il y a la tour Eiffel…

— Non, le clocher du village est en fait assez loin… Il y a les arbres…

Tout à coup, un éclair géant répand dans la pièce un jour intense et bleuté. Le profil de Pierre surgit. Il fixe les flammes qui serpentent dans l'âtre. L'éclair s'éteint. La lueur dorée revient. Sentant mon regard, Pierre se tourne vers moi en souriant.

— Ça me fait plaisir de vous voir ! Je vais préparer le dîner. Tout est fait maison avec mes produits. Je vis presque en autonomie ! Un potage, des pommes de terre que l'on va placer dans la cendre et une omelette façon mère Poulard. Cela vous convient ?

— C'est parfait. Je peux vous aider ? demandé-je.

— Oui, s'il vous plaît ! Pour cette recette, il faut fouetter les œufs jusqu'à épuisement du poignet. On va se relayer !

Pendant le dîner, Pierre reprend le cours de notre discussion en m'interrogeant sans transition :

— Quelle était cette « rencontre troublante sur l'eau » ? C'était une femme, n'est-ce pas ? Une femme malade…

— La sœur d'une femme malade, précisé-je, décédée dans une chambre près de la mienne en rééducation, il y a des années… Une rencontre incroyable…

— Et surtout symbolique ! Y avez-vous réfléchi ? Vous avez là la preuve, si c'était à démontrer, que le hasard n'existe pas. Cela s'appelle la « synchronicité », quand deux énergies s'attirent, se retrouvent pour fusionner, se compléter… Jamais par hasard. Ces rencontres sont riches pour les deux personnes. Vous avez considérablement aidé cette femme…

Un silence emplit la pièce. L'orage semble passer mais le vent fort souffle encore. On entend plus distinctement le crépitement du feu. À mon tour je questionne Pierre :

— Pourquoi m'avez-vous demandé d'attendre jusqu'à mon anniversaire ?

— Je me suis mal fait comprendre. Ce n'était pas votre anniversaire. (Pierre insiste sur « votre »), mais un autre qui vous concerne…

— Les dix ans de ma greffe ?

— C'est possible. Un événement particulier a dû avoir lieu, non ?

— Oui, j'ai rencontré la mère de mon donneur, de Virginie…

— Ce dut être un moment fort… Que vous a-t-elle dit, si je peux me permettre cette indiscrétion ?

— « Continuez… »

— Voilà une parole juste qui devrait vous éclairer… Avez-vous compris le sens du message de votre mère ? Ressentez-vous toujours sa présence ?

— Pas depuis quelque temps…

— Rappelez-moi son message…

— « Un de perdu, dix de retrouvés. » Ma psy m'en a donné une lecture toute psychanalytique !

— Et vous-même, quelle est votre lecture ?

— M'ouvrir davantage aux autres…, dis-je doucement.

Pierre se met alors à parler d'une voix puissante en fixant le feu, comme s'il était porté par une force nouvelle :

— Oui !!! Vous devez partager avec le plus grand nombre ! Voilà le sens. Avec tous ceux qui vous aiment ! Aider, donner, donner encore ! Voilà votre grand Amour... Un amour multiple, pluriel... Un de perdu, dix, cent, mille de retrouvés ! Cette autre femme, la mère de votre donneur, a aussi parfaitement raison... Écoutez ces témoignages, soyez attentive à ces signes ! Continuez ! Vous comprenez ?!

— Oui.

— Je suis heureux de pouvoir vous aider... Votre vie est complexe, mais elle a un sens. Tout cela a un sens. Je vous l'ai dit, j'ai eu moi-même la révélation de ce que je nomme ma « mission » après vingt-quatre heures de coma quand j'ai fait cet AVC, quand j'ai eu cette expérience que vous avez aussi partagée, approché cette autre dimension, cet « après-vie ». On ne se réveille pas par hasard, comprenez-vous ? Il faut faire quelque chose de ce supplément de vie...

Pierre se lève pour refermer solidement une fenêtre qui s'est ouverte sous la pression du vent. Un instant, un courant d'air froid s'engouffre dans le salon, éteignant plusieurs bougies. Pierre les rallume une à une et remet du bois dans le foyer, deux bûches lourdes qui en tombant font voler un peu de cendre, de suie, puis il se rassoit, le regard subjugué par le feu ravivé.

Le 8e ciel

— Si je m'en souviens bien, reprend Pierre, les manifestations puissantes de la présence de votre mère ont commencé après votre propre « expérience de mort imminente » ou EMI, selon l'expression consacrée, un rien tragique ; disons votre approche de cet au-delà, cet « après ». En avez-vous un souvenir plus précis maintenant ? Cela m'intéresse beaucoup, j'aime comparer ces expériences toujours différentes et symboliques. Dans les milliers de témoignages recueillis scientifiquement à travers le monde, il y a toujours les mêmes points communs. Peut-être connaissez-vous le Dr Elisabeth Kübler-Ross ?

— Oui, bien sûr ! L'auteur des cinq étapes du deuil ! Son nom figure dans un de mes livres.

— Intéressant... Oui ! Cette illustre psychiatre récompensée maintes fois pour ses travaux n'avait rien d'une illuminée ! Elle était passionnée par la fin de vie. Vous devriez lire le livre du Dr Moody *Life After Life* qu'elle a préfacé. C'est le livre de référence sur les expériences de mort imminente, appelées aussi EMI. Il m'a captivé. La vie après la vie...

— C'est exactement ce que j'ai dit à mon amie Lili quand je me suis réveillée... J'avais oublié, comme souvent quand le souvenir est pénible, mais un déclic s'est produit il y a un an chez mon cardiologue, et chaque sensation, chaque image de cette nuit s'est précisée, comme si le flou se réglait lentement, comme s'il fallait que je me souvienne, que j'en parle... J'avais enfoui en moi cette expérience avec cet infarctus qui m'avait effrayée... J'avais besoin de penser que si je m'étais réveillée c'était grâce à ma volonté ! Mon cœur s'est arrêté de battre pendant vingt-deux secondes, mais le temps en fait a été suspendu... Je me suis vue allongée, les yeux fermés comme si j'étais au-dessus de moi-même, j'ai vu Jano s'affoler et entendu le bip plat de la machine. Le film de ma vie s'est déroulé en une succession intense, infinie d'images puis j'ai ressenti un bien-être extrême, inconnu. C'est peut-être le plus troublant, un bien-être ineffable qui me submergeait, dans lequel plus rien n'existait que le sentiment d'être bien, de flotter, de ne plus peser, d'être l'air lui-même. Plus rien, aucune force ne pouvait m'extraire de ce bien-être. Je partais. Puis, j'ai ressenti la présence de ma mère, de deux hommes de ma vie décédés et de mon donneur. Je n'ai rien vu, aucun visage, rien de corporel ou qui soit animé, j'ai juste éprouvé la sensation puissante, évidente, heureuse qu'ils étaient là, autour de moi, en moi. Puis vient la vitesse, l'impression d'une inimaginable vitesse, on s'élève, on file, on part... Je n'ai pas vu de tunnel...

— Moi non plus, m'interrompt Pierre.

— Mais une lumière blanche, un espace blanc, luminescent, infini, doux, presque transparent... Mais il n'y a rien au travers que d'autres espaces blancs, luminescents... Et je ne ressens aucune notion de temps, je retiens la lumière et cette forme inconnue de bien-être... Tout ça n'a duré que vingt-deux secondes !

— Savez-vous pourquoi la lumière est blanche ? « Transparente » est le bon terme. Parce que dans cette dimension les couleurs n'existent pas. C'est intensément lumineux, donc blanc, une sorte de non-couleur. Les formes et le temps n'existent plus. Tout est nouveau, différent, c'est une autre dimension, c'est l'« après », ce même espace que tous les témoignages décrivent... Je l'ai vécu. C'est devenu comme une évidence.

— Oui.

— Et cet « après », cet autre monde porte un nom, une appellation antique, symbolique, oubliée. Vous connaissez bien sûr la notion de « 7e ciel » ?

— J'y ai fait quelques rapides allers-retours ! plaisanté-je.

Pierre sourit.

— L'astronomie existe depuis sept mille ans. Elle fut créée avant l'écriture. Très longtemps, les seuls astres observables de la Terre étaient Vénus, appelée « étoile du berger », Jupiter, le plus grand, Mars, le rouge, Saturne et ses anneaux grandioses, Mercure, le Soleil et, tout près de nous, la Lune. Aristote pensait que ces sept astres brillaient car ils étaient entourés d'un globe de cristal...

C'étaient les sept ciels, la magie au-dessus de nos têtes, et chaque astre inspira le nom d'un dieu. Le chiffre 7 fascine depuis ce temps, on retrouve ces sept ciels dans les jours de la semaine, chacun portant le nom d'un astre dans de multiples langues, comme lundi, jour de la Lune, *Moon-day*, *Monday*, etc. Pourtant la vraie magie, le mystère de la vie, n'est pas dans le 7 mais dans le 8 ! Il y avait un autre ciel, celui de l'inconnu, de l'invisible, de tout ce qu'il restait à découvrir, un monde infini où se cachait le mystère de la vie : le 8e ciel.

Pierre dessine alors dans l'air le chiffre 8 d'un doigt tendu qui ne s'arrête pas.

— Le 8 contient les rythmes naturels de la vie, chaque jour vingt-quatre heures, trois fois huit heures, le matin jusqu'au zénith du soleil, l'après-midi jusqu'à son coucher et la nuit huit heures de sommeil… Cela varie bien sûr avec les saisons, mais le 8 rythme nos jours bien plus que le 7, de plus il contient dans sa forme un secret que je vais vous révéler, couchez-le et c'est l'infini…

Pierre continue de tracer d'un doigt tournoyant dans l'air un 8 qu'il incline lentement jusqu'à le coucher à l'horizontale et former alors le symbole de l'infini : ∞.

— Le 8, reprend Pierre, décrit deux ronds reliés par une intersection et son tracé est infini…

Je suis encore dans l'air le doigt de Pierre qui tournoie et sens mes paupières peser. Soudain sa voix, alerte et claire, m'extrait d'une hypnose naissante :

— Voilà le 8e ciel, chère Charlotte, l'après-vie, un monde infini, peuplé d'énergies, que les médiums percent parfois, que certains hommes approchent et où nous irons tous…

— Pensez-vous que je devrais partager cette expérience ?

— Bien sûr ! Et vous le ferez, vous ne seriez pas ici autrement. D'autres personnes célèbres l'ont fait. Parler d'un

« après » que vous avez ressenti, de toutes ces présences, quelles que soient les croyances, porte un formidable espoir et donne du sens…

Je reste silencieuse, songeuse, à regarder le feu, à caresser le cuir craquelé de mon fauteuil. Pierre repose la tête en arrière et prend de longues inspirations. Son visage est serein. J'ose alors une toute dernière question, celle dont j'étais venue chercher la réponse :

— Et l'amour amoureux, Pierre… Si je vous comprends bien, je n'ai rien à attendre de ce point de vue-là…

— Quand j'ai retranscrit dans mon cahier ce que je voyais, je savais que si je n'écrivais rien sur le « grand Amour » vous seriez terriblement déçue…

— C'était donc faux ? m'écrié-je, coupant Pierre.

— J'ai vu en premier lieu l'« amour multiple » que je viens d'évoquer et dont vous comprendrez, de plus en plus, le caractère essentiel, vital…

— Et pas d'amoureux ! C'était juste une incitation, un leurre !

— Une bonne influence, j'espère, qui vous a menée sur de beaux chemins…

— Je n'arrive pas à y croire… Vous n'avez pas vu l'Amour avec un grand « A » et vous l'avez écrit… Et j'ai marché ! Galopé !

— Calmons-nous, chère Charlotte, je vous l'ai dit, vous l'avez ressenti, dans cette dimension où les médiums puisent leur inspiration, il n'y a pas de notion de temps… Peut-être étais-je très en avance… Mais tout ce que j'ai écrit se réalisera !…

Le lendemain, je me réveille tard, émergeant d'une nuit profonde, sereine. Pierre me presse, car c'est l'heure de partir et il attend quelqu'un, une visite imprévue qui le rend nerveux.

Dans l'étroit chemin qui mène du moulin à la route, nous croisons deux berlines identiques, gris métallique, aux vitres fumées.

— Qui est-ce ? demandé-je, curieuse.

— Désolé, mais c'est strictement confidentiel…

Pierre fait un signe de la main, un peu gêné en passant à côté de ces voitures dont on ne peut discerner les passagers.

— Peut-être est-ce une des deux personnes dont j'avais vu la photo dans votre bureau ?

— Je ne peux rien dire…

— Vous lui passerez le bonjour de ma part ?

— Surtout pas ! Secret d'État !

— Voilà un bel indice !

— Pas du tout, il me semble que je sais brouiller les pistes…

Nous rions ensemble.

Pierre s'arrête au bout du chemin pour répondre à un SMS puis repart, il conduit vite et me laisse devant la gare en s'excusant de ne pas m'accompagner jusqu'au quai.

— Ne vous en faites pas, je suis une grande fille ! dis-je en l'embrassant.

— Certes ! Une dernière chose, Charlotte, connaissez-vous les rōnins ?

— Pas du tout.

— Des samouraïs japonais médiévaux, des guerriers valeureux, leur devise vous va bien : « Tomber sept fois, se relever huit ! » À bientôt ?

— Oui, merci beaucoup, Pierre !

Dans le train qui me ramène à Paris, bercée par les paysages défilant à toute vitesse comme le film d'une vie, sous l'emprise ardente de mes souvenirs proches se mêlant à d'autres plus lointains, je saisis mon cahier d'écriture et compose ce petit poème que je vous dédie :

Vers le 8e Ciel

De cette vie sur Terre,
Je pourrai dire que j'ai connu l'enfer,
La mort possible sans cesse,
La douleur, la colère et d'infinis déserts ;

Je reconnais l'enfer car j'ai connu l'inverse,
On redoute la fin car on goûte la vie,
On a peur du mépris quand on a bu l'amour ;

J'ai connu quelquefois ma part de paradis,
Cet autre ciel trop rare et longtemps invisible,
Où volaient quelques anges et mes âmes sensibles ;

De cette vie sur Terre,
Que je vois là-derrière,
Je pourrai dire que j'ai connu l'enfer,
Mais aussi son contraire...

Toi qui me lis aujourd'hui,
Tu voles dans mon ciel et m'as redonné vie,
Pour chaque battement d'ailes, je te remercie,
Que ta vie soit douce, qu'il en soit ainsi ;

Pour toi, il me reste un cadeau,
Un mystère lumineux, une croyance,
Le fruit de mes errances,
Une Terre où il fait beau,
Tout un monde nouveau,

Viens avec moi, vers le 8e ciel.

Charlotte

Le pari d'Anne-Charlotte Pascal

Vous connaissez le philosophe Blaise Pascal, ses *Pensées*, « le cœur a ses raisons que la raison ne connaît point... », l'infiniment petit et l'infiniment grand...

Un journaliste italien, découvrant mon vrai nom, Anne-Charlotte Pascal, m'avait demandé il y a des années si j'avais avec cet homme illustre un lien de parenté. J'avais répondu « Sûrement ! » en riant. J'étais jeune. Le lendemain, dans son journal régional milanais, il avait conclu son article en exprimant sa fierté de s'être entretenu avec une descendante de Pascal !

Connaissez-vous le « pari de Pascal » ? Que les philosophes me pardonnent ce raccourci, si jamais ils lisent ces lignes, ce dont je doute. Pascal explique en gros que l'on a tout intérêt à croire en Dieu car, s'il n'existe pas, tant pis, et s'il existe, banco !

Et connaissez-vous le pari de sa petite, petite, petite, infiniment petite-fille ?

Je fais le pari d'un 8e ciel, d'un monde que j'ai entrevu, où l'on se retrouve et on continue.

Et sur cette Terre, je fais le pari que la vie nous relie sans exception et sans frontières, et que nous avons tous le pouvoir de la rendre plus douce.

Je gagnerai mon pari !

Bionique !

Demain, au premier jour de l'hiver, je reverrai Yann. J'en suis heureuse. Puis l'amant migrateur repartira.

Bientôt, on fêtera Noël. Comme l'an passé, nous nous réunirons Tara, Lili, sa maman Bernadette, Jérémy et moi. Il y aura aussi Luc et ses enfants, mais pas M. Poussin.

À chaque sapin de Noël que je décore avec Tara, j'ai l'impression d'avoir rangé boules et guirlandes il y a seulement quelques semaines.

Est-ce moi ou le temps passe plus vite qu'avant ?

Plus j'avance, plus j'ai conscience d'en manquer ! Et ma frénésie à faire, lire, écrire, aimer n'y pourra rien changer !

Alors que je tiens fermement l'escabeau où est juchée ma fille pour accrocher une étoile de strass en haut de l'arbre, je me mets à fredonner cet air de Michel Fugain si simple et pur, vrai : « *Même en volant, je n'aurai pas le temps, pas le temps...* »

J'ai acheté le journal ce matin. Il titrait qu'un cœur artificiel venait d'être greffé avec succès. Une pompe formidable, inlassable, inoxydable. Voilà une bonne nouvelle ! La science avance. Il faut tenir. Si mon cœur venait à faillir suivant ce vieil adage, *jamais deux sans trois*, qui en l'occurrence me fait rire, il pourrait être remplacé ! Je me réveillerais bionique, éternelle, idéale, l'âme d'une femme et la puissance d'un robot...

Ce soir, avant de s'endormir, dans sa chambre, Tara a crié : « Maman, ça y est ! » J'ai immédiatement compris. Instinct de mère. On en avait parlé récemment. Son sang de femme a coulé. Je la serre dans mes bras sans savoir quoi dire. Elle n'est pas une femme mais plus une enfant. Je murmure : « Comme tu as grandi, mon ange, comme tu es jolie, je suis fière de toi... »

Sur mon lit, au début de ma nuit, enroulée sur mes chats endormis, je relis la une heureuse de mon journal du matin, sa nouvelle historique, et je pense que j'ai vécu jusqu'à ce que ma fille, mon enfant, grandisse, jusqu'à écrire tous mes espoirs, vivre tous mes amours. Et si mon cœur venait à faillir, je dirais : « Merci, c'était bien, à bientôt pour de nouvelles aventures ! Et vivez ! Il est plus tard que vous ne pensez. Aimez comme j'ai aimé ! »

Références

Textes

Épigraphe : Albert Einstein.

Romain Gary, *La Promesse de l'aube*, Gallimard, 1960.

Charles Baudelaire, *Introduction*, dans *Nouvelles Histoires extraordinaires* d'Edgar Allan Poe, Michel Lévy frères, 1856.

Charles Baudelaire, « L'Albatros », *Les Fleurs du mal*, Poulet-Malassis et De Broise, 1857.

Jean de la Fontaine, « Le Lion et le Rat », *Fables*, Claude Barbin, 1668.

Oscar Wilde, *Le Portrait de Dorian Gray*, traduit par Eugène Tardieu et Georges Maurevert, A. Savine, 1895.

Gérard de Nerval, « El Desdichado », *Les Chimères*, dans *Les Filles du feu*, D. Giraud, 1854.

Guillaume Apollinaire, « Le Pont Mirabeau », *Alcools,* Mercure de France, 1913.

Dr Raymond Moody, *La vie après la vie*, J'ai lu, 2003.

Chansons

Love Boat, interprétée par Jack Jones, texte de Paul Hamilton Williams, © Aaron Spelling Music Co., Inc. / Sony ATV Music Publishing France.

Could it be magic, interprétée par Donna Summer, texte de Barry Manilow et Adrienne Anderson, © EMI Longitude Music.

Vole, interprétée par Céline Dion, texte de Jean-Jacques Goldman, © Sony ATV Tunes.

Fuir le bonheur de peur qu'il ne se sauve, interprétée par Serge Gainsbourg et Jane Birkin, texte de Serge Gainsbourg, © Melody Nelson Publishing.

Madame rêve, interprétée par Alain Bashung, texte de Pierre Grillet, © Francis Dreyfus Music / Universal Music Publishing.

Les Histoires d'A, interprétée par Les Rita Mitsouko, texte de Catherine Ringer, © Six SARL.

J'ai dix ans, interprétée par Alain Souchon, texte d'Alain Souchon, © Alouettes Éditions SARL.

Je n'aurai pas le temps, interprétée par Michel Fugain, texte de Pierre Delanoë, © Warner Chappell Music France.

Composition et mise en pages
Nord Compo à Villeneuve-d'Ascq

Impression réalisée par

CPI

BRODARD & TAUPIN

La Flèche (Sarthe)
en avril 2014

N° d'édition : 2645/01 - N° d'impression : 3005005
Dépôt légal : avril 2014

Imprimé en France